寻找教育家成长智慧书系——

U0961031

赖配根 /编

分享 中学语文 名师成长感悟

FENXIANG ZHONGXUEYUWEN
MINGSHI CHENGZHANG GANWU

首都师范大学出版社
CAPITAL NORMAL UNIVERSITY PRESS

图书在版编目（CIP）数据

分享中学语文名师成长感悟 / 赖配根编.—北京：首都师范大学出版社，2013.4

ISBN 978-7-5656-1465-1

Ⅰ.①分… Ⅱ.①赖… Ⅲ.①中学语文课—教学研究—文集 Ⅳ.①G633.302-53

中国版本图书馆CIP数据核字(2013)第059763号

分享中学语文名师成长感悟

赖配根　编

责任编辑　欧家作

首都师范大学出版社出版发行

地　址　北京西三环北路105号

邮　编　100048

电　话　68418523（总编室）　68982468（发行部）

网　址　www.cnupn.com.cn

印　刷　北京洲际印刷有限责任公司印刷

经　销　全国新华书店发行

版　次　2013年4月第1版

印　次　2013年4月第1次印刷

开　本　710mm × 1000mm　1/16

印　张　15.75

字　数　180千

定　价　31.00元

寻找教育家成长智慧书系

《中国当代著名教学流派》丛书编委会

卷中教改智慧

笔下育人情怀

「中国当代著名教学流派」出版

柳斌

与名师为友，走向优秀
（总序）

改革开放尤其是进入新世纪以来，我国教育事业取得了巨大的成绩。城乡免费义务教育全面实现，职业教育快速发展，高等教育进入大众化阶段，教育公平迈出了重大步伐，全民素质大大提高，从人口大国向人力资源大国的转变逐步实现。但我们必须清醒地认识到，我国教育还不能完全适应国家经济社会的发展，还不能完全满足人民群众接受良好教育的要求。2010年7月，党中央、国务院召开了新世纪以来第一次全国教育工作会议，颁发了《国家中长期教育改革和发展规划纲要（2010-2020）》（以下简称《规划纲要》），描绘了未来教育改革发展的宏伟蓝图，指明了今后教育事业科学发展的方向。《规划纲要》提出，到2020年，我国要基本实现教育现代化，基本形成学习型社会，进入人力资源强国行列。这是一项艰巨而光荣的任务。要完成这个任务，需要广大教育工作者辛勤劳动、开拓创新，尤其需要一线教师坚守教育理想，提高专业素养，创新教育教学模式。因此，当前教育改革发展的一项紧迫任务，就是要建设一支师德高尚、业务精湛、结构合理、充满活力的高素质、专业化教师队伍。

时代呼唤优秀教师。有一流的教师，才有一流的教育；有一流的教育，才有一流的国家。《规划纲要》明确指出，“有好的教师，才有好的教育”，“倡导教育家办学”，要“创造有利条件，鼓励教师和校长在实践中大胆探索，创新教育思想、教育模式和教育方法，形成教学特色和办学风格，造就一批教育家”。教育改革的一个重要任务，就是培养一大批拔尖创新人才，但正是在这个问题上，我们遇到了瓶颈。当然，杰出人才的培养受到诸多因素的制约，其中一个重要原因，可能就是教育家型的教师还比较少。名师出高徒。伟大的事业呼唤伟大的人才，英才的涌现呼唤一流的教师。出名师、育英才、成伟业，是时代赋予我们的神圣使命。

那么，怎样才能培养出优秀的教师？一个重要途径就是让广大教师们向杰出的前辈、同行学习。只有向最优秀的榜样学习，并在学习的基础上不断创新，一名教师才可能走向优秀。改革开放以来，随着教育改革的不断深入，教育战线涌现出了一批杰出教师。他们痴情教育事业，默默耕耘，刻苦钻研，勇于创新，不断进取，不断超越，形成了各具特色的教育思想和教学风格。正是他们的成功实践，创造了具有中国风格的教育经验，丰富了具有中国特色的教育理论宝库。他们的经验，对广大普通教师的成长具有良好的启示作用和重要的借鉴意义。总结、宣传和学习他们的经验，是打造一支优秀教师队伍的有效途径。中国教育学会、中国教育报刊社和中国教师发展基金会联合组织编写的这套“中国当代著名教学流派”丛书，总结了我国中小学界一批杰出教师的先进经验，尤其是提供了名师教育思想的精华、成功的教学案例以及他们走向优秀的心路历程，这必将对我国中小学教师队伍建设起到积极的推动作用。一个教师如果愿意潜下心来，钻进这套丛书，与名师为友，与高尚的心灵对话，进而反思自己的教育教学生活，那么他在教育教学上必将悟出些育人之道，并且走得比别人更远，超越前人。

古人云：“国将兴，必贵师重傅。”兴国必先强教，强教必先重师。教育大计，教师为本。加强教师队伍建设包括培养一大批优秀教师，是教育事业最重要的基础工作。组织编写“中国当代著名教学流派”丛书这样的工作，就是为了寻找教育家成长的智慧，为丰富中国教育理论，形成具有中国特色、中国气派和中国风格教育理论体系摇旗呐喊，是一件非常有意义的工作。希望这套丛书走进更多的学校，走近更多的教师，为新一代优秀教师的涌现播撒希望。

目 录

“我这名普通而平凡的教师，就是钟情于太阳底下永恒的事业——教育事业，钟情于与全民族素质提高血肉相连的母语教育……几十年来，我激情燃烧，为之倾注了全部心血，为之奉献了全部的青春与生命。”

“我是一个精神上的长途跋涉者，我的脚下永远是起点……因为从我跨出语文教学改革的第一步起，就已下定决心做一名精神上的长途跋涉者。我告诫过自己：你的脚下没有终点，正如语文课程和语文教学改革永远不会有终点一样。”

“我在语文课堂上站立30多年了，由衷地感觉到教书是一种享受，跟同学们、老师们谈起教书的体会，我一直建议把教书放在第三位，把育人放在第二位，把自强不息放在第一位。”

“我不是诗人，不是散文家，更不是哲学家。然而，在我看来，母语教育和母语课程教材改革就是一首最美妙动人的诗……母语，是民族文化的根，是透视人的灵魂的窗户。在母语中觉醒，在母语中感动，在母语中陶醉，在母语中升华，是我们中华儿女坚定的教育信仰和崇高的价值追求。”

“我总觉得，我是个离不开土地的农夫，在春雨中蹲在田头，抓起一把泥土，用力捏住，让它从我的指缝中油油地挤出来；我播撒种子时很虔诚，因为每一粒种子都会成为一个世界；即使在烈日下，即使土地龟裂，我还是要把汗水洒在我的土地上，因为我有期待……”

“有人说，‘人生就像初雪过后的田野，你所选择的路，都将清晰地留下每一个脚印。’回顾自己50余年的人生之路，读书、教书、著书，不可一日无书；书迷、书痴、书友，一切皆因有缘。然而，在提笔撰写本文的今天，一种关于书和教育的强烈情感时时撞击着我的心扉：读书，我的宗教；教育，我的宗教。”

“教育是人学，它的本质功能是促进人的发展。因此，学生是认知的主体，他们的第一要素是生命。这些学生，将是我们炎黄子孙真正屹立于世界民族之林的希望……”

“对于这些文字，是不能只用眼睛读的，而是要用整个身心，蘸着自己的生活积累品味、反思。因为，只有这样，你才不会陷入一般意义上的技巧模仿，而是与“名师”进行思想的对话和精神的沟通，是理性的解剖和心灵的意会。只有这样，读完后你才会说：‘这就是教育智慧了’。”

爱乃师德之魂

张新洲

匆匆几年过去，当我再一次翻开《人民教育》"名师人生"栏目刊登过的30篇文章——《我，长大的儿童》《路，是这样走出来的》……一位位名师"熟悉"的身影，仿佛微笑着向我走来。透过这些名师成长的足迹，我深深地感悟到"名师人生"四个大字的背后，所凝聚的是一代代教师用爱与智慧塑造民族未来的教育理想。

爱，是教育永恒的话题，没有爱，就没有教育

这是每一位教育工作者耳熟能详的教育理念。但是，如何把爱化为教育者的教育行为，让爱走进校园、充盈课堂、触摸到一个个灵动的生命，让爱产生智慧，让爱在孩子心中留下岁月抹不去的美好回忆，让教育者和受教育者都感受到教育的幸福……这需要一个教师把自己内心自然形态的爱赋予真诚与智慧，并在教育实践中不断地反思、积累、陶冶。

爱，因走进学生的心灵而美丽

李吉林老师在《我，长大的儿童》中说："在儿童的世界中，我在爱孩子中，渐渐长大了。我把这种爱升华成自己的理念，又把它细化成自己的行为。"作为一名教师，当你像李老师这样，用学生的眼睛、学生的情感、学生的心理，构筑自己的内心世界时，你才能真正走近学生、了解学生、认识学生，你才能走进学生五彩缤纷的内心世界，捕捉潜藏在学生心底，影响其整个人生的梦想与追求。这是一个学生成长的动力，也是师爱的根。

爱，是一份尊重

“一个学生就是一本丰富的书，一个多彩的世界。学生是活生生的生命体，每个人都是独一无二的。要培养他们成长、成人、成才，首先要尊重他们，从思想上、感情上尊重他们的人格，尊重他们的个性。”（于漪：《思念》）尤其是在新课程理念下，尊重学生已成为一种时代的要求。然而，提到尊重，作为一个教师应反思自己是否沾有“体罚和变相体罚学生的问题——中国基础教育的痼疾”。如果有，那么隔着“师道尊严”樊篱的爱，很难谈尊重。如果一个教师整堂课都灿烂地微笑着，但上的课却如同一杯白开水，毫无滋味，这也谈不上对学生的尊重。

尊重学生，教师必须放下传统的“师道尊严”的架子。不仅要“蹲下来”和孩子寻求平等的对话，“一位真正的优秀教师，必须留一份纯真，要学会从孩子的角度去思考问题。问题提出后，要给予孩子思维的空间”。上海的潘小明老师在《我的课堂人生》中说：“在课堂中尊重孩子，就必须尊重他们的人格，尊重他们的潜能，尊重他们的差异，尊重他们出错的权利。”尊重，是民主教育的核心，是爱的胸怀。只有建立在尊重前提下的爱，才会变得宽容，才能自然地流淌进学生的心田。有了尊重，才可能有师生间的平等对话，才可能有沟通，才可能有合作的过程；有了尊重，教师才可能以理解、宽容的态度对待学生；有了尊重，才可能有学生主体意识和健全人格的生成。

尊重学生，教师不能忘记自己承载着教书育人的使命。在培养学生主体意识、创新精神和实践能力已成为时代的主旋律，在教师从“教书”到“育人”的角色转换中，我们必须清醒地认识到：一个优秀教师不仅是“师德的表率”“育人的模范”，还应是一个“教学的专家”。一个优秀教师的微笑，总是浸润在他深厚的人文底蕴和过硬的教学基本功中。缺乏尊重和智慧的爱是苍白的，学生的心中有一杆秤，称得出师爱的分量。

爱，是一种艺术

毋庸置疑，爱不是教育的全部，但是，教育的全部过程都充盈着爱。“名师人生”的足迹印证了一个事实，伟大的师爱确有神奇的魅力，但是，爱并不神秘，爱，实实在在地存在于点点滴滴的教学生活中。一个学生的成长需要教师的无限关爱，教师的一个眼神、一个手势、一句短短的评语……这寄寓着教师用心传递的关爱，常常影响一个人的一生。

师爱无言。正如薛法根老师所说："我深信爱的教育力量，在教学中对于那些常常走神的同学，我总是边讲课边走到他们身边，用手轻轻地抚摸一下他们的头，抑或轻轻地拍拍他们的肩背，孩子们总能领会我的意思，然后专心地听起讲来。这就是教育的艺术，蕴含着深爱的教育艺术，足以让所有的学生感受到教师那无言的关爱，感受到教育的幸福。"

师爱无价。其实人生最美好的"金色学生时代"的大部分时间是在学校和教师一起度过的。一个学生的成长、成才、梦想与追求，都离不开教师的关爱。教师的爱绝不是姑息、迁就、溺爱。"老师的关爱，并不都是三月的春风和旭日，有时也如秋风和冷剑，除去你心头的杂草，那是严格的爱！"（薛法根：《教育的幸福》）人们常说：母亲的爱，如秋天的明月，宁静、长久。那么，教师的爱，不仅有父母之爱的慈祥、宁静、长久，更应具有在教育教学活动中所蕴含或体现出的大爱。这种爱应扬弃父母之爱中的非理性因素，保留从学生终身发展负责的高度出发的讲方法、有分寸、讲教育艺术的理性之爱。

爱，是一份责任

随着教师专业化进程的加快和教学的内涵与目标的日趋丰富，教学活动的视野已拓展到人的生存与发展的方方面面。责任心，作为教师最重要的品质，则显得越来越重要。

责任心，是爱的动力。人的一生，是一种追求，更是一种责任。只有当一个教师把这份责任镌刻在自己的人生词典中，他才能产生动力和激情，用心去呵护每一个灵动的生命。作为21世纪的"一位真正优秀的教师，必须多一份责任，要从孩子生命成长的高度去思考教学，用自己的言传身教，用精心设计的教学，引导孩子形成积极的情感态度和价值观"（潘小明：《我的课堂人生》），从而使受教育者，从小懂得爱自己，爱自己的家乡，爱自己的祖国，懂得给他人带来快乐，懂得用自己一颗善良的心去关爱别人，关爱世界。

责任心，是爱的生命。"对我们教育工作者而言，爱，是一种对国家、对民族、对事业神圣的责任感和使命感。"（吴辰：《让校园成为师生的精神家园》）因此，王运遂老师大声疾呼"把真诚与智慧奉献给学生"，因为"教育是人学，它的本质功能是促进人的发展。因此，学生是认知的主体，他们的第一要素是生命。这些学生将是我们炎黄子孙真正屹立于世界先进民族之林的希望”。当一个教师触摸着自己的责任心，把学生的身心健康发展和祖国的前途命运紧紧地联系在一起的时候，爱才有价值、有生命力。

爱，是无私的奉献

如果说走进学生的心灵是师爱的根，尊重是师爱的胸怀，责任是师爱的生命，那么，奉献则让爱有了丰富的内涵和灵魂。

奉献，是一种美德，是教师的天职。奉献使无形的爱变得有血有肉。程翔老师说：“奉献是一种实实在在的人生态度，并非高不可攀。有的教师面对亲人生病住院，陪床侍候，端屎端尿，却不耽误学生一节课，这是不是奉献？有的教师为了高考的学生，即便是爱人去世也没有请一天假，这是不是奉献？很多教师教了别人的孩子耽误了自己的孩子，这是不是奉献？回答是肯定的。于漪老师说过：‘奉献是教师的天职。’无论社会如何变化，教师的奉献精神不能丢。”（《人到中年的思考》）程翔老师所举的例子是千千万万教师无私奉献的缩影，程翔老师所说的“无论社会如何变化，教师的奉献精神不能丢”，道出了广大教师的心声。

奉献，是一种境界，是爱的升华。由于教师总是和劳累、清苦长相守，于是，人们便用“春蚕”和“红烛”来赞美教师。然而，即使教师做一支两头点燃的红烛，把自己生命的光和热，毫无保留地奉献给人民的教育事业，也不免让人感到伤感。

李吉林老师在长期的教育教学实践中感悟到：“深感当教师比蜡烛永恒，照亮了别人，升华了自己；即便是比作‘春蚕’，也绝不是‘春蚕到死丝方尽’，而是丝虽尽，身却不死。蚕化作蛹，蛹变成蛾，蛾又孕育、孵化出蚕宝宝，无穷无尽……那真是如诗如画！”这便是一种境界，这种境界来源于哪里？我想正如唐江澎老师所说：“当我以对人生价值、生存方式的剀切体验来诠释教师职业的意义时，我获得了从事这种职业所需要的刻骨铭心的挚爱。”（《学习，生命存在的方式》）当一个教师有了这种职业感受，他才能体味到奉献的精神旨趣。

如果说师德教育，是教师教育的核心，那么，爱则是师德之魂。苏霍姆林斯基曾说：“一个好教师意味着什么？首先意味着他热爱孩子。”透过“名师人生”的足迹，相信会有越来越多的教师能读懂“爱会产生智慧，爱与智慧改变人生”这饱含哲理的话语。

如何让读书成为习惯

张新洲

读书，就一个人而言，如莎士比亚的诗："生活里没有书籍就好像没有阳光；智慧里没有书籍，就好像鸟儿没有翅膀。"

读书，就全人类而言，应如高尔基的名句："书籍是全人类进步的阶梯，是全世界的营养品。"

由此说来，"读书"就有了个人发展与社会进步的双重作用。如果把"读书"放在我国建设"学习型社会"的时代背景中来思考，作为一名教师——"学习型社会"的开拓者，养成良好的读书习惯，已不仅仅是摆脱平庸、增长智慧、陶冶情操的个人行为。"让读书成为习惯"，已不仅仅是建设"学习型社会"，全面实施素质教育向广大教师提出的时代要求，更是直接关系到中华民族伟大复兴的进程与中华民族充满"阳光"的未来……

问题是如何让读书成为习惯？

成功的人总是从别人的成功中汲取经验

一个人成功的因素不只是读书，但是，读书却是一个人成功的重要因素。古往今来无数的圣哲、文学家、教育家，无不是在让读书成为习惯中走向成功的。

开儒家学说之先河的孔夫子，为万世景仰。可是，这通往圣贤的路在何方？圣人自己曾说"吾十有五而志于学"，"发愤（下决心学习）忘食，乐而忘忧，不知老之将至"。这样说来，孔夫子在中华民族读书史上开创了让读书成为习惯的先河。

唐代大诗人李白，人称诗仙，声蜚四海。人们常常仰视"李白斗酒诗百篇"的才情，却很少品味他"吾五岁诵六甲""十岁观百家""十五好奇书"的自述。而被列为"唐宋八大家"之首的韩愈，享有“文起八代之衰”的美誉。他在《进学解》中却借弟子的口说出自己“口不绝吟于六艺（《诗》《书》《礼》《乐》《易》《春秋》）之文，手不停披于百家之编”的读书经历。南宋大诗人陆游在《剑南诗稿》中为我们留下9000多首诗篇，是我国古代大诗人中留下诗篇最多的一个。当我们顺着陆游成长的足迹寻找其成功的奥秘时，他那“少小喜读书，彻夜守短檠”“万卷纵横眼欲枯”的诗句，再一次印证了一个道理——一个人成功的因素不只是读书，但是读书却是一个人成功的重要因素。

读书，因心中的志趣而播种

每个人都有心底的梦，读书能承载着人们心底的梦，游向光辉的彼岸。可是，有的人却常常把美好的时光花在喝茶、聊天，整晚看电视上，更有的人宁愿面对着仅剩下的一点可怜时间发呆，也不愿意拿起一本书来读一读。安徽省亳州市的一位老师在来信中所说：“由于教师缺编，教师负担过重，疲于应付工作，超课时跨课时又有晚自习，教师几乎长期处于单一放电状态，很少有时间去看书学习。”所以这种由应试教育孳生的现象如果得不到有效的控制和解决将会是教育的悲哀。

一个只凭两本书：一本教材和一本教参年复一年地重复着昨天故事的教师是可怜的。那么如何从闲散、繁重的工作和琐碎的家庭事务中振作起来，如何处理好工作与读书的关系，如何在现有的客观条件下，挤出一点读书的时间？如果，一个人能静下心来读一读左拉的“生命的全部意义在于无穷地探索尚未知道的东西，在于不断地掌握更多的知识”；仔细地品一品爱因斯坦的“人的差异在于业余时间”；琢磨琢磨鲁迅先生所说的“我把别人喝咖啡的时间用在学习上了”的话语，他就有可能把像海绵里的水一样的时间挤出来。

而把时间挤出来的动力，是一个人的志趣。从古往今来无数有成就者的读书经历来看，让读书成为习惯的过程，总是在静静地阅读中伴随着一个人的志趣和毅力，而且二者是相辅相成的。诸葛亮在《诫子书》中所说的“学需静也，才需学也，非学而无以广才，非志而无以成学”，便是这个道理。

这里所说的读书与志趣的关系，并非是极其功利的庸俗实用主义阅读方式。一个人“总有一种真情让你感动”，当一个人抓住让自己感动的真情，追逐心底的梦，燃起“阅读改变人生”的火种，那么，繁重的工作和琐碎的家庭事务已不再是无暇读书的理由；你将不再多愁善感，不再得过且过；你将克服读书倦怠心理……因为“伟大的精力，只为了伟大的目的而产生，一个人有崇高的生活理想，才有斗争的方向和胜利的信心。”而这自信便是一个人成功的起点。

也许有人说这个话题有些理想化。然而，人生真的需要一点理想、一番真情来播种读书——追求的种子。实践证明：“一个人追求的目标越高，他的才智发展得越快。”正是因为有“路曼曼其修远兮，吾将上下而求索”的追求，才有“虽九死其犹未悔”的屈原，才有不朽的《离骚》。因为有“申管晏之谈，谋帝王之术，奋其智能，愿为辅弼，使寰区大定，海县清一”的襟怀，才有“白衣一跃为卿相”的李白。因为有“致君尧舜上，再使风俗淳”的志向，才有“读书破万卷，下笔如有神”的杜甫。即便是“采菊东篱下，悠然见南山”，“好读书，不求甚解”的陶渊明也曾有“大济苍生”之志。

正是因为有“用爱与智慧塑造民族未来的教育理想”，才有我们教师从事这种职业所需要的刻骨铭心的挚爱与责任，才有让读书成为习惯的李吉林、魏书生等无数优秀教师的成长。

读书，因静静地滋养而生根

如果说“志趣”是让读书成为习惯的起点，那么静静地阅读便是一个人精神成长的旅程。

近年来，许多学校打出“书香校园”“静静阅读”的品牌，努力为学生们营造一个适宜的读书环境。在这里我们要特别强调的是，我们的校长在努力为学生营造一个适宜的读书环境的同时，也一定要为我们的教师创造一个良好的读书环境、读书氛围，要给教师松绑、减负，要给教师一些读书思考的时空。

由于人的秉性、兴趣及成长环境等方面的不同，一个人养成读书习惯的途径也不同。金庸先生接受本刊特约记者采访时说：“我一生最大的乐趣就是读书，直到现在，我每天仍然花四五个小时读书。”而且是“我从小喜欢读书，并不是大人逼出来的，完全是自己的兴趣所在”。而更多的人是受环境的熏染，或在引导和督促下形成的，甚至有些人的读书习惯是被逼出来的。无论哪种形式，养成良好的读书习惯，都将为你带来幸福。

读书与练功一样，练功一般讲静而收心纳意，意守丹田，方能练精化气，练气生神，方能取得练功的佳效。就一般人而言，读书也需要一个安静的环境。安静的环境能使一个人浮躁的心静下来。当一个人品着“凡物静观皆有得”，“才需学也，学需静也”的箴言；或兴之所致，或强迫自己静下心来读书，一天、两天、三天……**随着读书的数量与质量的提高；随着自己知道读什么，怎么读，到读书使你喜静的过程，读书的种子将会在你心中生根。**你将在收获智慧的同时，收获几分从容与自信，收获几分学生对你的尊敬，而这几分收获又激发你不断地读书。

在江苏省南通市濠河岸畔，有一座非常安静的院落。李吉林老师数十年如一日，除在外开会讲学外，每晚都在这安静的院落里读书。在静静地阅读与思考中，在“情境教育”的探索实践中，李吉林老师从一位只有中师毕业的普通教师，成长为今天受人尊敬的教育家。而赵谦翔（著名特级教师、曾荣获全国十杰中小学中青年教师等称号），当年，没有在“地仅容膝，在昼犹昏”的小屋子里多愁善感，自怨自艾，而是投身于“两山夹水，沿水有路”的天然大书房，春、夏、秋三季，“举手为案，漫步当椅”，忘情地享受着读书之乐……

也许有人说，这已是赵老师30多年前的往事，而如今已是信息社会，网络时代，还能，还需要静静地读书吗？重庆的龚春燕老师几次来京，我去宾馆看他的时候，他都在静静地读书。他说：“魏书生老师给我的贺年片上总爱写一句话：‘静能生慧！’”龚春燕就是一位一只手拿着书，一只手拿着笔记本电脑，在汲取网络信息中，在静静地阅读中，从一位普通的教师成长为今天的特级教师、全国学习科学学会副会长兼秘书长的。刚刚提到的几位教师都是我的师长，我的朋友。他们成长的历程，让我坚信“阅读改变人生”离我们并不遥远。

读书，因毅力的耕耘而开花

孔夫子将读书学习分为“知之者不如好之者，好之者不如乐之者”三个层次，三种境界，这是读书之道。就一般人而言，在读书学习的路上，应谨记一句格言：“书山有路勤为径，学海无涯苦作舟。”因为，在“苦学”与“乐学”之间相隔的不仅是一种精神境界，就今天广大教师，尤其是广大农村教师而言，必须超越繁重的教学工作和琐碎的家庭事务的物质樊篱。在让读书成为习惯的路上，要靠一个人的毅力和耐性来支撑，只有勤奋而不畏劳苦的人才会有收获的喜悦。

在江苏省无锡市钱钟书先生的故居中有这样一句话：“小聪明成不了大气候，钱钟书的大智慧、大学问，来自大刻苦。”**而我们许多人景仰的只是成功者耀眼的光环，而忽略了“学问是苦根上的甜果”的耕耘过程。**

在中华民族读书史上，苏秦“锥刺股”、孙敬“头悬梁”、孙康“映雪”、车胤“囊萤”等故事虽然已离我们越来越遥远，但是，古人珍惜光阴、刻苦读书的精神却融进了中华民族悠久的历史、灿烂的文化中，成为了自强不息者的精神。

江苏的唐江澎老师，是我非常敬佩的一位老师。恢复高考之初，他曾因病残的腿而没有迈进大学的门槛。他一面揽来刻钢板的活，以2角3分一张的薄酬来弥补生活的拮据，一面找来游国恩的《中国文学史》和王力的《古代汉语》，“一字一字地读，一页一页地啃”……一个偶然的机遇，他当上了一名中学语文教师，他将“苦读，获得富有教育价值的学习体验”（唐江澎语）用于他的教学实践中，闯出一套体悟式教学方法。他也在苦读中，从一名代课教师成长为一名特级教师（曾荣获全国教育系统劳动模范，并获得“人民教师”奖章）。

读书，因感悟的积累而结果

让读书成为习惯，是一个古老而崭新的话题。关于读什么，怎么读，千百年来，仁者见仁，智者见智。古人常说“为学当先立宗旨”“开卷有益”“学贵心悟”“学以致用”……

为什么用同样的时间，读同样的东西收获却不同？我想一个重要原因是用没用心去感悟。

我赞美读书要蘸着自己的生活积累去品味、感悟，如孔子的“学而不思则罔，思而不学则殆”，如张载的“学贵心悟，守旧无功”。**只有让读书的感悟融入自己的血肉与精神，才能取其精华化作自己的智慧。**

我赞美读书就是读自己、陶冶自己，一个读懂自己的教师，才能读懂自然的美好与人类的道德，才能读懂自己肩上的责任。

我赞美教师静静地阅读，为建设学习型社会添几分书香，添几分人文涵养，添几分和谐厚重。但静静地阅读并不是“两耳不闻窗外事，一心只读圣贤书”。当一名教师把他个人的志趣融于教育教学改革的时代洪流中，他的阅读才有价值。

我赞美教师博览群书，但是，要对浩如烟海的书籍加以辨别（一个自己知道读什么的教师才能正确引导学生读什么）。否则，“不加辨别地读书，是把自己的头脑变成别人的跑马场，读得越多，越是一片狼藉”（陈四益语）。

我赞美读书学习与教学实践的结合，只教不读则流于浅薄，只读不教、不实践则为纸上谈兵。

我愿“心中的志趣”“静静地滋养”“毅力的耕耘”“感悟的积累”能化作让读书成为习惯的小舟，驶向由“学会”变为“会学”的时代洪流，为了自己，为了自己心爱的学生，为了中华民族的伟大复兴。

童心师说

张新洲

教师肩负着太阳底下最神圣的使命

师者，从学官、师氏、塾师、学究、夫子、西宾、师傅、先生、老师等到今天通称的教师，不下40种称谓的变化折射出的是中华民族尊师重教与文明演进的历史。

教师，就人类文明而言，是“为天地立心”的人类灵魂工程师，是人类通往文明的启明星。

教师，就学生而言，是“为往圣继绝学”的“一日为师，终生为父”的启智者和引路人，是用爱与智慧点燃学生心灵梦想的烛光。

教师，就一个民族而言，是“为万世开太平”的兴国者，是“国将兴，必贵师重傅”的民族振兴希望。

我们的先师，肩负着“传道、授业、解惑”的使命，怀着爱心与责任，将一代代耕耘杏坛的汗水融入黄河母亲的胸怀，哺育出多少华夏辉煌篇章。

我国现代教育经历了从“教育救国”到“教育兴国”的百年耕耘，已形成世界上规模最大的教育体系，拥有世界上人数最多的教师队伍。新中国成立60多年来，教育奠基中国。尤其是改革开放30年来的中国教育，支撑着我国经济快速持续发展，推动着社会文明全面进步。我们的教育，我们的教师无愧于我们伟大的时代。

目前，我国正处于从教育大国向教育强国、从人力资源大国向人力资源强国转变的关键时期。而这由大变强的关键在教师。刚刚颁布的《国家中长期教育改革和发展规划纲要》（以下简称《规划纲要》）在序言中明确了当前与今后10年我国教育工作的主题与核心任务，“坚持以育人为根本，以改革创新为动力，以促进公平为重点，以提高质量为核心，全面实施素质教育”。而这所有的任务最终都要通过广大教师执著的耕耘来实现。所以，《规划纲要》重申："百年大计，教育为本"，"教育大计，教师为本。有好的教师，才有好的教育"。

以使命唤醒童心

长期以来，承载着太多的人类理想与民族希望的教师，默默背负着民族振兴的希望，背负着望子成龙家长的重托，背负着应试教育的包袱，在素质教育的理念与应试教育的实践中苦苦徘徊。正如朱永新教授所说："'应试教育'把成长中的孩童和引导他们的教师，一起赶入了'斗兽场'，全然听不见他们心灵痛苦的哀鸣。这种对竞争的病态强调，导致师生之间、同事之间、亲子之间、知识与生命之间乃至自我的分离……使教师一天天地被'格式化'，丧失了对真理的不懈追求以及对生命意义的永恒探询。" 这种病态的现象，导致一些教师产生了职业倦怠心理，失去了执著追求教育理想的激情。

如何将时代赋予教师的新任务，化为广大教师自觉的使命认同，唤醒广大教师的童心，这直接关系到中华民族伟大复兴的进程与中华民族充满希望的美好未来。

教育的本质功能与教师使命的核心是"育人为根本"。而这个根本，就是陶行知先生所说的："千教万教教人学真，千学万学学做真人。"教人学真，贯穿教育教学全部过程，是为学生终身发展奠基的系统工程。这就要求教师自己首先具有童心，是个真人。

在"振兴民族的希望在教育，振兴教育的希望在教师"的时代呼唤中，唤醒童心的过程就是自我角色反思，自我心态调整的过程，就是唤醒教师对使命天职认同的过程，从而唤醒广大教师对教育事业的忠诚。而这忠诚的背后是对核心价值观的持守。如李镇西老师说："一个老师有童心，有爱心，才有事业心。老师有童心，有爱心，才会有责任心。" 那么何谓童心？

童心，孕育着人类最美好的希望。童心的本质是真，是人类道德的本色，是人类最纯洁的真情。

童心，就一个人来说，是灵魂的内核，是人性真诚善良的种子。

童心，就一个学生来说，是天真无邪的笑脸，是天真淳朴的心灵。

童心，就一个教师来说，是师德之本，是爱与责任的核心，是教师的人格魅力，是教师要用一生精力呵护的灵魂。

明代杰出的思想家李贽说："夫童心者，真心也。若以童心为不可，是以真心为不可。夫童心者，绝假纯真，最初一念之本心。”

人们常说，爱是教育永恒的话题，没有爱，就没有教育。然而，如何把爱转化为教师的教育行为？当教师触摸着自己的童心，叩问自己的使命天职，把学生的身心健康发展与祖国的前途命运紧紧联系在一起的时候，他才能像李吉林老师那样，“把这种爱升华成自己的理念，又把它细化为自己的行为”。只有这样，爱才能自然而然地充盈课堂，融入知识，化为学生成长的智慧。

所以说，爱乃师德之魂，童心乃师德之本。爱因童心真诚的温暖而走进学生的心灵，童心因爱的责任雨润而化为师德的本真。

以童心叩问使命

教育是一项非常复杂的社会系统工程。在来自教育内部与外部的压力下，一些教师放不下应试教育的包袱，产生的职业倦怠等问题，不可能完全由教育内部来解决。但是，面对“教师队伍整体素质亟待提高”的时代要求，外在的培训所起的作用无论如何都是有限的。**而通过教师内心境界的提升来化解职业倦怠，唤醒广大教师的教育理想与激情将是不可忽视的有效途径。**

因为，人生常常是靠着一种理想信念而生存。而“伟大的精力，只为了伟大的目的而产生，一个人有崇高的生活理想，才有斗争的方向和胜利的信心”。教师是最善于反思的群体，能否唤醒广大教师的教育理想与激情，最终取决于教师对自己使命天职的认同。当一个教师有了唐江澎老师这种“当我以对人生价值、生存方式的剀切体验来诠释教师职业意义时，我获得了从事这种职业所需要的刻骨铭心的挚爱”的时候，他便可真正认清自己，认清自己肩上使命的神圣与崇高，从而焕发出执著追求教育理想的勇气和信心。

教师的一生，是一种追求，更是一种责任。只有当教师把这份责任镌刻在自己的人生词典中，他才能把教育理想化为自己的血肉与精神。他才能读懂必须唤醒每个教师的教育理想与追求意义，才能使自己成为一个童心教师，才能用爱与责任去呵护每一个灵动的生命。

教师的一生，是一种取舍，更是一种境界。正如魏书生老师所说：“对求之而不得的东西想得通、看得透、出得来、放得下；对自己平凡的工作想得深、看得远、进得去、拿得起。当进入一心一意、舍身忘我的境界时，再看穷山村、破教室、泥孩子、土台子，便成了宏大的可改变的世界。”只有当童心扎根在这种境界中，教师才能远离虚假，超越功利，才能让所有的孩子同在蓝天之下共同成长，才能有大爱无声的心灵对话。

教师的一生，是一种守望，更是一种奉献。自古道：“十年树木，百年树人。”这就注定了教师的职业要与劳累、清苦长相守。所以，人们便用“春蚕”和“红烛”来赞美教师。教师的职业的确是清苦的，但是，教师在清苦中守望着心中那份期盼。正是因为李吉林老师有“深感当教师比蜡烛永恒，照亮别人，升华自己；即便是比做‘春蚕’，也绝不是‘春蚕到死丝方尽’，而是丝虽尽却身不死。蚕化作蛹，蛹化作蛾，蛾又孕育，孵化出蚕宝宝，无穷无尽……那真是如诗如画”的崇高境界，才有她“我不是农民，却是一个播种者，我不是把谷子撒进泥土，却把另一种金色的种子播在孩子的心田上——那是一片奇异的土地，播下理想的种子，便会获得令人惊奇的收获”。当童心在这奉献持守中升华，才能让无形的爱充满人文关怀。

童心与爱心交织成童心教师的人格脊梁

拥有一颗童心，是教师素质的第一要义，童心与爱心交织成童心教师的人格魅力，支撑着一个童心教师对教育的独立理解与对教育事业的执著追求，成就一个普通的教师成为一个好的教师。

好的教师总是踏着时代的旋律，从不断深化课堂教学改革中走向远方。教学过程是一个特殊认知过程，是知识传承、道德引领与一个灵魂唤醒另一个灵魂的潜移默化过程，是师生共同参与、共同成长的情感共鸣过程。当一位教师领悟到“我以吾心付童心”的境界时，才能像李吉林老师那样，用学生的眼睛、学生的情感、学生的心理，构筑自己的内心世界；才可能真正走近学生、了解学生、走进学生五彩缤纷的内心世界，沿着李吉林、魏书生这些无数优秀教师成长的足迹，去寻找一个好的教师——一个教育家成长的智慧。

“一个好教师意味着什么？首先意味着他热爱孩子。”（苏霍姆林斯基）爱，不是教师的口头禅；爱，是一份尊重，是一种艺术，是一份责任，是无私的奉献；爱，因走进学生的心灵，引起学生的共鸣而有生命力；爱，因使教育者和受教育者都感到幸福而有价值。

一个好的教师，就在于他在传授知识的过程中，把自己学习的方法体会、人生感悟一同传授给学生，教给学生的是鲜活的知识、奠基一生的能力和方法。他绝不会极其功利地，不惜牺牲学生的身心健康与学习兴趣，让其机械地做大量的计算题和模拟作文。而是以自己的人格魅力和学识魅力召唤学生，让他们站在自己的肩上，攀向知识和生命的高峰。

一个好的教师，就在于他不仅是知识传授者，而且是点燃学生人生激情和智慧火种的思想启迪者；是在学生的心灵上播种真诚、善良，教学生学会生存、珍惜生命、感恩社会、关爱世界的道德引领者。

一个好的教师，就在于他能使学生读懂"人生的全部意义在于无穷地探索尚未知道的东西，在于不断地掌握更多的东西"（左拉）。去追求"当我们停止呼吸的时候，还能用我们创造的一切，为人类社会服务"的人生境界。

一个好的教师，不在于他告诉学生一个真实的未来，而在于教会学生用自己博大的人文胸怀和人类智慧去开垦未来，创造未来。

童心教师的成长过程，是一个唤醒童心的过程，是由精神成长支撑专业成长的过程，从个人修养到民族进步相互促进的过程。童心如诗，书写着厚德载物的华夏教师的人文气质；童心如歌，吟唱着教师用爱与智慧塑造民族未来的教育理想。

一、成长的脚步

于 漪

于漪，女，生于1929年，特级教师，教育部中小学教材审定委员会审查委员。60余年来，她一直在基础教育园地辛勤耕耘。她饱含深情地说："我常为自己是中华民族的一员而感到自豪和骄傲，更常常意识到重任在肩，要积极进取。"她曾荣获全国模范教师、全国劳动模范、全国三八红旗手等称号，享受国务院政府特殊津贴。主要著作有《语文教学耕耘录》《学海探珠》《于漪语文教育论集》《语文教学谈艺录》《于漪文集（6卷）》《于漪与教育教学求索》等。

1929年，我出生于历史名城江苏镇江。长江水哺育我成长，金焦二山秀丽的景色给我以良好的熏陶，满眼风光的北固楼在我心中播下了忧国忧民的种子，中华文化的熏陶使我在少年时代就有了美好的憧憬：做一个对国家真正有用的人。

在中小学读书是认真而努力的。十分幸运，我碰到了好老师：数学老师讲述概念之清晰，推理之严密，有效地训练了我的逻辑思维能力；语文老师声情并茂的讲解，对中外著名文学作品的精通，给我以深深的感染。“做一名深受学生尊敬和欢迎的好老师”，在许多优秀教师言传身教的影响下，我立下了这样的志向。

1951年夏，我毕业于复旦大学教育系。从此，在基础教育这块园地里辛勤耕耘，至今已五十四个春秋。我曾经教过历史，中华民族艰苦奋斗的精神和光辉灿烂的文化使我激动不已，我常为自己是中华民族的一员而感到自豪和骄傲，更始终意识到自己重任在肩，要终身进取，做一名“合格”的教师。

使命意识：我生命的原动力

红烛呀！
流罢！你怎能不流呢？
请将你的脂膏，
不息地流向人间，
培出慰藉底花儿，
结成快乐的果子。

这是闻一多先生《红烛·序诗》中的诗句，我十分喜爱，更经常以此激励自己的思想言行。因为这些诗句深刻地道出了人生的意义和价值，道出了红烛精神的精髓，那就是始终不渝地为他人的成长与欢乐奉献自己。我深深懂得，这首诗所体现的，不是闻一多先生个人的思想结晶，这里渗透着的，是我们民族优秀的文化积淀与精神特质，也是千百年来无数华夏仁人志士的生命坐标。

自古以来，中华民族多灿烂，同时也多艰辛，多苦难。过去，正是我们民族的奋斗精神与无数先贤的奉献牺牲，才有使中国人民站起来的新中国；今天，祖国的繁荣和民族的振兴依然需要我们每一个人全身心地投入与付出。作为中华儿女，我深感自己肩负的历史责任，天下兴亡，匹夫有责。身为基础教育战线的一名普通教师，这种忧患意识与使命意识使我深深地认识到，奉献是教师的天职，也是一名炎黄子孙无可推卸的责任，因此，“让生命和使命结伴同行”，成了我的人生座右铭。我体会到，教师，既是一种职业，更是一种人生理想，是需要以整个生命去拥抱的伟大事业，教师应该拥有这样的人生标杆和生命境界。

因此，树中华教师魂，立民族教育根，成为我终生奋斗的目标，成为我始终不变的精神追求。60余年来，我梦寐以求的就是使这美好的理想，通过艰辛的劳动变为现实。在漫长的教育生涯中，由于党的教育和同志们的帮助，我不断克服无知，勇战困难，振奋精神，锤炼感情，努力成为一名合格的人民教师，不辜负这一职业的神圣性，不辜负人民的嘱托和祖国的期望。

这种使命意识使我认识到，教师，须激情似火。有人说激情只是文学家、艺术家头上的光环，我不这么认为，激情也是教师必不可少的素质。教育青少年成为建设祖国的有用之材，是极其伟大的事业，不热爱教育这神圣的土地，没有工作的激情，就不能完成这一世界上的伟业。教师只有倾注满腔热忱，才能对学生有感染力和影响力，教师也只有燃烧自己，才能在学生心中点燃理想之火，塑造学生美好的心灵，才能完成肩负的神圣使命。我的这种激情正是来自对社会主义忠贞不贰的信念，来自对无数先烈和英雄人物由衷的爱戴与崇敬。有了这种激情，就会张足生命的风帆，孜孜不倦地追求，顺境不自傲，受挫更刚强，有使不完的劲。直至今天，我依然不知老之已至，不能也不愿放下我心中的事业，这一使命将伴随我生命的始终，为了我们的下一代，为了我们民族的未来，我无怨无悔。

这种使命意识使我懂得，教师，须师爱荡漾。教育的事业是爱的事业，师爱应该超越亲子之爱、友人之爱，因为它包蕴了崇高的使命和责任。学生在学校的学习虽仅短短几年，在人生的长河中仅仅是一阵子，但这短短一阵子却往往影响他们一辈子的生活道路。万丈高楼平地起，楼能不能盖高，关键在基础打得牢不牢，基础工作做得好，根子扎得正，扎得牢固，不歪歪斜斜，学生就会一辈子受用不尽。再说，一个人没有第二个青春，国家把青春年少、风华正茂的学生交给我们培养，这意味着对我们有着极大的信任，如果我们不尽心尽力，岂不是浪费学生的青春，对国家、对人民、对学生的大不敬？为此，我经常警戒自己、鞭策自己，要兢兢业业，考虑任何工作都不能忘记培养学生的大目标。

这种使命意识使我深深懂得，教师，须终身进步。教育的事业是着眼于未来的事业，教育工作的性质与特点要求教师应当具有相当程度的职业敏感，要跟随着时代奋力前进，不断更新教育观念，使自己始终站在时代的前沿来思考问题，来发展自我。教师做久了，常易犯三多三少的毛病：眼前学生看得多，将来建设者的形象考虑得少；知识与能力要求看得多，情感、态度和价值观教育考虑得少；考试分数看得多，综合素养考虑得少。这种育人的观念与当今培养目标的要求相距甚远。许多活生生的事例给我以深刻的教育，使我懂得：育人，不能一般地理解为培养学生，而是应把它放置在特定的历史条件和社会环境中认识。要教在今天，想到明天，以明日建设者的素质要求、德才标准来指导今日的教育教学工作。世界是复杂的，对外开放后，先进的科学技术进来了，这是好事，但随之也带来形形色色的资产阶级思想和其他易产生负面影响的东西。因此，如何增强学生的识别能力，增强抵制精神污染的能力，教师就要深入思考，寻求有效的教育途径与方法。

也正是这种使命意识，使我始终坚持改革，不断开拓创新。就拿教学方法来说，传统的做法对工作多年的教师来说，无疑是驾轻就熟，即使对年青教师来说，也有相当的影响。传统教法中合理的精华不可丢，但重知识轻能力、烦琐的讲解、灌输各种各样现成的结论等做法，显然不适应时代潮流，不能有效地对学生进行培养。因此，我花大气力进行变革，变革的核心是真正树立“以人为本”“以学生的发展为本”的根本理念，优化课堂结构，提高课堂教学效率，让学生真正做学习的主人，使课堂真正成为学生在教师指导下获取知识、训练能力、发展智力以及培养良好思想情操的场所。

同时，改革创新要具有中国的特色，走我们自己的路。既要博采众长，吸取精神养料，又要有主心骨，独立思考，不人云亦云。在教育这块沃土上，千万名教师在耕耘，亿万名学生在成长，好思想、好经验十分丰富。为了提高教学质量，为了使学校工作上台阶，我经常以其他教师为师，以其他学校为师，从他们成功的经验中受到启发，受到教育。他山之石，可以攻玉，但借鉴一定要“以我为主”。学习外国，开拓视野，十分有益，但要着力在“洋为中用”上。吃牛肉、喝牛奶目的在滋养身体，健壮体魄，而不是变成牛。因此，即使是好学说、好经验，也不可照搬照抄，要拿来为我所用，要和我们自己的实际结合起来，创中国特色的东西，这样，才有生命力，才能有效地提高教学质量。因此，我特别在“化”字上下工夫，融百家之长，创造自己的教学特色和在新的时代条件下办学的新路子。

一个人的生命是有限的，而我们的事业是常青的。一名真正的教师，是用生命在实践，用生命在歌唱。为了我们辉煌的社会主义事业，为了我们可爱的学生，我的生命和肩负的历史使命结伴同行。

语文教育：为伊消得人憔悴

我学的是教育学，曾经教过历史，由于工作需要，我改行教了语文。困难是有的，因为我毕竟不是中文系科班出身。但我明白，祖国的需要就是我的职责，既然站到了这一岗位上，我必须不辱使命，因为教师肩负的是民族的未来。

当时我有个奢望，就是能听教研组长一节课。这位老师功底厚实，擅长书法、绘画，讲话要言不烦，大家都有点畏惧他。在上世纪50年代，要听老教师的课，很不容易，得不到授课人的允许，不能贸然进他的课堂。只有不断学习，才能在语文教研组有立足之地。为了能听到老组长一节课，我清晨就到学校，打扫办公室的卫生，扫地、擦桌子、拖地板、倒痰盂，为大家服务，做一名青年教师应做的事。一个春秋又一个春秋，但奢望始终是梦想而已，终究没有变成现实。

倒是我一教课，老组长就来听我的课，心里真有点胆怯。我清晰地记得是教高中二年级的课文《普通劳动者》，预备铃响了，他踱方步似的走进教室，在后排一个空位置上坐下，一脸严肃。课前我不知道，少不得条件反射似的紧张起来，然后，通过加强自我控制，才慢慢放松。下课了，我如释重负，长长地叹了一口气。课后，他找我谈，说了语言、板书、条理等几个优点后，郑重其事地说了一句：“语文教学的大门在哪儿你还不知道，人物形象分析是这样贴标签的吗？”此言如五雷轰顶，我一下子蒙了。定了定神，我向他请教该怎么教，他金口难开，又不吭声了。自那以后，再没有对我说过一句如何教语文的话，真怪！

语文教学的大门究竟在哪儿？我要寻觅，即使路曼曼其修远兮，我也不仅要找到大门，而且还要登堂入室，探索其中的奥妙。老组长这句“金石之言”成为我教学生涯中不懈追求的动力。我常常反躬自省：“你入门了没有？‘堂’在哪儿，‘室’在哪儿？一名对学科教学不入大门不辨堂室的教师怎能称职，怎能对得起学生？”外力在教育历程中化为内驱力，使我夙兴夜寐一灯明，耗尽心力，寻寻觅觅。

在相当长的时间内，我处于两个方面的斗争之中：一是与疾病的斗争，胃溃疡、肝炎、腹部动大手术、脑缺氧、血尿等等，疾病一直在考验着我，但对生活的热爱、乐观和坦然，使我不仅挺了过来，而且意志也得到了锻炼。二是学识浅薄，教学经验欠缺，总觉底蕴不够，功力不深，教学时常有捉襟见肘之感。于是挑灯夜读，病榻苦读，力求把基础打得厚实一点，把知识面拓宽一点。

我从回忆中寻找，向过去教我的老师请教。他们是怎样教的，哪些课感人，那声情并茂的朗读与讲解，那旁征博引的议论和评析，眼神、手势、神往的表情，一幕幕在脑海里浮现，使我经久不忘，历历在目。我常顿然有所悟：这就是语文！

我到传统语文教育论述中寻觅。张志公先生的专著《传统语文教育初探》，朱自清、叶圣陶、吕叔湘等名家对语文教学的众多论述，我都认真学习，逐一推敲，从中寻觅有效的途径。

我从比较中寻觅可资借鉴的做法。许多国家都有自己的母语教育，怎样通过母语教育哺育后代成长，必须有自己丰富的经验。可惜当时国门封闭，能看到的资料凤毛麟角，只得从外语教学中体悟一二。我对选文进行比较，对语法教学进行比较，对读写训练进行比较，衡量其利弊得失，朦朦胧胧有了点自己的看法。

我努力探究教学原则和教学方法，阅读教育学、心理学方面的书籍。尽管有些学术著作做大学生时也读过，但那时不懂得联系实际，自己也无多少实际经验可供联系，“空对空”，学得浮光掠影。现在带着问题学，效果大不一样。为什么要制订这些教学原则，为什么教学可采用这样或那样的方法等等，不仅要知其然，而且还要知其所以然。教材要研究，学生更要研究。

我认真学习报章杂志上有关教学的鲜活经验。那时杂志少，文章少，只要看到，就如饥似渴地读，并深刻思考。除了语文方面的，对其他学科的也同样兴味盎然。他山之石，可以攻玉，采取拿来主义的态度，以弥补自己的不足之处。

改行教语文伊始，我先从八个字上下工夫："胸中有书，目中有人。""胸中有书"，是要认真钻研教材，查阅有关材料，在"真懂"上下工夫，对教材做到烂熟于心，要如出自己之口，如出自己之心，自己"昏昏"，是不可能使学生"昭昭"的。为了求得"真懂"，首先就要深入钻研教材，弄清来龙去脉，从语言表达到思想内容，从思想内容再到语言表达，要反复咀嚼、推敲，在理解的深度、广度上下工夫，先做学生，后做先生。与此同时，还应该有系统地进行各门学科的学习。晚上9点以前工作，9点以后学习，明灯伴我过半夜是常事。一个学期，两个学期，两三年，把中学语文教师该具备的语法、修辞、逻辑等知识，该具备的文、史、哲等素养，该了解的中外名家名著都摸了一遍。没有任何诀窍和捷径，就是老老实实，以勤补拙，笨鸟先飞，才勉强把课教下来，在学生面前，才有了初步的发言权。"目中有人"是指教语文，不能只见书不见人，要做一名合格的教师，必须研究学生，对学生要有满腔热情满腔爱。在教学实践中，我深深体会到，"教过"不等于"教会"。"教过"比较容易做到，每天总要上课下课，45分钟是不会停留的。一天两天，三月五月，八年十年，就这样"教过"了。然而，要真正"教会"就非常难。两个班级，教会几个学生，教会一二十个学生不难，但要大面积提高，教会每一个学生，不花一番心血是不可能的。学生的基础不一样，智力、性格、思想、兴趣爱好，以至家庭情况、成长经历都不一样，每一个学生都是生动活泼的艺术品，要了解、研究他们，就要与他们先做朋友，再做老师，亦师亦友，教学才有针对性，才会提高实效。对祖国语言文字的满怀敬仰，对学生满怀炽热的感情，使我开始尝到育人的艰辛与甘甜。

上世纪60年代初，我迈出了语文教学改革的步伐。在教学实践中，我深深体会到语文教学之所以效率不高，最突出的问题是教学往往从教材出发，而不是从学生出发，凡课文涉及的语文知识，就巨细不分一股脑儿灌输，脱离了学生的学习实际，不必要的重复比比皆是，教学方法烦琐，不少做法程式化。例如词语解释，大可指导学生使用工具书查检，何必一一写在黑板上，搞词义解释搬家？又如分段，是否每篇课文都得分段，概括段落大意？有的课文是大手笔、大概念，"思考与练习”却内容空泛，无法答对。语文教学究竟要实现怎样的目标？我常困惑不安。就在此时，“教育要革命”的春风吹来，上海育才中学教育改革的经验给了我很大的启发。我想，作为一名普通的青年教师，对课程和教材改革无多少发言权，但我可以从教学方法的改进入手，探索其中的规律。我在了解学生实际的基础上，明确教学目的，纠正主观设想的错误，摒弃烦琐的讲解，克服平均使用力量的弊病。课堂上注意启发引导学生，不越俎代庖，不迷信自己的讲解，不独占课堂教学时间，放手让学生实践。这样，在目中有人、尊重学生的学习权利方面迈出了新的一步。教学方法的改革，使学生学习语文的积极性大大提高，课堂上出现了生动活泼竞相发表意见的热烈情景，学生们课外阅读的兴趣也越来越浓厚了。

一次偶然的机会，市教育局教研室杨质彬老师注意到了我。那是在一次高中语文教师讨论教学改革的座谈会上，我谈了语文教改的认识与做法。会议结束时，杨老师走到我面前说：“以后我常来听你的课，事前我不通知，你就像平时一样教就行。”当时我不认识她，更不知道她的身份和职务。一天上课时，她真的来了，听完课，她问了我不少问题，从教学目的到课文理解，甚至作业批改。从那以后，好像一发不可收拾了，她每周都要来听几次。不仅听，还谈；不仅谈，还翻阅学生作文，一本一本看，看我是怎样批怎样改的。我被这位老同志的敬业精神深深感动了。她话不多，但总能启发我思考，我知道她是在指导、培养我这名青年教师。于是，教育局有很多的同志来听课；于是，教育局各位局领导来听课；于是，我在全校上公开课，在全区上公开课，面向全市10个区10个县上公开课。我投身于教育改革的洪流之中，对语文教学的价值、意义和肩负的使命有了新的认识和体会。

正当我兴冲冲地进行改革试验的时候，“文化大革命”的灾难来临了。“什么三八红旗手？是修正主义教育路线的吹鼓手，黑旗手！”“什么改革？是反动学术权威！知识越多越反动！”造反派要我交代和上面的关系。我愕然了，我这个平民教师是被听课听出来的，和上面确实无任何关系，无法交代。由于“态度不好”，我备受谩骂、污辱、毒打的折磨。但对教育事业的责任，对学生的热爱，使我挺了过来。从劳改队出来后，我恢复了教师的工作，我仍积极投入，不舍昼夜，对语文教学，我仍痴心不改。学生只有一个青春，耽误不起啊！在那个黑白颠倒的时代，我冒着风险带领学生学文化，学语文，打好做人的基础。

1976年粉碎“四人帮”，教育事业迎来了第二次解放，拨乱反正使教师重新获得了做人的尊严。当我站在上海市文化广场讲台上与同行一起批判“四人帮”对教育事业摧残的罪行时，内心的喜悦难以言表，此后令我兴奋不已的事便接踵而至。

1977年10月19日，金色的秋天。上海电视台教育演播分室第一次向全市直播中学教师向学生授语文课的实况，任务落在我的肩上。当时上电视镜头是极稀罕的事，我虽经历过几百人听课的大场面，但面对那么多观众，还是破天荒第一遭，着实有些紧张。教材是我选的，从学校图书馆被捆绑起来的所谓封、资、修作品中，找出了高尔基的《海燕》。也许是心灵相通的缘故吧，钻研教材时，刻画海燕的一个个词语、一个个句子都活起来，跳动起来，海燕就是应该这样叫喊，就是应该这样飞舞，用不了多少时间我就记得烂熟，因为它活在了我的心中。课上得群情振奋，学生的朗读与表达，发自肺腑，而我自己呢？那种冲出暴风雨，精神上获得解放的喜悦似乎渗透到每个细胞。三尺讲台无限爱，我爱学生，爱未来，爱蕴含着灿烂中华文化的语文。教课只有用生命编就，从心底里流出来的歌，才动听，才感人，才会如清澈明净的泉水流入学生的心田。当时能看到电视的几乎都看了这场直播，公共汽车上谈论《海燕》，江苏、浙江等附近地区有些老师看到了电视，和我虽素昧平生，也写信给我。人们对教育的关注，对语文教学的关注，增添了我继续前进的动力。

1978年，首批特级教师评选，我怎么也没想到自己会被评上，深感惶恐。我从事的是极普通极平凡的教育教学工作，只是尽心尽力，离“优秀”“卓越”甚远。而且被评上的8位中学教师中，7位是市重点中学的，而我只是区重点学校的，生源差距也很大。比一比，心里压力很大。面对差距，我只有咬紧牙关，下定决心追赶。我以特级教师的标准为标尺，严格要求自己，勤奋学习，努力登攀，不断缩短差距，改变盛名之下其实难副的状况，不辜负组织的厚爱、学生的期望。

我勤于学习，博采众长。重要的理论反复学，在世界发展与中国建设的大背景下，来认识教育的地位、价值、功能与走势。特别是邓小平同志“教育要面向现代化、面向世界、面向未来”的指示使我眼界大开。我认识到，就学科论学科，往往会陷入鸡虫得失的纠缠，跳出圈子看问题，站在时代的高度、战略的高度，视野就开阔得多，思考就深入得多。由此，我坚定不移地确立了教文育人的信念。教育说到底就是培养人，“教文”是为“育人”大目标服务的，千万不能只见“文”不见“人”；教育事业是理想的事业，教育要引导人的精神走向高处，是人生境界的提升，也就是要彰明教育对象内心的德性，使人自新，进入最美最善的道德境界。教育的本质是增强人的精神力量，知识、技能是精神攀升的阶梯，千万不能做仅仅传授语文知识与技能的匠人，要着力培养学生良好的综合素质，充分发挥母语哺育后代的重要作用。

千金之珠，在九重之渊骊龙颔下。我越学越觉得自己的无知与浅薄，越学越体会到语文教师字典里是没有“够”这个字的。只有清醒地认识自己的缺陷、不足乃至错误，才会不停息地向前。此时，我体会到教师“一桶水”和学生“一杯水”的比喻是多么不恰当。教师的这桶“水”是否陈腐，是否有污染呢？知识会老化，知识结构须更新啊！教师的“教”与学生的“学”难道仅仅是“给予”的关系？学生是活泼的生命体，不是简单的“容器”啊！课堂里没有时代活水流淌，能与学生心灵碰撞，能使学生感奋吗？学习，是一条艰苦的荆棘路，为了学生的成长，教师必须义无反顾地跋涉，努力做到于谦在《观书》一诗中说的：“活水源流随处满，东风花柳逐时新。”

如果说，“勤于学习”是我做语文教师的一根支柱，那么，另一根支柱就是“勇于实践”。实践出真知，认识与想法正确与否，效果怎样，要拿到实践中检验。要从实践中获得经验教训，再不断补充和修正自己的认识与判断。我所说的实践，主要指认真上好每一堂课。课前从学生和教材的实际出发，刻苦钻研，精心设计；课上充分发挥两个积极性，即教的积极性和学的积极性，师生互动；课后拓展延伸，带领学生阅读与写作，开展一系列贴近生活实际的语文活动，把语文教活学活，培养学生热爱祖国语言文字、热爱生活的感情。自评上特级教师后，我几乎每节课都是公开课，少则几十位教师听，多则有几百位来自全国各地的教师听。当时，我的社会兼职多，担任中华全国总工会执行委员、全国中学语文教学研究会副会长、上海市人大常委会委员。我经常开会，挤掉了搞业务的时间。而且，要培养青年骨干教师，要听课、评课，要举办语文系列讲座……担子重，压力大，我只有在教学第一线跌打滚爬，在教学实践中修炼和完善。粗略估量一下，我上了近两千节的公开课，在全国语文教师和师范大学中文系学生中产生了较大影响。

在专家的指导下，在同行敬业精神的感染下，我把“勤于学习”“勇于实践”这两根支柱聚焦在“反思”上。一步一陟一回顾，回顾自己迈的步子正不正，留下的脚印深不深，是不是符合语文教学固有的规律，是不是有利于学生今日的健康成长和明日的长足发展。于是，我坚持写“教后”，记下自己教学中的不足，记下学生语文学习过程中的闪光点。针对教学实践中碰到的种种问题，思考如何进一步深入改革，全面提高学生语文素养，全面提高语文教学质量。

课堂教学是实施素质教育的主阵地，构建科学的课堂教学结构，让学生充分发挥学习主人公作用，是我语文教改与实践的又一重点。我努力把单向型的直线往复课堂结构转换成辐射式网络型的课堂结构。传统教学往往是教师讲，学生听，或者学生问，教师答，是单向型的直线交流。这样，往往是一部分学生学习积极，其他学生就做“陪客”。其实，教师的“教”应作用于所有的学生，应把所有的学生都组织到课堂环境之中，而所有学生的“学”都应反馈到教师这里。这样，“教”作用于“学”，“学”反作用于“教”，加上学生之间的相互作用，形成学习网络。在这里，师生是指导与被指导的关系，也是共同探求真理、共同寻找解决方法与途径的伙伴关系。一般地说，教师在总体上是超过学生的，但学生进入兴奋状态，全神贯注，就会超水平发挥，闪现出智慧的火花，给教师、给其他学生以启发。课堂上不是教师一个人发光，“能者为师”，每个学生都是发光体，把光照射到别人身上，教学相长，学生会为自己拥有独特的看法与体验而自豪。

从上世纪70年代末到80年代、90年代，我致力于语文学科性质观、功能观、兴趣观、教法观、质量观等方面的研究，聚焦在教文育人的总目标上，主攻课堂教学主阵地。在课堂内以语言文字的智育为核心，紧扣课文的特点与个性，渗透德育与美育，把知识、能力与情感、态度、价值观融为一体，使课堂教学立体化、多功能化，在发挥语言文字魅力的同时，收到育人的综合效应。然后再以课堂教学为原点，向课外延伸，向学校生活延伸，向社会生活延伸。一抓课外阅读，二抓课外活动，参观、访问、研究，让学生感受到语文无处不在，语文到处有用，在徜徉于语言文字的欣赏与应用的氛围中学习语文，提高悟性。教育学生首先要研究学生，要树立正确的学生观；语文教学要做到尊重学生学习的权利，以他们的发展为本，教师必须放下“唯我独尊”的架子和“越俎代庖”的恶习，不仅要在理性上认识，更重要的是身体力行，在实践上努力做，因而，要花气力进行课堂教学结构改革，让学生在课堂学习中充分发挥潜力，发挥聪明才智，体味成为学习主人的快乐。在这期间，我发表了许多文章，也与同行进行了深度的交流，得到了大家的认可。

上世纪90年代末，第8次课程、教材和教法改革工程启动，教育部立足时代的高度、战略的高度，审视现有课程、教材和教法的长处与不足，借鉴国外先进理念和经验，制订了振奋人心的改革方案。读了语文学科新课程标准后，我有如沐春风之乐。多少年来自己想说又表达不完整、不清晰的认识与想法，被新课程标准从理论和实践相结合的高度，阐述得简明、深刻、周到，我深受教育与鼓舞。

我做了一辈子的教师，所孜孜以求的是：语言是生命之声，语言的活动就是生命的活动，我教学生学母语就要激情燃烧，用生命来歌唱，不仅要培养学生学习语言文字的技能技巧，更要传承民族精神和人类优秀文化，激发他们智力和潜能的发展，培养他们良好的思想情操和价值观。对教师而言，学生是第一宝贵的，通过学科教学，培育他们成长、成人和成才，是教师义不容辞的天职。语文新课程标准摆脱了过去以学科知识系统为中心的局限，转变为以学生的发展为本，这不仅使语文教学育人的本质功能得到回归，而且随着时代的前进有了更新的发展。因而，对新课程标准，我非常赞同，它的许多语言都能在我的心弦上引起共鸣。相信集中大家的智慧，致力于语文教学的具体实施，定能开创语文教学的新局面。因而，我将继续努力，继续为我们母语教育的振兴而贡献自己的微薄之力。

学校建设：站在制高点上的求索

上世纪80年代中期，我被任命为上海市第二师范校长。由于十年动乱派性的作祟，学校一直不太平，质量也上不去。再加上该校是由杨浦中学转为师范学校的，因此内部更是矛盾重重。从内心说，因为我长期从事教学业务，十分喜爱教学，因此不愿做行政工作。刚粉碎

“四人帮”之时，组织上就要我做校长，我一再婉言拒绝。可这一次以党性的要求衡量，我只能欣然接受。困难确实很大，校园荒芜，杂草丛生，人员四分五裂，没有一份文书档案，没有一本财产账，经费匮乏，校舍破旧，课桌椅不少都“缺胳膊短腿”。但既然领受了任务，作为一名党员，就要明白党的需要就是我的志愿，我一定要迎难而上，艰苦奋斗，团结全校教职员工，切实贯彻党的教育方针，努力创造良好的学校氛围，以实际成果来显示社会主义学校教育的功能与威力。

在连云港与学生交流

作为语文教师，我教过各个层面的学生，教过基础好的学生，也教过基础一般的学生，还带过好几个乱班。我也做过教研组长、班主任、年级组长、教务副主任等。角色的不断转换，使我有机会从不同角度审视学校的育人功能，思考教育浅层次价值观的短视性与深层次价值观的长效性。这也对我担任校长职务、进行学校管理工作产生了一定作用。

作为校长，我首先考虑的是办学制高点，居高才能临下，高瞻才能远瞩。在改革开放的条件下，要把学校办得生机勃勃，质量优异，须站在相当的高度来思考问题，在宏观上有较为科学的总体设想。

一是站在时代的制高点上，瞄准未来社会的小学教育，努力把今日的师范生培养成为面向未来、终身发展的新时期小学教育的核心力量。我认识到，当代师范生与过去相比，虽有相同的年龄特征和相似的心理特征，但同时又有当今时代的特点。未来的教育要求一名合格的小学教师应该有理想、有道德、有文化、有纪律，有一定的教育教学专业知识和技能；有较好的文化判断力，有正确的情感、态度和价值观；还要热爱教育事业，有崇高的生命追求。要求学生站上时代的制高点，首先就要求学校拥有这样的制高点。因此，学校必须以现代教育理念为导向，创设宽广的发展空间，让学生的个性得到发展，让学生的潜能得到发挥，让学生的理想和生命追求得到实现的途径。

二是站在战略的制高点上，从严治校，发愤图强，办出水平，形成自己基础教育人才高地。师范生的素质不仅关系到一代小学教师的素质，而且关系到国家未来数以亿计少年儿童的心灵成长与人格塑造。因为，在每一个师范生的背后，都有一支庞大的少年儿童队伍，他们是国家的未来和民族的希望。因此，师范教育关系到祖国儿童的健康成长，关系到民族素质的有效提高，可以说，今日的师范生，就是明日的公民素质，就是后日的综合国力。因此，学校必须形成一种具有前瞻性的教育理念与教学策略，营造一种良好的成长氛围，培养学生良好的职业理想，让学生去主动求取，自主发展，用人类创造的知识来武装自己的头脑，从能力、素养、情感、态度、价值观等各方面全面提升自己。

三是站在与基础教育发达国家竞争的制高点上，瞄准国外、国内和市内兄弟学校的先进教育思想与办学经验，博采众长，办出特色，提高自身的国际竞争力。今天办学校必须树立国际竞争意识，这不是争一所学校的名气，而是争民族的志气、民族的自尊，争综合国力的提升。因而师范学校应该努力培养这样的教师，他们将不再是年复一年地不断重复自己的“工匠”，而是拥有科学精神和创新意识的学习型教师，他们应该拥有宽阔的国际视野，拥有良好的竞争能力、合作能力与终身发展能力，不断探索，不断创造，不断把最新的人类文化成果交给学生，真正成为人类灵魂的“工程师”。教师也不再仅仅在学生身上实现自己生命的价值，而是在发展学生的同时发展自己，在发展教育的同时使自身同步发展。办学校，既要继承我国基础教育的优良传统，又要有所突破，有所发展，有所创新。

确立了制高点，接下来就是着力抓弘扬正气、创造育人的良好氛围。教育质量是学校的生命，质量低下，就等于浪费学生的青春，浪费教育资源。要把质量抓上去，首先要找关键点，其次要抓突破口。

关键点是牢固树立育人大目标。教育，就是培养人，提高人的素质，通过悉心培养，使青少年获得发展，成长为祖国的栋梁。要实现这一目标就得研究学生，研究今日的学生，研究明日的建设者的形象。育人不是泛泛而谈，而应放在特定的历史条件和社会环境中认识，有针对性，有时代的特征。要教在今天，想到明天，以明日建设者所需要的素质与能力，促进今日的教育实践和教育改革。

总揽学校教育的准绳，不是别的，正是培养目标。在对培养目标的认识上存在两个问题。一是在共性与个性的问题上，比较重视共性的要求，甚至在许多方面“一刀切”，而忽视个性的发展。十个手指都不可能一样齐，更何况人的培养？学校教育要重视学生的个性差异，要多角度、多层次、多模式地因势利导，长善而救失，促进学生的成长。二是教育全面质量观与教育片面质量观的矛盾。评价教育质量的尺度应是是否对学生进行了全面性的素质教育，而不是以“智”取代“德”“体”“美”，更不能把“育人”变形为“育分”。考试的砝码越来越重，学生就不可能得到全面培养。要想切实树立育人大目标，须真正按“教育要面向现代化、面向世界、面向未来”的指导方针办事，在教育观念上进行革命。“面向现代化”揭示了教育发展的立足点；“面向世界”提供了一种开放视野和新的参照系；“面向未来”强调了教育的长周期性和必须具有的超前意识。“三个面向”的核心是面向现代化。全校教职工应树立育人的大目标，逐步克服见分不见人、见局部不见整体、见眼前不见长远的弊病，深入研究学生成长的三个世界——生活世界、知识世界和心灵世界，从而提高育人的质量。

我们选择校风建设为突破口，切实加强师生思想政治工作与专业思想教育，推动教学业务的进展，以全面提高教育质量。办学要有精神支柱，精神支柱能起鼓舞作用，有强大的凝聚力。在社会急剧转型时期，多元经济并存，多样文化碰撞，价值观发生变化，泥沙俱下、鱼龙混杂本不足怪，关键在办学的人要有火眼金睛，有很好的文化判断力。学校不是真空地带，拜金主义、个人第一、崇尚私利等不利于学生健康成长的思想言行都会通过各种渠道浸染学生的心灵，因而学校必须树立正气，弘扬正气，抵制社会上不良风气对学校的侵袭。既要开门办学，又要建设学校良好的小气候。学校风气有其独特的育人要求，不能降低到社会上的一般水平，它代表正气，代表主流，代表精神文明的威力。社会上允许的，学校不能都允许；社会上流行的，学校不一定都提倡。学校提倡的是健康的、积极向上的东西，因此，校长要有改革的视野，开放的胸怀，善于纵向继承，横向开拓，营造学校的独特文化。

“一身正气，为人师表”是我们校风的核心支柱，我们坚持思想疏导，理解师范生的心态，在“善于”上下工夫。组织“当代师范生应该具有怎样的形象”“师范生应该追求什么”等一系列专题讨论，动员学校资源和社会资源多角度、多层面地对学生进行教育，反复强调培养目标，在学生心中撒播做人的良种。制定一系列的校规校纪，强化行为规范的训练。良好行为习惯的培养不可能一蹴而就，靠的是思想先行，说清道理；靠的是管理到位，坚持不懈地训练；靠的是自我教育，督促检查。我们制定了一系列的规则，学有学规，食有食规，宿有宿规，考有考规，劳动有劳动规则，会议有会议规则。各项制度均强调落到实处，教导处、年级组、团委、学生会等部门要从不同方面、不同渠道进行督促检查，定期评比。例如有一段时间，学生浪费粮食现象严重，我就从泔水缸里把馒头等食物捞到脸盆里，依次向各班讲述我国是人口大国，讲述贫穷人们的生活情况，讲述盘中餐粒粒皆辛苦的道理，对学生动之以情，晓之以理，然后分桌管理，加强督促，杜绝浪费粮食的情况。我们在没有一分钱绿化经费的情况下，师生齐动手，种草栽树育花，整顿校园，美化校园，我们强调环境育人，更强调在创造优美校园环境的过程中，培养艰苦创业、艰苦奋斗的精神。在社会上还不够重视绿化和环保的情况下，我校先走了一步，连续多次被评为上海市花园单位、全国绿化先进单位。

良好的校园氛围绝非靠一两个人就能形成，这是需要全校师生员工统一认识、统一步调的。教职工如认识不一致，即使再严的要求、再好的规章制度也是停在口头上，也会成为一纸空文。我们反复讨论学校的培养目标，研究社会主义的师范学校应具有怎样的形象，对自由与纪律、保守与开放、改革与放任等问题进行严格的区别，强调把教职工的精力聚拢到教育学生的事业中。全校教职工对学生的思想道德教育形成“三线一面”的格局，即政治课、年级组（班主任）、团委学生会三线有机结合，各学科根据学科特点渗透思想道德教育，提高育人效果。全校切实做到了教书育人、管理育人、环境育人、服务育人。校园美景如画，教学楼、实验楼窗明几净，图书馆寂静无声，宿舍里井然有序，音乐楼琴声缭绕，体育场龙腾虎跃，教务、总务、财产、文书等所有部门均建立明细档案，校风正，教风正，学风正，学校一切工作进入到了正常的轨道上来。学校所有工作都强调公开、公正，在大家的监督之下，随时接受上级领导和兄弟学校的检查，讲求真实，杜绝虚假。由于全校师生的共同努力，学校先后被评为上海市文明单位、全国师范教育先进单位。这里的毕业生素质好，责任心强，基本功扎实，受到了社会和用人单位一致的认可和赞扬。

学校之所以会有如此大的变化，其中最重要的原因是抓好了学校班子的建设和校长的自身建设。学校班子的精神状态、管理水平对学校工作起决定性作用。我们首先要做的就是抓团结，一切以学校大局为重，以事业发展为重，坦率、真诚，互相尊重，互相谦让，重要的事情要反复商量，弹琴要弹到发展事业、提高学校教育质量的基点上。其次是干部要身先士卒，勤恳刻苦，爱校如家。还有就是要真心实意为每个教工着想，上下协调，廉洁奉公，不谋私利，主动接受全校教工的监督。当然，校长自身建设也是十分重要的。我深切体会到，学校是育人的场所，校长的一言一行对师生都会产生影响，犹如无声的命令，故而，必须高标准要求自己，使自己具备优良的素质，向教育家的目标努力奋进。为此，我在“一身正气，为人师表”上下工夫，要求师生做到的，自己率先垂范，处处以身作则，言行一致，表里如一。我要求自己要具有相当程度的职业敏感，跟随着时代的步伐奋力前进，要敢于把自己从思考问题的习惯轨道上解放出来，看得远，想得深，不目光短浅，不“近视”。我要求自己具备正确的教育思想，努力探索乃至通晓基础教育的规律，戒浮躁，戒急于求成，要学会埋头苦干，扎扎实实，使学生的素质、智力、能力在教育过程中获得有效培养。我要求自己具备管理的才能，善于发扬民主，博采众长，不陷入事务堆里，腾出时间多思考，腾出手来抓关键，抓典型，抓经验，抓创造。我力求做到有丰富的智力生活，学而不厌，不断增进自己的知识，更新知识结构，加强教育教学研究，提高学术水平。过去，我曾把一个个班级和年级，包括乱班、乱年级带成先进的班级、先进的年级，我以为自己的精力与智力已经耗尽，没想到实际工作确实能锻炼人，铸造人，在担任校长从事管理工作的过程中我还有潜力。实践出真知，感谢组织上对我的信任，使我在校长岗位的跌打滚爬中不断成长、成熟。

培养青年教师：化作春泥更护花

教育事业不是一个人或几个人的事业，而是千百万人的事业，教育的成功也不可能仅仅依靠领导班子中几个人的努力与奉献，它需要的是广大教师的共同浇灌。基于这样的认识，首先我严格要求自己，力求做一名合格、优秀的教师，不辜负祖国的期望和人民的嘱托。为此，从教几十年来，不敢有丝毫的懈怠，在“师风可学”“学风可师”上下工夫，把心贴在学生身上，努力为学生今日的健康成长、明日的长足发展奉献心血和智慧。与此同时，我也抓紧教师队伍建设，着力培养青年教师。

中央电视台与《语文报》合作播放语文邀请赛，于漪老师（左二）被邀请为主持人

作为一名教育工作者，我十分清醒地认识到：教育质量是学校的生命线，而学校的质量说到底就是教师的质量，教师的师风、师德、师表、师魂，无时无刻不对学生起潜移默化的作用。教师的德、才、识、能，尤其是事业心、责任感，应成为学生的榜样。因此，从某种意义上说，教师决定教育的成败。从长远看，教育质量就是青年教师的质量。青年教师是学校的未来，也是教育的未来，他们的政治思想、业务素质如何，将直接影响到下一代的健康成长，影响教育事业的发展。因此，加强对青年教师的培养和教育，不仅具有重要的现实意义，而且对教育事业的发展具有长远的战略意义。我抓青年教师培养的过程，大体可分为三个阶段：上世纪70年代末，带教一批批青年语文教师；任校长后，抓好教师队伍建设；从校长岗位退下来后，重心转移到教师专业化发展的理论建设。

俗话说：浇花要浇根，帮人要帮心。培养青年教师首先要抓根本，要在思想政治上关心他们健康成长，塑造他们的政治灵魂。因为教师的思想政治方向，决定了教育教学的思想政治方向。因此我要求青年教师把“一身正气，为人师表”作为座右铭，经常深入到青年教师中间，找他们谈心，并以自己从教数十年的体会激发青年教师，鼓励他们热爱教育事业，热爱学生，要有对事业的高度责任感，为教育事业贡献自己的青春与才华。对于青年教师的点滴进步，我都感到由衷的喜悦；对于青年教师的缺点和错误，我也从不姑息。

带教语文教师，则应聚焦在理论和实践的结合点上，师徒互动，共同进步。一方面我开办语文系列讲座，讲述语文教学中的种种现象以及必须探究的规律；另一方面随堂听课，听后讨论分析，辨别利弊得失。从课内到课外，我广泛涉猎，引领青年教师入门，我十分了解自己肩负的教文育人的重任。即使是作业批改、考试命题等问题我也对青年教师进行悉心指导，不就事论事，而是提升到教育原则、教学方法的高度进行认识和探讨。

为了从根本上提高青年教师的业务水平，我还为青年教师开专题理论讲座，从如何研究教学对象到教师应具备的素质，从如何运用教学方法到课堂教学的节奏和容量……带领青年教师以理论来指导具体的教学实践。有些青年教师至今珍藏着当年的讲座记录，并把它当做解决实践工作中疑难问题的“秘方”。与此同时，我还从备课、上课、批改作业等方面对青年教师言传身教，手把手地悉心指导。我强调课前必须深入备课，对教材的来龙去脉、编写意图必须梳理得一清二楚，对教材的重点、难点要了如指掌，同时还要备人，要了解掌握学生情况，要针对学生的实际。我还不断鼓励青年教师写文章，特别要求青年语文教师要锤炼自己的笔头功夫，有不少青年教师写的文章经修改后发表在各类报刊上。

为了培养青年教师，我尽心尽力，无怨无悔。只要有利于培养青年教师，事无巨细，我都乐意去做。从1977年起，除了本校的青年教师外，陆续有外校和外省市的青年语文教师来从师学习。从1982年开始，杨浦区教育局连续几年组织了以青年教师为主要对象的语文骨干教师培训班，委托我带教，我都欣然接受。仅十年中，我就义务带教了外校和外省市的青年语文教师150余名。

1985年夏，我担任了校长一职，工作担子更重了，但我却丝毫没有放松对青年教师的教育和培养。二师自1984年复校以后，不少大学毕业生陆续分配进来，青年教师在全校教师中所占比例逐年上升，但他们缺乏经验，对教育教学业务不熟悉，往往眼高手低。面对这样的现实，我在学校明确提出，要花大力气对青年教师进行教育和培养，以缩短他们的成熟期。我提议组成学校培养青年教师的三级网络，倡导开展青年教师教育教学评优活动。学校组成教育教学评审委员会，通过评优活动，让青年教师在教育教学实践中锻炼提高。我还针对青年教师在教育教学活动中暴露出来的缺陷，积极创造条件，多渠道地组织他们业务进修。除了利用学校自身的力量，为青年教师开设“外语”“书法”“教学用语”“电脑”等进修班外，还从外校为个别学科的青年教师聘请兼职指导教师。为了能让青年教师施展自己的才能，我尽可能地为他们创造机会，提供条件，对他们充分信任，大胆使用，鼓励他们攀登教育教学高峰。二师承担的市级重点教育科研项目，也尽可能吸收青年教师参加研究，这不只是信任，这样做还有利于他们的成长和提高。

担任校长期间，我注重抓教师队伍建设，坚持治标与治本并重。任何人都不可能把自己没有的东西奉献给别人，教师要撒播阳光到学生心中，自己心中就要有阳光。师德是根本，我不断激励教师加强责任心和使命感，增强自我发展的动力，与学生一起成长。素质教育的主渠道是学科教学，主阵地是课堂，课堂本身就是培养教师成长的基地，一名上不好课的教师说师德高尚是空的。因而，我们牢牢抓住课堂教学的质量不放，开发学科教学、课堂教学的多种功能，从实践与理论结合的高度评价、指导与研究，促进教师教育理念的转变，实现育人功能的落实与教学水平的提高，一步一个脚印往前迈。

抓教师队伍建设主要抓三个方面的内容：

一是抓紧教师自身素质培养。素质修养离不开三个字，那就是：爱，钻，学。教育事业是爱的事业，师爱超越亲子之爱，它没有血缘关系，但胜似血缘，因为它寄托着祖国的殷切期望，人民的深情嘱托。教师的事业是爱的事业，只有真心实意地爱学生，才能收到春风化雨的实效。因而，教师要独具慧眼，发现学生身上的积极因素，体会他们学习的难处，因材施教，因材培养。爱学生，就要精心上好每一堂课，教到学生身上，教到学生心中，把自己的教育教学建立在科学的基础之上，使每名学生在原有的基础上获得充分发展。因而，教师必须有钻研的精神，要把课上好，功夫在课外。钻研教材要有不明底里不罢休的那股劲儿，求准，求深，求有自己独特的发现。准确，是教的前提，要做到没有差错，不含糊其辞；求深，不是难倒学生，而是居高临下，游刃有余，不人云亦云，有自己独特的理解与感悟；要研究学生，研究怎样教、怎样指导，学生才能掌握，才能学会，才能会学。只要孜孜不倦，不断进取，教学就能渐入佳境。教师要想胜任育人的重任，必须认真学习。教师要有拼命吸取营养的素质与本领，犹如树木，须把根伸到泥土中，吸取氮、磷、钾以及微量元素。学理论，学业务，学科学，学文化，只有知识渊博，言传身教，才能不断激发学生求知的欲望。教师只要爱得深，钻得精，学得勤，德、识、能、绩必能全面长进。

二是抓教师群体的团队精神。教育工作的特点之一是教师的个体劳动要创造教师的群体效益。要教好学生，取得教育高质量，不仅教师个体的劳动质量要高，主动性、积极性要强，而且群体要拧成一股绳，要有团结协作的精神。因而，抓好备课组、教研组、年级组的建设，学科之间互相照应，有机渗透，工作中相互支持，主动协作。弘扬敬业精神，弘扬尊重别人、乐于助人的风气，克服背后叽叽喳喳的小家子气。一个班级要能实现理想的目标，除了有一名好的班主任外，各任课教师也必须个个师德好，技能强，团结协作精神好。一个班级如此，一所学校更是如此。紧密团结，互谦互让，一切以学校大局为重，以事业的发展为重，以千方百计教好学生为重，就能逐步形成教师集体，就能创造教育效益。

三是重点抓青年教师的培养。青年教师是学校发展的后劲与希望，对他们要满腔热忱，精心培养，创造机会让他们显露聪明才智。当今，青年教师的学历水平比较高，但岗位上的综合能力要靠实践的锻炼，要靠有计划的培养，人不可能自然成才，青年教师也不可能自然成为优秀教师。当校长的要让这些青年教师在事业心、责任感方面加强锻炼；在业务上，使他们的教学能力也有所增强，要鼓励他们勤奋刻苦，追求卓越，追求在教育这块热土上出类拔萃。作为校长，首先要与他们在感情上沟通，与他们坦诚相待，设身处地想想他们身上的几个“变”：从受教育的学生变为教育学生的教师，身份不一样了；从比较“放任”的大学生变为须自我约束的师范教师，反差很大；从只讲理论或偏重书本知识变为须具备实际能力，一下子适应不了在所难免。教师是学校最大的财富，学校是培养教师最实际最有效的基地，校长理应站在理论与实践相结合的高度培养教师，成为指导青年教师成长的组织者、指导者和引路人。对教师要在使用中培养，在培养中使用，互相促进，一步一攀登，这样这些青年教师才有期盼，学校的天地才会更广阔。对教育上的“新兵”要真心实意地百倍爱护，政治上关心，生活上帮助，组织他们在岗位上练本领。既要充分肯定他们的长处，也要真诚地指出他们的不足，严格要求。我们要求青年教师岗位练本领要做到五定：定目标、定内容、定项目、定时间、定测评。充分发挥中老年骨干教师的重要作用，促使青年教师切实增强责任感，切实养成良好的工作作风与工作习惯，增长教育本领，提高教学水平以及科研水平。我们还与美国密歇根州立大学教育学院、英国牛津大学教育学院开展中、英、美师带徒职务培训模式的比较研究，探究理论支撑、师徒帮带内容，以及如何加强管理。通过三国资料的汇总与研究，我们也看到了各自的优势与不足。在这个基础理论上，我们调整了校本岗位培训的措施，更新带教观念，改进带教方式，优化带教的机制，提高培养的质量。其他学校活动，如校园美化等，都组织青年教师参加，雕塑、壁画、油画等艺术品均自己动手设计和制作，既让他们体会到了艰苦创业的不易，又培养了他们爱校的精神。经过十余年坚持不懈的帮、带、领、评，我校青年教师迅速成长：他们有的入了党，有的成为劳动模范，有的获得市、区园丁奖，有的被提升担任各级行政职务，当年的青年教师成为学校各部门教育和教学的骨干。

在学校教师队伍建设中我认识到，有几点须牢牢掌握：一是认清教师个体脑力劳动的特点，教师上课基本上是单兵作战；二是学历水平不等于岗位水平，学历只说明接受教育的程度，能不能成才，能不能成长为一名优秀的教师，要看在岗位上怎样锻炼；三是要正确处理培养与使用的关系，重使用轻培养，路就会越走越窄；四是要知人善任，洞悉每位教师的“长”与“短”，扬长避短，把人放在最合适的岗位上使其发挥光和热；五是讲求群体效益，要研究个体的高质量劳动如何汇聚成群体的教育高效益等。

在培养青年教师的过程中，我努力摆脱琐事的羁绊，深入到教学第一线，深入到课堂里参与备课、听课，从对教材的理解、教法的把握到对学生的研究进行生动的教育学的阐发、说课、评课，让青年教师获得切切实实的提高。我用心地发现每位教师的特点和长处，充分调动他们的主动性和积极性，解决了不少人事上的老大难问题，让大家深切感受到了尊重，劲有地方使，心情舒畅。多年的努力获得丰硕的成果，在我的带领下，大家团结一致，共同努力，形成了一支富有朝气、热爱教育事业、作风认真严谨的教师队伍，成为促进学校发展，实现学校育人目标的人员保证。

从校长岗位上退下来后，我除了担当一些国家级骨干教师、省市骨干教师的授课任务外，还进行了教师专业化发展的理论建设，先后主编了《现代教师学概论》（全国中小学教师继续教育公共课教材）和《现代教师自我发展丛书》（18册，如《教师的人格魅力》《教师的审美情趣》《教师的爱生情结》《教师的思维品质》《教师的教育机智》《教师的语言修养》等等），并应邀在《上海教师》杂志上举办了系列座谈“于漪茶座”，内容包括“教师的困惑与无奈”“把课上好”“教师的文化底蕴”“教师的追求”“突破‘重围’，还学生以健康‘生命’”“为师职责，树根立魂”“勤于学习，善于育人”等等，意图通过座谈和讨论，激励教师不断完善人格，提升境界，锤炼感情。

总之，我做了一辈子教师，一辈子学做教师。几十年如一日在基础教育园地辛勤耕耘，无怨无悔。组织上给了我许多荣誉，享受国务院特殊津贴，担任四所大学的兼职教授，我深感惭愧。我这名普通而平凡的教师，就是钟情于太阳底下永恒的事业——教育事业，钟情于与全民族素质提高血肉相连的母语教育，我衷心希望我们的教育事业后继有人，教师队伍人才辈出。几十年来，我激情燃烧，为之倾注了全部心血，为之奉献了全部的青春与生命。

二、路，是这样走出来的

钱梦龙

钱梦龙，男，生于1931年，特级教师，曾任上海市嘉定区实验中学校长，上海市桃李园实验学校校长，教育部中小学教材审定委员会学科审查委员，语文教育艺术研究会理事长。

1982年，钱梦龙首创以“学生为主体，教师为主导，训练为主线”为理论基础、以“自读”“教读”“复读”为基本模式的“语文导读法”，其核心理念“‘主体—主导’论”，40年来对语文教学乃至各科教学都产生了较大的影响。

主要著有《语文导读法探索》《和青年教师谈语文教学》《语文导读法的理论设计和基本课式》《导读的艺术》《钱梦龙与导读艺术》等。

我是一个精神上的
长途跋涉者
我的脚下永远是
起点

有人问我：你关于语文“导读”的观念是怎样形成的？你为什么在语文教学中特别重视培养学生的自学能力？你上语文课为什么选择现在这种比较随意的“交谈”风格？

其实任何一种教学观念、教学风格都不是短时期内能够形成的，尤其是教学风格，关系到教师的个性、素养、气质，还有个人的阅历，它的形成有诸多复杂的因素。我是一名自学者，比有正规师范学历者情况又要复杂些，为了回答上面的问题，必然要沿波讨源，甚至还要一直追溯到我的少年时代。

“却顾所来径，苍苍横翠微”，蓦然回首，吃惊地发现自己在这条漫长的求索之路上竟已走过了半个多世纪。

溯源：没有文凭的“学历”

1931年2月，我出生在上海郊区的一个乡村小镇——纪王镇。这个小镇当时隶属江苏省，现在已划归上海市闵行区。父亲经商，读过几年小学，靠自学达到了可以大体读懂《三国演义》的水平。母亲不识字，家里唯一可以与“文化”沾上一点边的，就是我父亲所收藏的大量武侠小说。我因为不爱看，所以也说不上受到什么熏陶。总之，在“家学”方面，我绝对没有任何可以炫耀的资本。我为什么会成为一名教师，一名像现在这样还算称职的中学语文教师？看来既非家庭的影响，也不是师范学校的培养，而是另有原因。现在回想，也许跟两件事有关系。

第一件事：我有幸遇到了一位令我终生铭记的好老师。

这位老师姓武，他留在我记忆中的形象是文质彬彬的书生模样，没有一点“武气”，大名“钟英”，好似女郎芳名，但他是一位男教师。那时的他大约三十来岁，在我小学五六年级时，他教我班国语（语文）兼做级任老师（班主任）。现在我虽然已经想不起他上课时许多生动的细节，但我敢肯定地说，他绝对是一位优秀的语文老师。我这样说是有原因的：第一，全班学生都喜欢上他的课；第二，几乎所有他教过的学生都崇拜他，处处学他的样，连他跳高时优美地“飘”过横竿的姿势（他常跟我们在一起玩），都使我们赞叹不已，引得大家竞相仿效。我那时是个名副其实的“差生”，在武老师教我之前，已创下了三次留级的“辉煌记录”。凡教过我的老师都说我是“聪明面孔笨肚肠”，对我已经不抱什么希望；同学们对我这样的“留级大王”自然都另眼相看；我对自己也完全丧失了信心，开始厌学、逃学，上什么课都不感兴趣，对什么老师都本能地叛逆。可唯独在武老师的国语课上，我却破天荒地体验到了一种从未体验过的上课的快乐。

不过，武老师之所以让我铭记终身，除了因为他上课生动，更因为他教我做的一件事，这件事彻底地改变了我这名“差生”的人生轨迹。

有一天下午放学以后，武老师把我叫到办公室去，说是要教我“四角号码查字法”。他说：“老师们都说你笨，如果你能学会，就能证明你不笨。”于是他拿起一本《王云五小字典》，先让我背出四角号码的口诀，然后指导我试查了几个字。从来没有翻过字典的我，居然很快就把这几个字查到了。尤其让我觉得奇妙的是，用这种查字法，只要一看到某个字，就能说出它在哪一页，这真有点“神”了，而我现在就是身怀着这种了不起的“神”技的人。真好像忽然之间发现了一个全新的“我”！武老师很高兴，不断拍着我的肩膀，我知道那意思是说：瞧，你一点不笨。接着他就交给我一项在我当时看来比什么都重要的任务：自备一本《王云五小字典》，以后他每教新课之前，先由我把课文中生字的音义从字典里查出来，抄在黑板上供同学们学习。这真使我在受宠若惊之余感到无上光荣。于是，每一次查字典我都尽自己最大的努力，尽量把这项光荣的任务完成得无可挑剔。一个学期下来，我不但学会了查字典、用字典，而且还养成了课前自习的习惯。在这过程中当然少不了武老师的鼓励和帮助，尤其是一些具体的指导。比如，字或词查出以后怎样根据全句的意思选择一个义项，多音字怎样确定读音等等。这都增添了我学习的兴趣。

渐渐地我的国语成绩上去了，上武老师的课也觉得特别有劲，后来又爱上了作文。现在回忆起来，那完全是屡受表扬的结果，因为武老师常常把我作文里的“精彩片段”读出来。到我六年级时，他还把我的一篇作文推荐给县里的一份小报，居然登了出来。后来每想起这件事，总觉得对不起武老师，因为这篇作文的不少句子都是我从一本课外书里抄来的。当时我却没有勇气去向武老师“坦白”，这使我一直负疚到现在。但这次不光彩的抄袭却触发了我阅读课外书籍的动机。正好父亲的朋友送了一本《作文辞典》给我，从此它就成了我最喜欢的课外读物。我对知识，尤其是对课外知识的兴趣逐渐浓厚起来，尤其喜爱写文章，遇到了一些有趣的事，或有了一个自己觉得很独特的念头，就想把它写出来。看到《作文辞典》里那些漂亮的描写，真是羡慕得不得了，总希望有一天自己也能写出和它们一样漂亮的句子。

到我小学毕业的时候，又有一件值得一提的事。那是我告别小学生活的最后一天。我从武老师手里接过了我在小学阶段的最后一份成绩报告单，先看各科的成绩，接着就看武老师给我写的评语，不由大感意外，只见开头第一句竟是：“该生天资聪颖”！这个“颖”字我虽不认识，但它跟“聪”字连在一起，我猜测肯定不是坏话。一回到家里，我就急忙查《王云五小字典》，果然证实了我的猜测：“聪颖”者，“聪明”也！武老师说我天资聪明！他当时也许没有想到，这一句评语对一个长期被人认为“聪明面孔笨肚肠”的孩子来说，是多么重要！这件事使我彻底摆脱了自卑感的困扰，从此走出了“厌学”的阴影。

但在当时，我除了对武老师怀着深深的敬爱之情外，还没有想得更多。只是在自己当了老师以后，回想起武老师从教我查《王云五小字典》开始的两年中对我一步步的鼓励、诱导，直至报告单上针对我的自卑感有意写的那句评语，才真正体会到了武老师的一片苦心和他高超的育人艺术。因此，我在敬爱中更带上了一份作为同行和后辈的衷心钦佩。武老师不仅是一位优秀的语文老师，也不单是一位对学生倾注着爱心的好老师，他更是一位塑造人的心灵的真正的艺术家！“当教师就要当武老师这样的！”——这是我踏上讲台的第一天就暗暗立下的一个誓愿，虽然我并没有完全实现自己的誓愿，但它至少为我树立了一杆标尺，一杆时时能量出我差距的高高的标尺。

第二件事：一位评弹艺人引起了我对古代诗文的兴趣。

这件事说起来有点可笑，但它确实影响了我一辈子。如果要说它的间接影响，甚至可以这样说，我的语文教学之所以会选择指导学生自学的思路，都可以从这件事上找到部分根源。

我从能记事起，就爱跟父母到书场听评弹，几乎每晚必去（这可能也是多次留级的原因之一）。起初只是跟着去吃零食，听久了，竟也听上了瘾，成了书场里年纪最小的“老听客”。结果是学习成绩下去了，听评弹的水平倒上去了：评弹艺人书艺的高低、唱词的雅俗，我都能够分辨出来，还能边听边猜唱词的韵脚，命中率百分之百。同时对评弹故事中那些风流才子们吟诗作赋的才华和韵事，又不免心向往之，暗暗追慕（我在小学五年级以后爱写文章，大概与这种向往也多少有点关系）。有一次，一位技艺极佳的评弹艺人在献艺中吟唱了一首杜牧的《清明》，明白如画的诗句所展现的“牧童遥指杏花村”的优美意境，加上艺人吟唱时悠远回荡的韵律，使我听得如痴如醉，心中忽然升起了一种朦朦胧胧的对美的渴望。而诗，在我当时看来就是最美的东西，从此就对读诗、做诗入了迷。那时我刚从小学升入初中，我的文学启蒙教育竟是在书场里这种畸形的“学习”中完成的。由此也足见我的浅陋，但事实就是事实，我不想粉饰自己。

我最早接触的诗选本是《唐诗三百首》。也许因为听书听得多了，居然无师自通地学会了拿腔拿调地“吟”。吟诗，那真是一种最能使人陶醉而又难以言表的精神享受。吟诵有助于记忆，一个多学期下来，我竟把一本《唐诗三百首》全部背了出来，连《长恨歌》《琵琶行》这样的长诗，我都能一背到底，不打“格楞”。

读唐诗，遇到的生字、典故多了，小学时买的那本《王云五小字典》已经不够用了，就请父亲替我买了大部头的《辞源》。就靠着这位渊博而沉默的老师，我读懂了三百首诗中的绝大多数篇章，就连韩愈的几首佶屈聱牙的古风，居然也大体“啃”了下来。这部《辞源》现在还在我的书架上，只是已经“老态龙钟”了，原来的封面早就掉了，我为它用牛皮纸糊的第二个封面，也已经残破；书脊的半腰已断裂，原先厚厚的一册变成了两个“分册”；书页全已发黄，书角书边由于手指常年的触摸、翻动，已呈灰黑色。它早就“退休”了，它的职责也已由别的辞书代替了，但书架上仍给它保留了它应有的位置，我像供奉一位长辈似的供奉着它。因为，它从我读初中一年级的时候就开始恪尽职守地为我服务，形影相随几十年，它给予我的知识和教益，超过了任何一位中学国文教师所能给予的。在我初中毕业后（1948年）失学的日子里，又是它鼓励我选择了自学——在这所没有围墙的大学里，它辅助我获得了一份不以文凭为标志的“学历”。半个多世纪的相伴相守，它看着我从一个14岁的少年变成了年逾古稀的老人，它自己也从一本散发着油墨香的新书变成了现在这样老态龙钟的形象。它是我的老师，也是我自学的见证人，书边上那些灰黑色的指痕，就是它为我开具的“学历证明”。

我的自学从读《唐诗三百首》起步，后来又扩展到读《古文观止》。当时，县城里仅有一家小书坊，书很少，但只要看到有关古诗古文的，我就买来读。记得当时买到了一部《定盦文集》，还有一套二十多本的《随园全集》，然后就一知半解地读了起来。第一次读“诗话”（《随园诗话》），还真读出了一点味儿，认定袁枚的“性灵说”就是评诗的最高标准。

到初中二年级，我因严重偏科而第四次留级，于是转学到上海市区一所中学，开始过“寄宿生”的集体生活。现代大都市的广阔背景拓展了我的文化视野。我开始读当代作家的作品和翻译作品，林琴南用文言文翻译的《巴黎茶花女遗事》《黑奴吁天录》等，更使我爱不释手。同时我对旧体诗仍保持着长盛不衰的兴趣。从初中二年级起，我凭着一本《诗韵合璧》，无师自通地弄懂了平仄和押韵，于是对写旧体诗着迷到了不顾一切的程度。虽然曾为此付出了留级的代价，却得到了国文成绩扶摇直上的回报。由于爱读爱写，我又“发明”了一种很有效的学习方法，即在教师开讲新课之前，先立足于自己消化课文，到听课时就边听边把自己的理解和老师的讲解互相印证、比较，并细细揣摩老师讲文章的思路和方法。当时的国文老师上课都是一讲到底的，一般同学都忙于听和记，我则把单调的听和记变成了饶有兴趣的思考，既学活了知识，又锻炼了思考力。记得那时我在每次国文考试前一般都不复习，但成绩总能名列前茅，至于我的自学能力、阅读范围和实际的读写能力，更要比当时一般的初中学生高出许多。

回顾我的学生时代，从武老师引发我的求知欲开始，又经评弹艺人的“文学启蒙”，直至在文科学习上形成自己的个性，可以看到我有一种明显的自学倾向。可以肯定地说，如果没有这一段自学的经历，我绝不可能成为语文教师；即使成了语文教师，也绝不会采取现在这样的教法，形成现在这样的教风。早年的那段“学历”对我一生的影响，就如一首乐章的第一个音符，决定了整个乐章的基调。

“超前”：无知无畏的选择

1952年，一次偶然的机会，或者说是一个误会，竟使我这个才初中毕业的“大孩子”阴差阳错地成了一名中学语文教师。那时的我，对语文教学自然一窍不通，语文知识的准备也远远不够，要胜任教学工作实际上是不可能的。但我却不甘心当个混饭吃的教书匠。当时的心态，正好用得上一句熟语：初生牛犊不怕虎。仗着自以为还有点国文“底子”，居然不自量力地企图设计出一种既适合自己的实际水平、又有点个性的教法。其实这无疑是给自己出了道难题。

我很想从教过我的几位中学国文老师那里找到教好语文的方法。但考虑再三，觉得自己实在没法仿效。他们大多是饱学之士，教的都是文言文，因此教学上可以充分发挥“讲书”的优势，旁征博引，说古论今，一篇短短的课文能连讲好几节课，以他们的博学使学生受益。相比之下，自己肚子里那一点点得之于胡乱读书的“库存”，显得多么寒碜！再说，教的又都是语体文，毕竟可讲的地方不多。——我教语文，一开始就没走“讲书”的老路，其实完全不是因为认定了“注入式”不好，只是自感文学功底不深，“库存”太少，聊以“藏拙”而已。

最后，我根据自己学习国文的经验，选定了一种唯一可供选择的策略：鼓励学生自己学。当时我想得很简单，从武老师教会我查字典开始，到我偏爱文科的学习，我就是依靠自学而取得国文成绩在全班“领先”的佳绩的；自学既然能使我学好语文，肯定也能帮助我的学生学好语文。于是，“怎样教会学生读书”成了我语文教学的一个“努力方向”。现在回想，当时认定这样的方向，实在是一次无可奈何的“创新”，一次因为无知所以无畏的选择，绝不是因为有“超前意识”，更没有任何理论根据，只是凭我独特的“学历”，觉得语文这样教也许才不会误人子弟。那时自然不会想到，教学起步时认定的这个方向，会成为我语文教学上毕生的追求。

为了指导学生自己读课文，我备课首先考虑的不是怎样“讲”文章，而是自己怎样“读”文章。为此，每教一篇课文之前，我总要反反复复地读，或朗诵，或默想，或圈点，直到“品”出了味儿，才决定教什么和怎样教。所谓“教”，也不是把自己已经认识了的东西全盘端给学生，而是着重介绍自己读文章的思路、方法和心得，然后鼓励学生自己到阅读中去理解、品味。我发现，任何一篇文章，只有自己读出了感觉，才能找到引导学生的办法，才能把学生读文章的热情也“鼓”起来。有时候自己在阅读中遇到了难点，估计学生也会在这些地方发生困难，就设计几个问题，让学生多想想；有时候讲一点自己读文章的“诀窍”，比如怎样把握一篇的关键段、一段的关键句、一句的关键词等等，供学生借鉴；自己爱朗读，有些文章读起来声情并茂，就指导学生在朗读中体会声情之美；自己读文章习惯于圈圈点点，读过的书页上朱墨纷呈，就要求学生凡读过的文章也必须留下圈点的痕迹；自己课外好舞文弄墨，还杂七杂八地看些书，学生在我的“言传身教”下，也喜欢写写东西，翻翻课外读物。总之，用传统的教学观念看，我的课上得有些随便，既没有环环相扣的严谨结构，也不追求“鸦雀无声”的课堂纪律。这样的课，用“课型”的概念衡量，实在说不出是什么“型”的，但学生学得倒也不觉得乏味，教学效果居然差强人意。

1953年，正是我从事语文教学的第二年，全国开展了关于《红领巾》教学的讨论。我不想全面评论这次讨论的得失，就我个人而言，确实从这次讨论中找到了很多引起共鸣的东西。尤其是当时一位苏联专家批评我国的语文教学“老师积极，学生不积极”的意见，可谓深入我心。“谈话法”的运用，改变了传统的“讲书”格局，也令人耳目一新。所有这一切，都跟我的某些想法和做法暗暗吻合，或者说，这位苏联专家的意见把我本来已经朦胧感觉到了的东西，明确地说了出来。这就更壮了我的胆：原来我的“四不像”型的教学，还真有一点道理呢。

那时，我的语文教学已经得到了一些好评，还担任了语文教研组组长。于是我主动请缨，在语文组内开了一次观摩课，教的课文是《雨来没有死》，基本上模仿《红领巾》的教法，加上一点指导自学的“个人风格”，居然取得了成功，整堂课学生学得主动积极，师生之间的交流既默契又融洽，轻松地取得了预期的教学效果。以后我又多次尝试，有时还向校外老师开课，都得到了较好的评价。我的语文教学终于渐渐入门，尤其在教材的处理上似乎更多了一些个人的心得。记得1955年县里办教师暑期进修班，我这名仅有3年语文教龄的初中毕业生，竟被指定为主讲教师，向50多位比我年长的同行大谈处理教材的方法。虽然卑之无甚高论，但谈的大多是自己读书和教书的切身体会，倒也颇获好评。这又给了我一点启示：教学只要真正得之于心，而不是仅仅求之于书，就能教出自己的个性和风格，走出自己的路来。

1956年，学校增设高中部，我开始担任高中语文教师。这一年正值汉语、文学分科教学，知识根底不厚的我居然也啃下了这两块硬骨头。从《诗经》发轫的我国古典文学，本是我的兴趣之所在，自然教得比较得心应手；即使是《汉语》，当时不少老师都觉得枯燥难教，我却也能使学生学得很有兴趣。因为当时我正试图把哲学认识论的原理应用于汉语教学，教学中遵循“感性——理性——感性”的认识过程，一般先从罗列语言现象入手，进而引导学生从中概括出一般规律，最后又以学生自己的语言经验加以印证。这就使学生在步步推进的认识过程中，领略到思考、推理的乐趣，学生倒也并不觉得枯燥乏味。

就在这一年，我写出了生平第一篇教学论文——《语文教学必须打破常规》。适值新中国成立以后第一次评选优秀教师，我有幸被评为优秀教师，获得了晋升两级工资的殊荣，还被指定在嘉定县首届优秀教师大会上宣讲我的论文。这篇所谓的“论文”，其实只是一篇如何在语文教学中着眼于教会学生读书的简单总结，再加上一点粗浅的心得体会，如此而已。但从我当时务求“打破常规”、“教会学生读书自学”的意图看，我追求教学个性的倾向是明显的。这一段时期的教学，可以说是“导读”的滥觞期。

在黄浦江畔

基本式：闭门造车的"成果"

教学的初见成效，鼓励我去进一步探索语文教学的"基本规律"。1956年前后，尽管摸到了一点教学的门道，但由于还不能从中概括出带有规律性的认识，教学的成败似乎都有些偶然性，因此总感到某种欠缺。

于是我到哲学中去寻求理论支持。凭我当时有限的"理论"视野，唯一能找到的是认识论。我开始把"教会学生读书自学"的过程看做一个认识过程。我发现，学生在语文教学过程中的认识与哲学的认识相比，有着明显的不同，其特殊性主要表现为认识内容的"浓缩性"和认识过程的变通性，即人类经过漫长的认识过程而获得的真理，学生往往只需一节课甚至更短的时间便可获得；而学生的认识过程也不一定完全遵循从感性到理性的顺序。然而，学生的认识无论怎样浓缩、怎样变通，总离不开"实践"这个基点。我开始懂得，在数理化等学科中，学生的实践主要是演算和实验，那是很明白的。可是语文学科（这里主要指阅读教学）的情况有些不同，教学的内容是一篇篇文章，因此学生的认识对象不仅是文章所反映的客观事物，而且也包括是这些被选作教材的文章自身。这样的认识对象，决定了学生在语文课上的实践就是"读"这些文章。我终于明白，"讲书式"语文教学的根本缺陷，倒不在于教师讲得多些或少些，而在于忽视了学生"读"的实践，因此学生无法形成自己的认识过程，其认识能力也就无从发展。而我的以指导学生自学为主的教法，正是一种立足于学生的"读"的实践的教学方法。这是我在上世纪60年代前期所能达到的"理论"水平。

遗憾的是，我的这些片段的认识还来不及梳理，"史无前例"的10年"文革"开始了。这一场使全国人民陷入深重灾难的浩劫，可以写成厚厚的一部历史教科书，但在我的语文教学记事本上却无事可记。

"文革"以后，语文教学也经过了一段时间的拨乱反正，人们开始重新思考语文学科的性质、任务，探索"把语文课上得像语文课"的途径。我则仍然沿着"文革"前的思路，琢磨着怎样把认识论的原理运用到语文教学过程中去。其时县里经常举行语文观摩教学，我多次被指定向青年教师开课。为了便于青年教师更好地掌握我这种教法的"操作要领"，我觉得有必要提出一些基本概念或课式，以确保"教会学生读书自学”这一主导思想在教学过程中得到充分的体现，其结果就是“基本式教学法”的提出。所谓“基本式”，指的是自读式、教读式、作业式（又称“练习式”）。“基本式”，意即“基本有式”，但又不是固定不变的程式。其中“自读”和“教读”在我构想的语文教学法框架（这个框架在当时还只是初现端倪）中是两个支柱性概念。“自读”是从“自学”中衍生出来的词，“教读”则是对应“自读”而提出来的。当时我的想法挺简单：学生在语文课上主要的实践方式是“读”文章，那么着眼于学生“自己读文章”的这种实践方式理应叫做“自读”。教师的职责自然就是“教会”学生“自读”，故谓之“教读”。“作业式”则是在学生对课文的认识过程基本完成以后的一次消化、运用知识的过程，从认识的环节看，是一次“再实践”，以达到进一步消化知识、巩固知识和实现知识迁移的目的。“自读—教读—作业”正好符合“实践—认识—再实践”的认识过程。

当时这些粗浅的“理论”，无依无据，完全是闭门造车的“成果”。但也许正因为无依无据，闭门造车，反倒造出了一点与众不同的新意，不少同行对“自读”“教读”的提法表示赞赏。叶苍岑先生主编的《中学语文教学通论》，把“基本式教学法”作为“创造性教学法”之一予以肯定（见该书193页）。

然而，我总觉得自己对教学过程中认识规律的把握，还没有触及教学的深层，因此似乎还朦朦胧胧地期待着什么。

这时，发生了一件对我后半生影响很大的事。1979年，上海市教育局在我当时任职的嘉定二中召开上海市重点中学校长现场会，会议的内容之一是听课，因此嘉定二中的各科教师都向校长们开了课。我执教文言文《愚公移山》，由于上课之前完全没有意识到这一堂课对我有多么重要，因此根本未作精心准备，只是按照我平时教文言文的一贯方法来教。但想不到的是，那天来听我的课的人特别多，把一个大教室挤得满满当当，更想不到的是，那一堂对我来说是“家常便饭”式的课，居然使听课的重点中学的校长们和市、区教育局领导感到耳目一新，并给予了极高的评价。过后不久，市郊重点中学教导主任现场会又在嘉定二中召开，各科教师又纷纷开课。我执教文言文《观巴黎油画记》，又获得了好评。1979年下半年，正值上海市评选特级教师，凭着这两堂课的教学崭露头角的我，竟出人意料地和“特级教师”这个在当时可谓至高无上的荣誉连在了一起！这一“连”，从根本上改写了我后半生的历史。（补充交代一下：1957年我被错划为“右派”，1979年年底在评为特级教师的同时，正好“右派”的结论也得到“改正”。记得那年过春节，对我全家来说是个“双喜临门”的日子：我的“评特”和“改右”同时降临）

“基本式”的提出正好在我“改写后半生历史”的这一转折点上，作为我“命运急转弯”的一个标志，对我个人来说，其意义相当于漫漫求索之路上的第一块“里程石”。我这里故意避开“里程碑”这个有着太多庄重色彩的词，因为“基本式”的提出，仅仅标志着我在求索的“路”上已经走了一段多么长的距离，如此而已。

“三主”：半生求索的顿悟

我反复琢磨着两个问题：基本式教学法有利于提高语文教学效率的根本原理是什么？“自读—教读”的教学模式优于教师“讲书”的深层原因在哪里？

为了寻找答案，我在当时任教的两个条件大体相当的班级进行过多次对比教学试验。我采用两种完全不同的教法，一种以教师“注入”为主，一种用基本式教学法，由两个班级轮流担任试验班和对照班，以观察不同的教学效果，进而寻求对试验结果起支配作用的深层原因。在这些试验中，比较有代表性的一次是鲁迅小说《一件小事》的教学。

试验过程如下：

对照班：完全由教师讲授。我从文章时代背景讲起，详细分析了文章的思想内容和写作特点，讲解力求深透（当时有个流行的口号叫“讲深讲透”），语言力求生动，让学生听得“津津有味”。所有的新词解释、文章层次的划分、各层次的大意以及文章的中心思想等，全由老师在滔滔讲授中完成，学生在听讲的过程中都作了记录。讲完以后布置学生完成课后的习题，在做习题前教师还作了详细的指导，因此答案的正确率很高。整个教学教程（包括课内作业）共用了四个课时。

试验班：采用由学生自读、思考、讨论，老师只作重点指导的教法。先布置自读，要求学生按课文后“思考和练习”所提示的几个方面理解课文，并提出疑难问题。然后由教师把学生提的问题综合起来，最后集中到一个问题上："文章里的'我'是不是一个自私的剥削者？"（注："阶级论"在那时还支配着人们的思想，学生提出这个问题符合当时的认识水平）这个问题不仅是理解课文的难点所在，而且是一个"牵一发而动全身"的关键问题。由于问题本身包含着两个对立的答案："是"或"不是"，所以学生立即在讨论中形成了对立的两"派"，有的认为"是"，有的认为"不是"，争论不休。教师不忙于下结论，而是布置学生进一步细读课文，尽可能从文章里找出能够支持自己观点的根据，然后以《〈一件小事〉中的"我"是一个怎样的人？》为题目写一篇发言稿，准备在课堂上针对不同意见进行辩论。经过一场热烈的争辩，"不是派"终于从课文中找出了充分的根据，证明了"我"是一个有爱国心和正义感、又能时时"熬了苦痛"解剖自己并向劳动者学习的进步知识分子。最后我要求学生根据讨论中形成的对"我"的认识，修改、充实自己的发言稿，以《谈〈一件小事〉中的"我"》为题写成文章。在整个讨论过程中，老师不作"权威性"的发言，只是在学生争论不休的关键时刻，提出一些启发性的问题供学生思考。如对"我"抓出"一大把铜元"的评价，有的学生说这是"我"对穷人的"施舍"；有的同学则认为这是"我"被车夫精神感动的结果。我不置可否，只是提出了一个问题请争论的双方注意：不要孤立地评价"我"的某一行为，而要把课文前后联系起来思考，每发表一个意见都要以课文为依据。最后，学生从进一步阅读课文中知道：从上文看，"我因为生计关系，不得不一早在路上走"，说明"我"并非有钱人，况且"我"抓出的也不过是一大把"铜元"而已；而抓的时候，"我"是"没有思索"的，说明这是"我"受了车夫的感动以后情不自禁地作出的一种反应。从下文看，"我"又为这一大把铜元而深深自责："这一大把铜元又是什么意思？奖他吗？我还能裁判车夫吗？"这又说明了"我"自感没有权利"裁判"一个在精神上比自己高大得多的人，因而深深谴责自己，可见"我"是一个严于解剖自己的人。整个教学过程也用了四个课时，没有做课后的练习，但完成了一篇作文。

实验的结果：经过一个学期的"搁置""冷却"以后，用"突然袭击"的方式对两班学生同时进行测验，测验的主要内容就是《一件小事》后面的练习题（我还补充了少量题目）。测验的结果是发人深思的：没有做过这些练习题的试验班学生的成绩竟然超出了做过这些练习题的对照班学生，试验班的优秀答卷占全班学生数的70%，而对照班仅占38%。尤其在对课文内容记忆的准确程度以及对有些问题理解的深度上，试验班都超过对照班。

实验的结果为什么会是这样？综合其他几次对比教学的结果来看，试验班的学习效果都或多或少优于对照班，可见不同的教法和不同的教学效果之间肯定存在着必然的因果联系。为了找到这种因果联系，我在《一件小事》测试后分别找了两个班的部分学生开了“调查会”。对照班的学生说：“这篇课文是一个学期前听老师讲的，时间隔得这么长，测验前也不让我们复习一下，怎么记得住？”试验班的学生说：“当时为了弄明白课文里的‘我’是怎样一个人，大家拼命到文章里去找根据，双方争得面红耳赤，现在还清楚记得那时争论的内容。”学生的话说得很平常，很实在，却引起了我的深思。

从认识的角度看，两班学生在教学的当时的确都完成了各自的认识过程，两者的区别仅仅在于完成认识过程的途径不同。对照班完全听老师讲授，学生完全处于被动者的地位，讲授的内容当时虽也印入了大脑，但由于他们自己并没有主动积极地参与认识活动，因此所得的认识难免浮光掠影，印象不深，时间长了，遗忘是正常的；试验班则是由学生经过自读、思考、质疑、讨论、争论、作文等一系列活动而完成认识任务的，学生是主动者，他们获得的认识是自己在反复的阅读实践中深思熟虑的结果，印象深刻，历久不忘。可见，学生印象是否深刻、持久，跟他们主动参与的程度成正比，而学生能否主动参与，又受教师不同的指导方式所制约。从这些想法中可以看出我当时已经朦胧地意识到了教学过程中学生的地位、教师的作用、师生之间的活动方式都与教学效果之间有着直接的因果关系。但由于还没有想得很清楚，自然不可能把这些想法转化为明确的理论概括。

为此，我有选择地读了一些教学理论和有关教育史的书，梳理着纷乱的思绪，我要为自己的思想找到一个最合适的“语言外壳”。我预感到需要寻找的东西就要出现，只等待着某个触媒的催化。

1981年，我应邀到浙江金华市讲学，按事先约定，除作报告外，还要借班执教鲁迅的小说《故乡》。到达金华的当天上午，就和学生见面，并指导学生自读。指导的重点是怎样通过对文字表层的理解，深入思考，提出疑问。学生经过自读，每人都用小纸片书面提出了问题，少则五六题，多则十来题，全班总共提了600多个问题。问题大多提得不错，有的挺有趣，透着天真的孩子气。比如："闰土因为多子而受穷，那为什么不实行计划生育少生几个呢？""本文中的'我'和《一件小事》《风筝》《从百草园到三味书屋》《社戏》里的'我'是不是鲁迅自己？如果是，为什么各有不同的形象？如果不是，为什么本文中'我'叫迅哥儿？""杨二嫂说'你现在有三房姨太太……'鲁迅先生不是只有一位许广平夫人吗？"……

当晚，我在金华招待所朦胧的灯光下就学生提出的这些问题备课。我翻动着一页页小纸片，边看边忍着笑，越看越喜欢这个班的孩子们。最后，我从中筛选出30多道题，把它们分为七个大的"话题"，准备第二天教读时发还给提问的同学，请他们当堂提出，由全班一起讨论解决。我教读的思路是：这30多道题几乎涉及课文的各个方面，因此，组织学生讨论问题的过程，也就是引导学生全面、深入地理解课文的过程，教师只在讨论"卡壳"的时候，适当地作些点拨，而不是越俎代庖。我虽然没有写教案，但对每个问题在讨论中可能出现的情况都作了估计，对有些难度较大的问题考虑了几种启发的方案，尽量鼓励学生经过自己的努力克服困难，找到答案。我相信，问题是学生自己提的，他们肯定也会主动地参与讨论，而学生的主动参与，是教读成功的关键。这是被我的经验反复证明过的。

备课既毕，我合拢课本，闭上眼，把第二天要上的两堂课像"过电影"似的在脑海里预映了一遍，同时也想再琢磨一下，近年提出的基本式教学法的理论依据是什么，这样的教学过程会呈现出怎样的特点……这时，多年教学探索中逐渐形成的许多看似各不相关的想法、观念，忽然全部在脑海中活跃起来，互相碰撞，重新组合。终于，三句话一下子"蹦"了出来："学生为主体，教师为主导，训练为主线"。真像电流突然接通一样，我的"三主"教学观竟在一转念的瞬间就找到了它的"语言外壳"！

第二天，《故乡》的教学获得了出乎意料的成功，整整两堂课，学生始终处于兴奋的状态。问题全是他们提出的，又是他们在讨论中自己解决的，几乎每个学生都真真切切体验了一回"做学习的主人"的快乐。我也在回味着这两堂课成功的契机，印证着"三主"的合理性。在金华回上海的车上，忽然想起陶渊明的《桃花源记》，觉得自己30年探索所经历的三个境界，很有点像那位武陵渔人发现桃花源的经过：起步之初作出无奈的选择时，只是被两岸的桃林美景所吸引，“缘溪行，忘路之远近”，并无明确的目的。从70年代后期的理性思考，到“基本式”的提出，似乎看到了一些什么，却又不甚分明，不正是“山有小口，仿佛若有光”吗？最后，“复行数十步，豁然开朗”——“三主”教学观形成，朦胧、纷乱的思绪一下子变得明朗而有序了。半生求索，一朝顿悟。当时真有说不出的兴奋！

同年，我在上海市曹杨中学再度执教鲁迅的《故乡》，课后与钱南山、谭彦廷两位老师就我的教学设计进行了交谈，这次交谈的记录连同《故乡》的教学实录一并发表于江西师大的《语文教学》杂志，那篇交谈记录的标题是：《学生为主体，教师为主导，训练为主线——〈故乡〉教学三人谈》。这是我正式提出“三主”教学观的最早记录。可惜那本杂志已经丢失，它的出版日期也记不得了，只记得个年份：1981年。

这时，再回过头来总结一下两年多来进行的几次对比教学试验，很快就理出了三点认识：

第一，提高语文教学质量的决定性因素，不是教师的讲深讲透，也不在教师对学生的练习作过细的指导。长期以来，人们（尤其是那些不了解教学规律的学生家长）总认为教师的讲课越深透，对学生的指导越具体，学生就会学得越好。可是实验的结果跟这种见解正好相反。这是为什么呢？原来学生的学习过程虽然是个特殊的认识过程，但无论这个过程如何特殊，学生总是认识的主体，他的认识活动只能通过他自己的实践和感知，在他自己的头脑里进行，旁人是谁也替不了的。对照班学习《一件小事》主要听老师面面俱到地讲解，实质上是以老师认识的结果取代了学生自己的认识过程。学生听了一遍，当时就学得印象不深；时隔一个多学期，遗忘自然不可避免。实验班的学习效率所以高过对照班，根本原因就在于学生真正做了认识的主体，整个教学过程都是在学生独立思考、相互争论中完成的，这样，学生不仅学得印象深刻（争论是记忆的“强化剂”），而且在获得知识的同时又锻炼了思维能力。这个事实证明了：组织教学过程必须以学生为主体，也就是确认学生在教学过程中是认识的主体。这是教学的基本立足点，也是提高教学质量的决定性因素。

课堂上：与文本对话

第二，学生既是主体，还要不要教师的主导作用呢？实验告诉我们：问题不在于要不要教师主导，而在于教师如何发挥主导作用。两个班级由于教师主导的方式不同而学习效果悬殊。实验班所以学得较好，因为教师真正着眼于“导”，使学生求知的主动性得到了充分的调动。“导”，就是“因势利导”。“势”就是学生思维的“走势”，即学生的思维动向所呈现的端倪。例如该班学生自读了《一件小事》以后，提出了不少问题，这些问题分别从各个不同的角度呈现了学生思维的走“势”。“‘我’是不是一个自私自利的剥削者？”这个问题虽然只有少数同学提出，但是我立即认识到这是一个牵一发而动全身的关键问题，是可以带起全文的一个“抓手”，于是我决定把这个问题作为学生讨论的中心话题。由于“势”识得比较准，所以教师的主动性调动了学生的主动性，在教学过程中又尽量让学生想透说够，“导”就取得了较好的效果。而另一班则由教师包办一切，不管学生的思维走势如何，非得按教师讲解的思路走不可，这样，教师的主动性扼制了学生的主动性，也就失去了“因势利导”的作用。两次教《故乡》，则完全是在学生提问的基础上组织教学过程的，学生的思维走“势”更加明显，教师只是顺势而导，因此学生的主动性积极性得到了充分的调动。由此可见，我们在确认“学生为主体”的同时，还必须确认“教师为主导”，教师“导之有方”，学生才会“学之得法”，从而成为真正的“主体”。可见教师能否正确发挥“主导”作用，是学生是否真正成为“主体”的重要条件。

第三，学生作为“主体”，教师作为“主导”，两者在教学中必然构成一个以课文为中介的互动过程，这个过程就是“训练”。何谓“训”？就是教师的指导；何谓“练”？就是学生的实践。语文教学中的训练，就是学生在指导下的读、写、听、说实践。一个有效的教学过程，应该始终是一个师生互动的过程，因此，作为师生互动形式的“训练”应该成为贯穿于语文教学全过程的“主线”。强调“训练为主线”，就是在整个教学过程中都要把读、写、听、说的主动权交给学生，使学生的语文实践贯穿于语文教学全过程；同时又要加强教师的指导，以保证学生的读、写、听、说的实践更加目标明确而有效。

“三主”教学观的形成，标志着我的语文教学探索进入了一个更加理性、更加自觉的新阶段。这在我个人“上下求索”的过程中，是一次观念的飞跃。

导读法：水到渠成的圆满

一个完整的语文阅读教学构想终于渐渐显现出清晰的轮廓。这种教学法以“学生为主体，教师为主导，训练为主线”为理论基础，以“基本式”为课堂教学模式。理论是灵魂，模式是躯体；理论指导模式，模式体现理论，两者统一于一个完整的教学过程之中。因为这种教学法强调学生的阅读实践和教师的主导作用，所以，我把它命名为“语文导读法”，全称为“‘三主’‘四式’语文导读法”。回想30年的求索，肇源于无知无畏的选择，初获成果于“基本式”的提出，奠基于“三主”教学观的形成，直到最后“语文导读法”的成型，可谓顺理成章，水到渠成，就如画了一个圆，终于封口。1982年，我在一篇文章中第一次正式使用了“语文导读法”的名称。1983年，全国中学语文教学研究会第三次年会在北京召开，我提交了题为《“三主”“四式”语文导读法的理论设计和教学模式》的年会论文，这篇文章比较系统地总结了自己多年来的实践、思考和探索，对自己付出的心血也算有了一个交代。

语文阅读教学的传统方法是“讲读”。“讲读”是一个内涵模糊的概念，所谓“讲”，究竟是谁讲？讲什么？怎样讲？为什么讲？所谓“读”，又是谁读？读什么？怎样读？为什么读？都没有确切的界说。这样一个对语文阅读教学有着导向作用的重要概念，内涵如此不明不白，实践中自然难免出现偏差。很多语文课上的“讲读”，事实上成了老师“读读讲讲”的“满堂灌”“注入式”的代名词。而“导读”，作为一个概念，它的内涵是清楚而确定的：“导”，指语文教学过程中教师的指导、引导、辅导、因势利导；“读”，指学生在教师指导下的阅读实践。“导”和“读”的结合，勾画出语文教学过程中一幅师生互动的“图景”，这就从根本上改变了“教师滔滔讲授，学生默默聆受”的单向“授—受”的格局。从“讲读”到“导读”，既是教学模式的变革，更是教育理念的更新。在讲读模式下，教师是教学的中心，是学生命运的“主宰”，学生则完全处于“被支配”“被灌输”的地位；导读模式不同于讲读模式的最根本之点，是学生角色的变化，即由“被支配”“被灌输”的对象，变为“主动的求知者”“学习和发展的主体”，教师的角色则相应地由高高在上的“主宰者”变为平等的指导者、帮助者、鼓励者、合作者。这是教学由“教师中心”向“学生中心”的一次“阵地转移”，也是传统教学观转向现代教学观的一次“观念革命”。

“语文导读法”问世后的20多年中，它也受到了来自各方面的批评、质疑。我欢迎这种批评和质疑，因为：首先，批评和质疑至少表明“语文导读法”引起了关注；其次，不同的意见可以帮助我在反思中获得教益。

在所有的批评意见中，最有影响的是三种观点：一是“三主”中的“主体”“主导”“主线”三个概念，不处在同一层面，把三者平列是逻辑上的错位，也表现出语文教育在哲学上的缺失；二是教学过程中教师是“教的主体”，学生是“学的主体”，师生间是“双主体”关系，“三主”只提“学生为主体”是片面的；三是“训练”是应试教育的产物，“训练为主线”不利于素质教育的实施。

这些批评的观点，从观点自身看，确实都持之有故，言之成理，无懈可击。但用之于对“三主”的批评，则至少表明了批评者对“三主”的隔膜。我陆续写过一些文章回答这些批评意见，有人说是“反批评”，其实我只是重申“三主”的含义，希望消除一点隔膜、增进一点理解而已。

批评者不知道，“主体—主导—主线”本来不是同一层面的三个并列概念的静态排列，而是对语文教学过程中师生“互动过程”的一种简明的概括。“主体—主导—主线”三者的关系，可以这样表述：“学生为主体”是教学的基本立足点，着眼于学生的“会学”；“教师为主导”是保证学生真正实现其主体地位的重要条件，表现为教师的“善导”；而学生的“会学”和教师的“善导”又必然汇合于一个综合的、立体的、科学的训练过程。“训”，指教师的指导、辅导；“练”，指学生的实践、操作。因此“训练”是学生的主体地位和教师的主导地位相互作用的必然归宿。这才是“三主”的比较完整的表述。

“三主”不是纯思辨的产物，它主要来自于我对自己的教学实践的概括。我这种概括究竟对不对？究竟是不是符合现代教育理念？究竟是不是和素质教育背道而驰？这些问题都是可以讨论、可以质疑、可以批评的。我期待着真正有针对性的批评。

语文教育：终生无悔的追求

我曾写过一首《蝶恋花》，最后两句是：

镜里朱颜无计驻，
为伊心上留春住。

句中的“伊”是人称代词，但我的本意并不指人，而是指向我精神上的一种追求，一个寄托，那就是我所钟爱的语文教学。从1957年到1976年那些困顿屈辱的日子里，为什么我始终痴心不改地在求索之路上寻寻觅觅？ 为什么哪怕衣带渐宽，哪怕消得人憔悴，我也始终无怨无悔？就因为心上有了“伊”——我钟爱的语文教学，永远的精神支柱！我唱着：“心头自有春无限，扑面何妨料峭风”；我唱着：“镜中白发三千丈，眼底红英十万枝”。一路磕磕绊绊却又踏踏实实地走到了春光明媚的今天。

1993年，我办了退休手续，但我仍一如既往地关心着语文教育的今天和明天。1998年由语文教学的圈外人发动的对语文教学的猛烈批判，使我受到了强烈的震撼。我从那些过激的言词中，确实看到了在应试体制下语文教学的种种弊病——大量刻板的字、词、句操练，扼杀了学生的个性和创造力，把我们的青少年培养成了只会按照标准答案做题的“考试机器”！遗憾的是，这场由语文教育圈外人发难的大讨论，并没有在语文教育圈内造成真正的震撼。为什么？主要原因恐怕并不如有的人所说的“语文教师患了集体失语症”那样，而是由于：一方面，这场讨论错误地把第一线语文教师当成了批判的对象，批判者完全不理解语文教师在“应试”重压下不得不违心而教的苦衷，批判者居高临下的优越感，言过其实的措辞，也引起了语文教师的反感；另一方面，由于考试和教育评价体制改革的滞后，应试教育的格局迄今尚无根本改变，语文教师们心知其非，但回天无力，只能在惯性支配下沿着培养“考试机器”的旧路艰难跋涉。

语文“新课标”的制定，无疑是语文教育发展史上一件具有里程碑意义的大事。我曾参加过“语文教学大纲”的审订，深感“新课标”与“大纲”相比，立足点更高，视野更开阔，更符合时代和社会发展的要求，也可以视为对1998年那场批判的一个积极的回应。“新课标”提出了不少新理念、新概念，如“语文素养”“工具性和人文性统一”“平等对话”“自主、合作、探究的学习方式”等等，它们对新课程的实施，对第一线的语文教学，无疑有着导向作用。为此，我一直在认真地寻求着它们的确切涵义，想尽快弄清楚它们究竟对语文教育实践提出了哪些新的要求。

我一直在一线从事教育工作，退休后虽然已经离开了教学第一线，但仍习惯于从第一线的立场看待一切教育新理念。而几十年第一线教学潮起潮落的“历史经验”，使我不能不用冷静的头脑思考改革中的一切“热点”。有人说我对“新课标”缺乏热情，是的，我确实缺少那种一看到“新课标”就振臂高呼的狂热，因为半个多世纪以来我们吃够了“矫枉必须过正”“一哄而上、一嗡而下”等头脑发热的苦头。再说，“新课标”毕竟还是一个“实验本”，它本身还要接受实践的检验，并在实践中不断修订和完善。即使以后变成了“正式本”，从语文课程建设的整个过程看，它也不是发展的“终点”。因此，我的观点是：应试模式的语文教学必须改革，改得越快越彻底越好；但我又真诚地希望在“新课标”的实施中多一点理性的思考，尽可能减少一点矫枉过正的偏差。

有朋友规劝我：吹皱一池春水，干卿底事？

对语文教学痴心不改的我当然不会接受朋友的这一份好心。因为从我跨出语文教学改革的第一步起，就已下定决心做一名精神上的长途跋涉者。我告诫过自己：你的脚下没有终点，正如语文课程建设和语文教学改革永远不会有终点一样。

“镜里朱颜无计驻，为伊心上留春住”。早已步入老年的我，心中的春天却不会消失，那是我生命的春天——它折射着中国语文教育的春天。

附：一份关于“教师成才”问题调查的答卷

你的基本情况和主要成果。

我于1931年2月出生，上海市人，曾读过半年高中，后因故辍学。1949年参加工作后，从未接受过任何形式的资格培训，所以至今仍是一名“学历不合格教师”。先后当过一个学期的小学教师、半年文化馆馆员，1952年开始担任中学语文教师，1980年被评为上海市特级教师。1985年由嘉定县（今撤县建区）教育局授权创办嘉定实验中学，并任校长。1989年以后参编上海市中学语文教材，后又担任教育部全国中小学教材审查委员。现任上海桃李园实验学校校长。

我从自己读书学习的历程中体会到，培养学生的自主意识和自学能力对他们的后续发展具有无可替代的价值，因此应在语文教学中占有特别重要的位置。1978年后，致力于语文教学自学模式的探索，于1979年提出由“自读式”“教读式”“复读式”构成的语文课堂教学“基本式”。1981年，又在总结“基本式”教学实践的基础上进行理论概括，提炼出“学生为主体，教师为主导，训练为主线”的“三主”教学观，进而形成了以“三主”为理论导向、以“基本式”为教学模式的“语文导读法”整体构想。作为“三主”教学观核心理念的“主体—主导论”，提出后曾引起教育界的争鸣，至今余波未息。1988年获中国教育学会和《教师报》联合颁发的“全国中小学教学改革金钥匙奖”，1989年获全国教育系统劳动模范称号。出版过几本书，主要有《语文导读法探索》《导读的艺术》《和青年教师谈语文教学》等。

在你成才的道路上，谁对你的影响最大？表现在什么地方？

对我影响最大的是两位老师。

第一位老师是我的小学国语老师武钟英先生。

我从小智力很差，学习又不用心，在读小学五年级之前已累计创下了3次留级的“辉煌记录”，获得了“留级大王”的雅号。老师们对我已不抱任何希望，我也甘心以“差生”自居，完全丧失了上进心。但我在小学五年级留级以后，有幸转到了武老师的班上。武老师凭着他的爱心和耐心，从教我查“四角号码”小字典、当他国语课的小助手开始，一步一步地唤醒我的求知欲和自信心，使我不断品尝到学习的趣味和成功的快乐。在他的循循善诱下，我终于摆脱了“差生”的自卑心理，到我小学毕业进入初中的时候，“留级大王”钱梦龙已经是一个对知识充满着渴望的“少年读书郎”了。如果说我这一生在某些方面还算比较成功的话，那么鼓励我在成功之路上跨出决定性的第一步的人，就是武钟英老师，是他彻底改变了我的人生轨迹。

进入中学以后，幸运的我又遇到了一位极好的国文老师，他就是庄乘黄先生。庄先生知识渊博，国学功底深厚，曾在上海担任《申报》编辑，退休后被校长请来教我们国文。他是一位温和慈祥的老人，只用他渊博的知识和娓娓动听的讲授征服每一个学生。他教国文特别讲究吟诵，尤其教到精彩的古诗文，常常拉长了声调，领我们在密咏恬吟中体会诗文的情感和韵味。他讲文章，除了一般的通释文义外，还喜欢用传统的评点法，教我们在书上圈点批注；吟诵时，每当读到加了密圈的佳句，总要情不自禁地提高了声调，甚至拍案叫好，那种忘情的神态极富感染力。我爱上文科，并在语文教学中重视“教会学生读文章”的训练（文科是最便于自学的），主要是受了庄先生的熏陶和影响。

你遇到的最大挫折或困难是什么？ 你是怎样战胜它的？

最大的挫折来自1957年的那场政治劫难。不善于隐瞒自己观点的我，在劫难逃是理所当然的。1958年年初，我戴着一顶“右派” 的帽子被发配农村监督劳动，不得不暂时告别我为之呕心沥血的语文教学，三年半以后才得以再上讲台。那次挫折给我的最大教益，是使我懂得了一个道理：挫折固然不是好事，尤其是1957年那样的挫折，但就我个人而言，那次挫折的确磨砺了我的意志，坚定了我对教育事业“虽九死其犹未悔”的执著和在逆境中格外渴求奋飞的愿望。可以肯定地说，我正是从那次挫折以后才变得稍稍成熟一点的。当然，这样的挫折希望以后不要再降临到中国知识分子的头上。

我遇到的最大困难：由于没有接受过师范教育，担任语文教师之初，根本不知教育学、教学法为何物，于是只能根据自己读书自学的体验，“设计”我的语文教学。出乎意料的是，恰恰是这种无依无傍，无法无天的“设计”，反倒使我教出了一点个人的特色。现在回想，连自己都不禁啧啧称奇。

你取得优秀成果的主要经验和体会。

对自己挚爱的事业，要以恋人般的痴情，信徒般的虔诚，革命志士般百折不挠的意志，一以贯之、无怨无悔地紧追不舍。我这个人，要学历没学历，要资格没资格，要智慧没智慧，我靠的是什么？靠的就是这份对事业的执著，这份如痴如醉全身心的投入！

你的性格特点。

宽容，平和，善良，坦率，乐观。做事力争上游，不甘于平庸；对人胸无城府，宁可失之天真。人际间无聊的是非恩怨，从不萦怀，只想集中心思做一点自以为重要的事。对既往的喜怒哀乐，近乎健忘，但恰恰有利于我看清前面的目标。这种性格，也许正是我历经磨难而能始终保持积极向上心态的根源所在吧！

你的业余爱好。

从小爱读旧体诗词、诗话词话，偶尔手痒也抒写几首，大多是遣怀寄兴之作，无关宏旨。爱读历代名帖，有时也悟出一点帖意，以此为乐。绝少临池，或应友人之嘱不得不写些条幅、对联之类，居然也能赚得外行的几声喝彩。此外就爱翻翻书，看看电视，散散步，逛逛街，上上网。不搓麻将，不嗜烟酒，人称“绿色男人”，但也不刻意锻炼，一切任其自然而已。

你的人生格言。

自尊，不自大；
自主，不自是；
自信，不自负；
自谦，不自卑。

你要对教师说的话。

教师者，不失其赤子之心者也。

三、自强不息

魏书生

魏书生，男，生于1950年，特级教师，曾任辽宁省盘锦市教育局局长。主要著作有《语文教学探索》《班主任工作漫谈》《家教漫谈》《魏书生教育教学艺术》（1–5卷）《魏书生与民主教育》等。曾荣获全国优秀班主任、全国劳动模范、全国五一劳动奖章、首届中国十大杰出青年等称号，曾当选中国共产党第十三、十四、十五、十六大党代表。

我为什么愿意教书

我爱读书，16岁，正是渴望读书的时候，可是中外文明史上那黑暗的一页“无产阶级文化大革命”翻开了。“文革”既然开始，学生们的学业便也终结。我刚刚读完初三，一切升学的美梦均告破灭。

于是，我就跟同学们一起绷紧了阶级斗争的弦去参加“文革”了。运动了2年愈感莫名其妙，正在不知将来以什么为职业的时候，“文革”的浪潮又把我们推到了广阔天地里，据说去那里可以“大有作为”。由此我便从沈阳三十二中学，下乡到辽宁的南大荒盘锦。

同学们付出的劳动时间不算短，常常日不出则已先作，日已落而尚不息，可是劳动所得却连饥肠都无法填饱，扩大再生产和积累更无从谈起。端起碗来喝白菜清水汤，放下筷子却没人敢骂娘，原因是劳动归来还要开各种各样的斗争会、批判会。大家绷紧了那样一根弦过日子，“阶级斗争”果然“一抓就灵”，人们饿得要命，却能搜肠刮肚，想出权势者爱听的各种各样的话，来进行“大颂扬”。并且表决心，要进一步勒紧腰带，去支援世界上三分之二的“受苦人”，因为据说，他们正过着吃不上、穿不上的苦日子，在水深火热中受着煎熬。

这样的日子过了不到10个月，我当上了民办教师，那一年，我19岁。

我读书的时候并没有想过去教书。

刚听到让我去教书的时候，我并不愿意去。我们全班55名同学下乡在一个青年点。有一位同学先我分配，到县城的公路工程队去做筑路工人，同学们都羡慕得厉害。对我去教书大家感到惋惜，有的朋友劝我别去，以便等待当上领导阶级的机会。尽管不愿意去，但我又不敢不“把一生交给党安排”，于是服从命令去教书。

教书之后，才发现学生们心灵世界的广阔。农村孩子们真诚、质朴、勤劳的品质深深感染了我。我教的第一届学生便是小学毕业班，学生比我小不了几岁，第二届的学生，年龄大的，才比我小4岁，这样我们的共同语言就比较多。当时教材比较浅，剩余时间里，我便给学生读《红岩》《欧阳海之歌》，讲我看过的一些书，介绍城里的一些事，他们也告诉我一些在城里听不到的农村习俗、秘闻。生活在他们之中，我感受到精神的满足，灵魂的安宁。

那时，大人们为了适应形势而违心地斗争、批判、清队，整自己的同胞，我深感悲哀却又无可奈何。于是我便决心在学生的心田里开辟一片绿地，播撒真善美的种子。

我想，这世界上，如果由于自己的存在而多了一颗真诚、善良、美好的心灵，那我便获得了生存的幸福，有了一分生存的价值。

我一直认为：人活在世上，能不能幸福，最主要的是能不能有一颗好心。心肠好，那么穷点、富点，轻点、重点，寿命长点、短点，他都能坦然无愧、豁然大度地对待，从而活得心安，活得幸福。人活着对他人、对世界有没有益处，有没有贡献，最主要的也在于他有没有一颗好心。心肠好了，那么体力强点、弱点，才能大点、小点，他都能尽心竭力地为他人、为世界做好事。反过来，心肠坏了，就不好办，他自己活得太累、太麻烦，别人也会由于他的存在而累、而麻烦。教师显然是最有利于培养真诚、善良、美好心灵的职业，于是我便迷恋上了教书。

为了教书，我放弃过招工进城的机会，在农村，教了两年零四个月的书。

1971年秋，辽宁省历史博物馆要招工作人员，要从我们农场近4000名知青中选2名。农场领导确定了我，同志们也劝我去，我心灵的天平向去的一方倾倒了，办了回城手续，办了户口。正在整装待发的时候，事情又有了变化，这2个名额不给盘锦而给沈阳了。后来我又被分配到当时盘锦最好的工厂——盘锦地区电机厂工作。

我深深地想念着学校，想念着学生，想念着学校的老师们，到厂的第一天，便向领导提出不愿在工厂而要到学校的要求，但未获批准。我不甘心，便继续申请着，即使在两年以后，确定我做厂领导接班人时，我仍一遍又一遍地申请当老师。

批林批孔时，我因赞扬孔夫子是杰出的教育家、思想家、哲学家，并且不满“文革”运动而受到批判。某一位领导从我的日记、文稿中摘录出我的“反动言论”竟达108条之多。有的时候，我一天要挨三回批判。由政工干部下放到车间做工人，头上顶着若干顶帽子，自然没有了申请做教师的资格。

好在只过了两年多，“四人帮”便折腾完事了，他们一朝覆灭，人们也就认为我不是反革命，便又让我离开车间，负责所谓的“七·二一”大学工作。我想我既没有罪了，何不要求去教书呢？领导同情我被批判时的遭遇，终于答应了我这个并不过分的要求。

夙愿得偿

1978年2月，经过长达6年、多达150次的申请，企业领导终于答应了我当一名普通教师的请求，六载夙愿，一朝得偿，喜悦之情，难以言喻，便步杜甫《闻官军收河南河北》韵写道：

六载夙愿今始偿，初闻涕泪满衣裳。

却看昨日愁何在，强抑激情喜莫狂。

白日攻读须刻苦，青春莫负好时光。

我以我心付童心，笑看花苑迎朝阳。

我兴高采烈地到盘山县三中报到，领导分配给我的任务是教2个班，一个班是同年级组各个班选拔出来的成绩优秀、好学上进的学生组成的初二（6）班，我当班主任，教语文课；另一个班是各个班选拔出来的成绩较低的同学，有的厌学，有的打架，有的不听话，53名同学全是男同学，组合在一起，也让我来教。我每天上课常常是一会儿在火里，一会儿在水里。

看起来，这是困难，是压力。但换一个角度看，实际上这也是机遇，是动力。

给尖子班上课，师生一起谈理想，谈考大学，讨论中外名著，学习教材，写作文，做练习，大家兴致勃勃，师生都很愉快。

到后进班，再怎么引导、教授，学生就是不懂，反驳的、打闹的、下座的、睡觉的都有，这就迫使我不能只考虑专家怎么要求、教材怎样规定的问题了，我必须从自己不同班级的实际出发，为不同的学生服务，与不同水平的学生交流。

我至今清楚地记得第一次给后进班学生上作文课的情形。

“我们学习写一篇作文好不好？”

“我们不会作文。”

“不会才要学呀！”

“学也学不会。”

我领着同学们祭扫烈士墓，回来以后问大家：“感觉怎样？”“挺激动的。”“把这种感觉写出来，就是好作文。”“老师，不就是写不出自己的感觉嘛。”

“实在不行，我就把我写的文章慢慢读给大家听，大家能听写下来就算完成任务，行不行？”

“不行，我们许多字不会写！”

“会写的字写上，不会写的字用汉语拼音来代替，行不行？”

“我们不会汉语拼音。”

我哭笑不得，但指责没用、埋怨没用，只能站在学生的角度，找到大家的起点，引导同学们一步步朝前走。

“实在不行，会写的字先写上，不会写的字先画圈，行不行？”

学生们乐了，静下心来写了，好多同学写出了有生以来第一篇作文。有了一，不愁二，我引导同学们学习查字典，把圈变成字，慢慢地再写水平更高一点的作文。

我的第一节公开课就是在后进班上的。1978年，领导通知我上一节大型公开课，我同学生商量，学生喊：“别在我们班上！”“到哪去上？”“到你那个尖子班上。”“在咱们班不行吗？”“不行，我们害怕。”

我说：“咱们打架，胆子大得很，什么都不怕，怎么上课反倒怕了呢？”

几个大个子说：“打架都好多年了，公开课没上过，怕给你丢脸。”

“老师不怕丢脸还不行吗？老师把讲的内容告诉大家，咱们提前预习2天。咱们平时上课不是也预习吗？老师讲《最后一课》，大家看这课后有几个生字？”“4个。”“4个生字能不能记住？”“老师，没问题，一定给你记住！”我追问了一句：“给谁？”“给我们自己。”“几个生词？”“7个，太多了。”“减掉4个不重要的，剩下3个怎么样？”“一定能记住。”

“文学常识呢？”不少人面有难色，我讲：“大家尽力记，黎华同学专门记文学常识的几个知识点。上课时，老师问，文学常识谁会呀，大家都举手，我肯定不叫你们，只叫黎华不就行了吗？”同学们感觉心里有了底。

“再接下来呢？小说三要素，朗明同学承包介绍环境，代明同学负责介绍情节，齐峰同学负责介绍人物性格，老师帮你们分别做准备好吗？”

同学们预习了2天，老师来听课，大家坐得笔直，看我走上讲台，学生们都乐了，为什么？同学们对老师一举手、一投足、一扬眉，要干什么，心领神会，心照不宣了。

我板书课题后，问同学们：“《最后一课》这篇文章大家预习好了吗？”“预习好了。”“有几个生字？”“4个。”“音形义都会了吗？”“没问题。”“谁来写？”大家全举手，然后我请一位爱打架的同学上黑板，他都写对了，全场鼓掌，他很自豪。

我接着又问大家“几个生词？”“3个！”“谁会？”“全会。”于是我任意找了一位同学到前面讲，结果都说对了，全场又是掌声。

“文学常识呢？”“我们也会。”同学们纷纷举手，我只叫了黎华，当他答对了的时候，同学们都替他自豪。

接下来小说的环境、情节、人物，分工负责的同学都回答得比较好，这节公开课同学们上得兴趣盎然，兴高采烈。同学们都争先恐后地回答问题，老师们看得也全神贯注，课后纷纷说：“没想到全校最差的学生学习的积极性这么高。”

课后老师们都向我询问原因，问我大家眼中全校最差的学生学习的积极性为什么这么高？我说因为事先都预习了。教师们说：“公开课都预习呀！70年代上公开课，预习是很正常的，现在认真想来，同学们公开课上成功的原因，主要还在于我着眼于为学生服务，同学生商量。于是师生心心相印，形成互动的关系，课自然上得充满活力。”

当然这种事先预习甚至排练的做法是不可取的，所以此后我在全国32个省、市、自治区（含台湾省）给学生讲公开课时，再也没让同学们提前预习过1分钟。其实预习在上世纪70年代末刚刚恢复正常教学的情况下，对后进的学生有调动学习积极性的作用。

我的中学教学经历，就是这样起步的，尖子班的学生取得了优异的成绩，班集体形成了极强的凝聚力，而后进班的学生，也开始学会学习，同学们和我成为了朋友。这已经是27年前的事情了，这两个班的学生还常常来看我，他们有的成了博士，并学完了博士后的课程，有的成了企业家，也有的当了局长，慢班的学生有的也当了事业单位的主要领导。尽管他们都四十二三岁了，可我仍觉得他们像当年的孩子。

可惜我教这两班学生的时间太短了，只教了一个学期，学校便任命我当教导处副主任，负责全校学生思想教育和组织纪律管理。

培养学生自学能力

听到这一消息，我连夜写辞职报告，因为我费尽唇舌，历尽辛苦，谋求的就是能带班教课。半年后，领导答应了，但条件是以学校工作为主，兼班主任教语文课。

当时学校有1500多名学生，26个教学班，2名班主任，一位主抓教育，我负责学生思想教育。那时学生纪律特别不好，我每天忙于学校事务，自己班级学生自觉性也不强，双方常常无法兼顾。于是便开始尝试培养学生的自我教育能力和自学能力的教改实验。

当时是1979年3月。

那时我觉得培养学生的自学能力首先碰到的是学什么的问题。我同学生谈心，相当多的学生苦于不知语文究竟该学什么。他们感觉练习册到处都是，花样翻新的试题如海浪般涌来，思维之舟掉在里面，不辨方向，不着边际。于是我便和学生商量、讨论，画出了“语文知识树”。25年前我们画的语文知识树有十个分枝：拼音、生字、词汇、语法、修辞、标点、文学常识、文言文、阅读和写作。分枝以下还有小枝和杈，自学语文就先要扎扎实实地学习这些最基本的知识。

学生按照语文知识树去学语文，就像司机按照交通路线图到没有去过的地方，可以做到心中有数，少走许多冤枉路。

明确了学什么，紧接着就要解决怎样学的问题。自学能力既是优良的心理品质，又是一种个性心理特征。任何心理品质和个性心理特征都要经历知、情、行、恒的心理过程才能形成和发展，我便按照这个规律去培养学生。

首先，提高学生对培养自学能力的认识。其次，使学生从感情上体验到自学的幸福和快乐。最后，教给学生自学语文的方法。如：怎样读总体语文书，怎样读一本语文书；怎样读一类文章，怎样读一篇文章；怎样提高学习效率，怎样制订语文学习计划等。引导学生持之以恒地坚持自学计划。

1979年，我没批改过一本作业，没批改过一篇作文，除统考外，我没搞过测验、考试。但我教会了学生怎样留作业，怎样批改作业，怎样批改作文，怎样出考试卷，一学期的教材我只用30多课时就讲完了。我绝大部分时间用于全校学生的管理工作。但这届学生的语文成绩在县里遥遥领先，参加县里的中学语文能力测验我们获得了第一名，参加全县30所中学听说读写竞赛获第一名，学生升学考试成绩比重点中学平均高7.8分（当时我校是一般中学，学苗是经重点中学选拔过的）。

1979年年末，我便在营口地区语文教研会上宣读自己作文教学改革的论文，在会上引起相当激烈的争论，支持者热情鼓励，反对者亦慷慨激昂。

1981年暑假，第一届实验班学生毕业，我写了《培养学生自学能力》一文，在省中语会宣读，得到了多方面支持，同年送全国中语会二届年会交流。《中国教育学会会刊》全文刊载了我这篇文章。广西《中学文科教学》杂志为我开辟了一个专栏，王世堪院长亲自为我写短评，专栏还登了我的2名学生的文章。那时我的中学教龄还不到4年，学历只是初中，可是却得到这么多老师、领导的鼓励、支持，既有感动，又有惭愧，还有不安。我默默地把感激、惭愧、不安在心灵深处转化为上进的动力，继续朝着语文教学改革的深处探索。

曾经有人认为，我的语文教学不像语文教学的样子，而是思想工作、班主任工作。我越往语文教学的深处探索越感觉到：人脑这部机器应该分为两部分，即动力部分和工作部分，两者不能互相取代，学习的动力不能代替学习的实践，反过来，学习的实践也不能代替学习的动力。回忆自己走过的语文教改之路，我感觉最满意的一点就是始终把育人放在第一位。我教语文极为轻松，根本原因也在于育人，在于引导学生成为语文学习的主人。

语文是工具学科，既然是工具，就必须要为某种目的服务。不同的人利用这一工具做着不同的事，来达到自己的人生目的。同是学习的工具，有人用阅读能力读伟人传记、技术资料、先进理论；有人则读黄色书刊、反动观点。同是工作的工具，有人讲话劝人具备真、善、美的品质，写文章宣传周总理、雷锋的精神，传播先进的科技知识，激励别人为人民、为祖国作出贡献；有人说话则怂恿人作恶，写文章宣传人是自私自利的动物，引诱别人为了个人私欲不顾别人死活。

显然只教会学生语文知识不行，只教会学生听说读写的能力也不行。姚文元如果不具备较高的写作能力，便不能用笔“杀”那么多的人，他个人也许不会有篡党夺权的野心，也许不会受牢狱之灾。没文化很可怕，有了文化心术不正，有人认为更可怕，我觉得至少是同没文化一样可怕。

我深深感到，一位教师，不仅要做经师，更要做人师。教书的同时始终注意育人，是我个人心理上的需要，是学生切身利益的需要，是人民的需要，是国家利益的需要，是党的利益的需要，是语文学科性质的需要，是提高语文成绩本身的需要。育人是语文教师分内的事，只有坚持育人，才可能进入语文教学的自由王国。我的这一观念和教书育人的具体做法，在1983年全国中语会第三届年会介绍时，受到与会者赞同，许多同志产生强烈的共鸣，这更坚定了我沿着这条路走下去的信心。

1984年暑期，全国中语会在大连召开，重点推广我教书育人的经验。德高望重的吕叔湘先生亲临会议，他从头到尾听了我的汇报发言，在大会上作了热情洋溢的讲话，给我许多方面的鼓励。吕老的鞭策，使我获得了极大的动力，增长了战胜困难的勇气和力量，坚定了对人类美好未来的追求与向往。

1984年8月12日，中共辽宁省委、省人民政府联合做出《关于开展向魏书生同志学习活动的决定》，同时省政府授予我“特级教师”的称号，那时我34岁，中学教龄才6年。同许多教师相比，我是幸运的，我得到的关怀、支持、鼓励要比别人多。唯其如此，我才更珍惜这难得的机遇，加倍努力工作和学习，以报答党和人民的恩情。

深化民主科学教育

1986年3月，组织上任命我为校长兼书记，我所在的县三中也更名为盘锦市实验中学，并被定为省重点中学（当时有学生1516人，教工112人），学校工作或多或少也占用了一些原本用于教学的时间。

最占用时间的还不在于学校工作，而是我必须面对的“五多”环境：

一是兼职多。我在党、政、工、青、教各个方面的兼职已经有38个，倘为每个兼职每年只做一天工作，就要用去一个月的时间。

二是会议多。1984年，我外出开会4个月又11天，尽管经过各级领导的支持，帮助我压缩会议，但20多年来，每年还是要有4个月以上时间外出开会。

三是来访客人多。这是负担最重的。每个学期，从开学到放假，客人络绎不绝，有时同一天，四五个省的客人不约而同地来到学校，有时甚至同一天有二三百人乃至四五百人听课，常常听完了课，还要同我座谈。有的客人在班级和学生一起活动半个月、一个月，甚至两个月。每年在校时间，常常有三分之一用来接待客人。

四是信件多。20多年来平均每年要收到1200封来信，不少信写得都很长，即使每封来信不复信，而只是用10分钟看一遍，那也要花去200小时，以8小时一个工作日计算要用去25天，即1个月的工作日。

五是稿债多。尽管我主编出版了《中学生用功术》《思维能力引发与训练》，出版了《魏书生教育文选》等文章辑录，出版了《语文教学探索》《班主任工作漫谈》等专著，主编出版书籍已经有36本，但仍欠一些报纸杂志社和出版社的稿债。

见我身处“五多”的环境，有人给我计算说：“你用于语文教学的时间，仅占你全部工作时间的十分之一。”

我自己也觉得用于教学的时间确实太少了，但“五多”的环境自己又无法摆脱，我又不愿意离开教学第一线，时间又是个常数，只能越分割越少，显然提高教学质量的出路只能是再深化改革。

改革怎样深化，一方面是向自己的大脑深化，更多地开发自身的潜力，另一方面是向学生的大脑深化，到那里面去扶植更为好学、善思、乐观、积极、豁达、坚强的助手。

就深化对自我的改革而言，我注意处理好以下四种关系：

一是和社会的关系。用理想主义者的态度鼓励自己去学习、工作，但绝不用理想主义的标准来苛求社会；认识到我们生存的时代确实是中华民族历史上经济最繁荣、思想最宽松的时代；让自己适应社会，而不能幻想社会适应自己。

二是和工作的关系。认识到有理想的工作需要素质加机遇两个条件；工作高不能成时低也能就，认识到任何平凡的工作，研究起来都是一个宏大的世界，都有无穷无尽的学问，也就有无穷无尽的乐趣；每件事都有100种做法。

三是和他人的关系。不神化别人，也不鬼化别人，千方百计和老师们、学生们、领导们建立互助的关系。

四是和自我的关系。不给自己编织精神的网，肯定自己的长处与特点，并不断强化；不断施加有所作为的指令给自己的潜意识，用尽可能多做实事的简单方法来超越自我。

就深化对学生大脑潜力的开发而言，我仍然是一靠民主，二靠科学。

所谓民主就是千方百计使学生成为学习的主人，我从以下四个方面入手，帮助学生成为学习的主人。

第一，教师要树立为学生服务的思想。我不是站在学生对面指挥、命令学生的长官，而是深入学生内心，辅助、帮助、协助他要求学习上进的那部分脑细胞成长、壮大、扩大范围的“服务员”。

第二，建立互助的师生关系。我帮助学生学会学习，学生帮助我提高教育能力。要给学生参与教学管理的机会。班级既然是大家的，那么每个人就都要为集体办事。学生既然是学习的主人，就要参与教学实践中不断增强做主人的能力。我经常请学生讲语文课，帮助学生备课，学生学会留作业、批改作业，学会出考试题、评考试卷。学生能做的事，我尽量不做。如：刘月承包教字，陈小闯承包教词，孙玲玲承包通假字，张雪松承包语法，孟欣承包修辞，郑岚岚承包默写，张颖承包文学常识，雷蕾承包课后练习题，宋君承包检查日记，赵平承包检查作业，王磊承包组织考试，张一楠承包补考。学生都参与教学过程，成为学习的主人，当主人的实践又强化了学生当主人的意识。

第三，发展学生的人性与个性。帮助学生认识到自己内心世界的广阔，学会用自己的能源照亮自己的内心世界，用自己的积极、乐观、实干、豁达、好学去战胜自己的消极、悲观、空谈、狭隘、厌学。

第四，决策过程多商量。我没受过专业训练，教书带班的方法大多是同学生商量着来的，学生帮我出主意想办法。怎么带班，怎么管理，语文学什么，怎么学，课怎么讲，教材怎么处理，怎样留作业，怎样考试，我都和学生商量，这样做既能使我了解学生的需要，又能够增强学生的参与意识，同时也增强了学生的主人翁意识和责任感。

所谓科学，就是从管理的角度组织语文教学，减少无效劳动，帮助每位同学都成为管理者，让他们既做班级的管理者又做“自我有限责任公司”的管理者。因此我通过建立三个系统，提高管理自动化的程度。

一是建立计划系统。计划分三类：（1）按时间范畴订的计划，即把和语文教学有直接或间接关系的34件事，分成6类，制订日、周、月等常规计划，使学生明确到什么时间该做哪件事。（2）按空间范畴订的计划，即事事有人干，人人有事干，使学生明确哪件事由谁具体负责。（3）对偶然接受的学习任务，也要制订计划，制定程序，以提高效率。

二是建立监督检查系统。建立一系列的计划、规矩、制度不是一件困难的事情。困难在于说了算、定了干，一不做、二不休，坚定不移地执行。为了将计划落到实处，我们建立了行之有效的监督检查系统，建立了自检、互检、班干部检查、班集体检查、教师抽检五道关口，并规定了各道关口具体的检查办法与补救措施。

三是建立反馈系统。只有计划系统和检查监督系统，还不是一个完整的语文教学管理系统。因为任何计划、制度都只适合于一定的时空范畴，一旦时空条件发生了变化，如果仍按老规矩办事，就免不了要犯错误。为使语文学习适应变化了的时空条件，我们建立了反馈系统，确立了个别讨论、班干部反馈、班集体反馈、家长反馈等四种方式，保证了学习计划、制度符合学生、家长、干部、教师的心理实际，也保证了在时空条件发生较大变化时，计划、制度能从新的实际情况出发，得到及时的修改、补充，甚至废除。

制订了较完善的语文教学管理制度、计划，并坚决执行，再建立一套检查监督系统和反馈系统，这样就基本走上了以法治语文的教学轨道。

创办书生中学

书生中学向北望，是青翠的龙山，校园东墙外是一条可行船的小河，河沿东侧流向西南，学校靠山面水，要进学校南大门，先要过一座十几米宽的桥。

走进校园，400米红色塑胶跑道中间的绿草坪，在阳光下更显得生机勃勃。教学楼前的广场四周有桂花树、樟树、银杏树等，它们争先恐后地在春天里舒枝展叶，还有几种叫不出名字的花，已经兴高采烈地在枝头怒放了。3000名学生在校园中快乐地成长着。

2004年4月3日，全国班集体建设研讨会在我们学校召开。

休息期间，记者向我提出了一个又一个的问题：

“魏老师，有的专家说，书生中学是全国第一家股份制学校，7年前兴办的时候，您觉得冒风险吗？”

“风险是有一些，但不大。首先，没有太大的股东，大家集资不多，不急功近利，不急于回报，这就避免了急于求成带来的风险。其次，我们选地在临近市委、市政府家属区的农田，土地升值空间大。7年前买的100多亩地，每亩15万元，现在升值到每亩160万元，退一万步，即使学校办不下去，宣布解散时，也能对得起股东，也能偿还家长和学生的损失。”

“您为什么拟定了‘乐真、乐善、乐学、乐恒’为书生中学的校训呢？”

“说来话长，1986年春，我任盘锦市实验中学校长兼书记时，便拟定了‘追真、向善、求美’的六字校训，同有关同志商量，觉得求美在当时一部分人的观念中易产生歧义，有的同志觉得还是改成创新好，更适合我正在进行的教育教学改革。可是‘追真、求善’与创新词性又不一致，于是便确定为‘真诚、善良、创新’。”

书生中学开学前，大家让我拟校训，开头我写了“乐真、乐善、乐美、乐恒”，征求意见时，有同志觉得“乐美”二字，于民办学校有些不妥。孩子们本来家里比较有钱，有的爱穿戴打扮，学校再提出“乐美”容易引起个别家长误解。学校刚刚起步，一切从头开始，开始就给人误解的因素，没有这个必要，于是便改成了“乐真、乐善、乐学、乐恒”。

追真、向善、求美是人类永恒的主题，学习、真正意义的学习，实质是追求真善美的过程。学习真善美，使个人成为真正的人，大写的人，脚踏实地、襟怀坦荡的人。

学习真善美，一时一事，一朝一夕，人皆可为之。可难的是前面所提到过的说了算，定了干，一不做，二不休，一以贯之，持之以恒，便有可能收到绳锯木新、水滴石穿的效果，因此便写了“乐恒”两个字。

追求真善美，是使人性解放，是把人从假的精神罗网、恶的灵魂监狱、丑的思想陷阱中解放出来，这当然是一种大自在、大欢喜、大愉悦。我便在每个字的前面都加上了“乐”字。

我觉得理论应分为三类：恒星理论、行星理论、流星理论。它们各有其存在的价值，人们也无需褒此贬彼。但在辩不清方向的时候，还是以抬头仰望恒星为好，若以流星为自己行动的导向，很容易弄得头昏脑胀，不辨东西，忘记了自己从哪里来，不明白将向哪里去。

追真、向善、求美便是恒星。千万年来，她照耀着人类发展的道路，使今天的人类社会比起170多万年前，不知道要真多少倍、善多少倍、美多少倍。

今后170万年、340万年、680万年，只要太阳不熄灭，地球不爆炸，人类不灭亡，追真、向善、求美的恒星还会继续照耀着全人类各行各业的人们，人类社会一定会更真、更善、更美。

教育是人类需要的行业之一，当然也要遵循恒星指引的方向。

书生中学是教育行业的一所学校，当然要朝着天宇的恒星。

8年过去了，学校逐渐走上了正轨，积累了股份制办学的经验和教训。全国人大副委员长彭佩云亲自到校视察，兄弟省市领导纷纷到校考察股份制运作方式。迁入现址后，建了5万多平方米的校舍，在校生已达到3500人，当年每亩15万元买的地，已增值到每亩180多万元，全校百亩土地增值达1.6亿元。首届高三学生2000年高考，升学率在区内仅次于省重点高中为第二名，中考升学率到2004年已列全区第一名。学生良好的德、智、体、美的行为习惯，受到当地人民群众的广泛赞扬。

总结书生中学走过的历程，一步步走向成功的原因主要还是追真、向善、求美的成功，是民主、科学的成功。

陶先法是教育局的副局长，为人朴实、思维敏捷、知识面宽，领导能力极强，群众威信很高，在仕途上有广阔的前途。但他为了书生中学的发展，也为了我们两人之间的友谊，心甘情愿地放弃了仕途晋升的机会，心甘情愿到书生中学任常务副校长，后来还因此而放弃了副局长的职位。他在学校不仅坚持教物理课，还要当班主任，还要兼任比较后进的班的班主任。负责教学的副校长邓建华，还教着两个高中班的数学课。负责德育的副校长徐正福还教两个高中班的语文课。

充满主人翁责任感的领导班子，全身心地扑在教育教学上。3000多名学生的学校，仅有三位副校长，但他们对学生充满了主人翁责任感的行为，自然感动了从四面八方扑奔学校来的老师们，大家都把自己当做学校的主人，“乐真、乐善、乐学、乐恒”。大家积极主动建言献策，制订出一系列符合学校实际的计划、规划、制度。大家共同按照这些规则、制度，处理人际关系，学习工作上进，在执行中修改、完善着规则制度，因此大家越来越团结，越来越和谐。领导班子、教师队伍的民主意识、科学精神当然会影响学生。于是学校从小到大，从弱到强，逐渐成为师生们追真、向善、求美的家园和乐土。

我是学校中普普通通的一员，对古往今来指引人类前进的恒星更应谦恭敬畏，我心灵深处与天宇和谐的力量，一再向我呼唤：在盘锦实验中学，在台州书生中学，在盘锦职业技术学院，在自己任教的每一个地方，“乐真、乐善、乐学、乐恒”既是我和学生的来路，也是我们师生的归途，既是起点和动力，又是目标和理想。

真是真理，是唯物论，是科学，是实事求是。

善是博爱，是平等论，是民主，是服务人民。

美是和谐，是辩证法，是艺术，是异彩纷呈。

做好全市教育工作

1997年10月，市委张树海副书记和组织部的领导送我到教育局上班，任局长兼党委书记。

我向领导提的唯一的请求就是允许我继续在实验中学教语文课。书记指示我，可以兼课，但不能影响局里工作。

弹指一挥间，已近8年。前6年我每天到中学上一节课，8：00准时赶到局机关，领着机关干部做早操。2003年，我家搬迁，距离实验中学近20里，教中学不方便了，我也想感受一下教未来教师的感受，于是便到职业技术学院，给师范系大学一年级的学生讲《小学语文教学概论》这门课程，每周4节课，已经教了2年。大学生比中学生视野更开阔，加之师范系的学生在全院是起点最高、素质最高的，大学再没升学率的压力，上课更加成为师生认识社会、研究规律、提升自我、增长见识的精神享受。

从1969年教小学，到1978年教中学，再到2003年教大学，已经有了36年的历程，减去在工厂的6年，我在课堂上已经站立了30个年头。30年来，我感受最深的是，无论在哪一所学校，无论面对多大的学生都要始终坚持民主化、科学化。始终如一地树立为学生服务的思想，建立互助的关系，发展学生的人性与个性。同学生商量教法学法，学生就能成为学习的主人。学生积极主动地学习了，再按科学的程序去学习，当然就提高了学习效率。

教课30年来，我有过许多离校外出的时候，但我从来没请过任何一位老师给我带过一节课。即使在当两班班主任，教两班语文课，一次外出连续达20多天的时候，也还是两班学生轮流当班长，管理班级，以学生自学为主，班干部分头释疑解难。学生找到了学习是享受的感觉。

到教育局上班的第一次大会，我简短的就职演说："做好教育局工作我没有什么新鲜、深奥的方法，仍然是当校长时的老一套，一靠民主，二靠科学。我是为学生、为家长、为老师、为校长、为局机关干部、为县区教育局长服务的。将大家的利益，最大限度地统一起来，做好大家的工作。我是同志们的助手，在座的每位同志也是我的助手，大家互相搀扶着，度过人生这段共事的时光。在这段相处的经历中，大家心灵深处追真、向善、求美的阵地都能守住，都能扩大。用商量的办法，制订出大家觉得有力的规划、制度，然后说了算，定了干，一不做，二不休，不怕慢，只怕站。从五个一分钟做起，从一点一滴做起，一以贯之，持之以恒，绳锯木断，水滴石穿，日久天长，养成习惯，我们的工作就会向党和人民交上一份满意的答卷。"

我不愿给别人添麻烦，从1986年当校长至今的20多年，每年的学校、教育局、工作计划或总结，都是自己一个字一个字地写出来，交大家讨论的。初到教育局，我征求副局长和各科室负责人的意见，自己写完了《1998年教育局工作计划》，又交班子成员讨论，再个别征求科长意见，再学习教育部、省教育厅的政策法规文件，再参加兄弟市的工作计划，最后确定工作计划共三部分22条。第一部分，民主治教（8条）；第二部分，科学治教（8条）；第三部分，干部、校长、教师队伍建设（6条）。

大家商定，没有极特殊情况，今后5年、10年，只要魏书生当局长，教育局工作计划就总是这样，一靠民主，二靠科学，三抓队伍，22条不能动摇了。

创新绝不是遍地挖坑，到处掘井。创新是朝着古往今来人们公认的追真、向善、求美的目标，面对各种诱惑和干扰，决不动摇，坚定不移地朝上攀登，攀到新高度，达到新水平。

这样做，减去了折腾、犹豫、等待、反复的时间，降低了行政成本。

计划既已明确，会议自然减少。我上任时承诺，每年只请县、区一把手局长，市直正职校长开6次会，超过6次可以拒开。事实上，8年以来，没有一次超过6次，去年、前年，市局召开的一把手会议只有5次。

每年1月15日8：30在主楼大会议室召开计划会。1998年我说："以后，年年如此，到这个日子、这个时间，就开这个会，不另行通知。"8年过去，年年准时开会。

每年正月初一，我领着办公室主任、值班的副局长给市直各学校烧锅炉的工人和保安室的门卫们拜年。有一年，我钻了10个锅炉房，拜访了22个门卫。

每年正月初八，我领着局领导班子全体成员站在局机关一楼大厅门口，迎接同志们上班，给同志们拜年。

每年3月1号、9月1号开学第一天，局长、副局长、科长、副科长都要深入自己负责的学校，走进课堂，坐在学生座椅上听课。

每年3月26日，市直一把手校长要到市局大会议室述职，向外校校长、教师代表，讲清本校一年的办学成本、办学效益、经验和教训。

每年7月1日申报高级职称的老师要参加考试、答辩。

每年8月16日师范大学毕业生参加新教师录用考试，合格则签订聘任合同，不合格则继续努力，来年8月16日再考。

每年9月25日召开中小学生运动会。

每年10月16日，培养习惯现场会，已经开过8年，现在正在筹备第9次培养习惯现场会。单就培养学生科技创新的习惯而言，我们市中小学科技发明，2004年一年就获得108份国家专利局颁发的证书。

城乡各个学校的学生，从每天一分钟家务、一分钟军歌、一分钟踏步、一分钟日记、一分钟注意力比赛、一分钟名著、一分钟演讲做起，积极主动按成长规律培养自己的好习惯，促进了德、智、体、美、劳全面发展。

我当局长不到2年，局机关被市委市政府评为文明机关，这是建立教育局以来的第一次。到第3年，我局被省委省政府评为文明机关。到2004年被省委省政府评为文明单位标兵（全市共三个单位，另两家是盘山县国税局和盘锦市供电局），在国务院召开的基础教育工作会议上，我市被评为"两基工作先进市"（全省两个市，另一个是大连市）。我市学生参加高考人数，按人口比例2004年、2005年都排在全省第一位，考入清华、北大人数，600分以上考生按人口比例都排在全省前三名。我市中小学生参加省科技比赛，常名列前茅。

总结取得成绩的原因，真的是同志们成为自身命运主人的结果。我除了在学校兼课，还引来许多人听课、来访，给同志们增加了接待的工作量。我经常到各地讲学、在市内开会，用在局机关管理的时间非常少。可同志们不等不靠，无论我在家与不在家，大家都一样积极主动，敬业乐业，共同按照规则、制度高高兴兴、扎扎实实地做本职工作。大家都认识到民主化、科学化管理会激发出领导、教师、学生的巨大潜能。

兴办盘锦职业技术学院

1998年8月，市委任命我为盘锦职业技术学院院长。

这所学院是由盘锦师专、盘锦电大、盘锦师范学校合为一体，教育部1998年6月份才批准的。学院的成立结束了我市没有高等学校的历史。学校成立初期分为南北两个校区，占地260亩，校舍简陋，设备陈旧，三所学校的干部教工，走到一起，需要磨合。

我对学院的明天充满了信心。如何开展工作，从当语文教师、班主任，到当校长、局长，20年时间，我形成了一种思维定势，也是一种工作模式，一靠民主，二靠科学，许多困难都容易克服，许多难题都迎刃而解。

我仍然从四个方面发扬民主。

第一，俯下身子为大家服务。不同学校走到一起，不同学生走到一起，最怕搞派性，我力戒这些矛盾的产生，先自己诚心为副职、中层解决困难。普通老师重病找到我，我也努力为其帮忙，想办法帮他解决医药费。我这样做，别人也不好意思搞派性、算计人了。

第二，我公开讲自己是同志们的助手，任务就是帮助同志们把工作做得更好。我仍然用过去的老办法，凡是学生能做的事，老师不做；老师能做的事，中层领导不做；中层领导能做的事，副院长不做；副院长能做的事，我不做；对教务处、学生处、总务处、财务处等处室的权力我都全部下放给副院长，让人家放心去干，我则省下时间观察与思考。

第一副院长郑叔雄同志是“文革”前考入清华大学的北京学生，知识渊博，为人正直，我越是放权，他越是谨慎用权，我们两个直至今日，都是心心相印、有共同人生追求的朋友。党委副书记温玉春是“文革”前考入北京大学哲学系、“文革”中毕业的学生，思维严谨，为人忠厚。我忘不了，他组织的几次活动，我只是提供了一些经费，他就那么高兴，他就越干越主动。互助式的人际关系，下放权力、分担责任的办法，不仅适用于班级、学校、教育局机关，同样也适用于高校。

第三，发展每个人人性中最美好的成分。我多次在全院学生、教工大会上讲话，反复强调“处天外遥望，地球很小；居体内细察，心域极宽”。在座的每位学生、每位老师当能够把求之而不得的大事看小，出得来，放得下，想得通，看得透的时候，才能够把自己平凡的岗位看大，从而进得去，拿得起，想得深，干得新，才能发现自己广阔的心灵世界中，有无穷无尽的追真、向善、求美的潜力。许多老师接受了我的幸福观：“学习、工作、尽责、助人是享受。”“潜心育人，处处可成净土；忘我科研，时时能在天堂。”2004年，新入学的新生还跟我共同高呼：“超越自我，天高地阔。”许多同学接受了我的观点：“元帅当不成，好好当士兵。”“大事做不来，小事赶快做。”

在家学电脑

第四，决策过程多商量。根据盘锦社会经济发展的现状与未来需要，设置什么专业，如何扩大招生，搞哪些基本建设，添置哪些实验实习设备；怎样培训现有教师，怎样引进优秀人才，都和大家商量。同分管教学的王太水副院长商量我的一些做法："教室是学室，教材是学材，学生每天来到学校，走进学室，拿出学材，开始自学，遇到问题，查找资料，实在不会，大家商量，没有答案，再问教师。""学生能自己学会的，老师不讲；学生能做的事情，老师不做；学生能动手的事情，少让学生开口。"他觉得，我在中学的这些做法，同样适用于职院的学生，于是很认真地去落实。

科学管理还是我在中学、在教育局用的方法，同班子成员一起决策，同全院师生一起商量、讨论，从学院实际出发，制订了一系列的规则制度。

就计划执行系统而言，有按时间制订的一日常规、一周常规、学期常规、学年常规，做到了时时有事做，事事有时做；有按空间范畴制订的，各处室、各部门、教师、学生的岗位责任制，办事程序规范，做到了事事有人做，人人有事做。

就监督检查系统而言，我们也建立了自检、互检、责任人检查、集体检查、领导抽查的机制。

就学校日常工作而言，都是徐书记和班子成员们在干，我只是偶尔帮帮忙，出出主意。我的许多精力都用在了基建上，投资1800万元建了综合楼，又建餐饮楼、修琴楼、体育馆、化工楼、经管楼，修电路、路灯，通暖气、接下水……

我们度过了建院初期最艰难的那段日子，在校生数量迅速增长，教职工凝聚力越来越强，校园越来越充满活力，我也越来越轻松，越来越充满信心。

2000年1月，市委书记找我谈话："市里知道你适合在学院工作，工作取得了明显的成绩，也知道你赢得了教职工的信任，1999年院党委改选，新一届当选委员只有你一个人是满票。但还是要免去你院长的职务。"

书记为人厚道，跟我说话不隔心，既是领导，又是朋友。"王永申同志当了10年工会主席，应该进市委常委，而常委又没有位置，只有职院院长的位置是副市级，你让出来，永申去当院长，你任名誉院长，保留副市级待遇，希望你能理解，继续支持院里的工作。”尽管变化来得突然，我还是很快理解了领导的难处，市委书记后来在全市干部大会上讲起这件事时说：“魏书生同志顾全大局，一句话也没说，坚决服从。”其实我说了，我说：“今后要支持新院长工作。”

我真心诚意地支持新院长工作，我对学院有感情，为了获得批准，我曾与高校设置评议委员会主任何东昌老部长多次电话联系，又到何部长家汇报筹建的细节。学院成立了，我又看着她一天天长大，我盼望永申院长把她建设得更好。

2004年，永申院长退休了，徐晓平书记改任院长，我仍然真心诚意地支持晓平院长工作，谁当院长我都支持，学院是我们共同的事业，我们都对事业有感情，我们之间也就有了许多共同的语言，共同的追求，共同的快乐。

晓平院长在他的《办学日记》这本书的后记中写道：“教育局局长魏书生曾看过我的日记并鼓励我整理好，印出来。他还专门写了《往事如歌》为之作序。我弃政从教职后，由于工作上的往来，加深了对书生同志的了解和友谊，深感书生同志是一位能为基层解决困难的好领导，是一位对自己学而不厌，对学生诲而不倦的好教师，他在百忙之中还坚持每周给我院师范教育系的同学们上课。没有书生同志的关爱和支持，盘职院今天的进步是难以达到的。”

学院越办越好了，院办主任卢云峰在《岁月回响》一书中写道：“近5000人的办学规模，80%以上的就业率，同类院校中一流的硬件设施和良好的师资队伍，使她当之无愧地一次性通过国家验收。”

今后的日子里我还会真心诚意地支持学院的工作，现在从局长的角度支持，将来退休了，就从退休教师的角度去支持。支持学院沿着民主与科学的方向朝前走，争取办成本科大学，办成万人大学，以此回报盘锦人民的恩情。因为一所新型城市，能有一所高校不容易。

四、做一个虔诚的教育者

洪宗礼

（左一）

洪宗礼，男，生于1937年，特级教师，现任江苏母语课程教材研究所所长、南京师范大学教育学与教学论硕士研究生导师、兼职教授。历任江苏省泰州中学副校长，全国中学语文教学研究会第三、四、五、六届理事，江苏省特级教师评委会副主任，江苏省有突出贡献的专家及国务院特贴专家评审委员，江苏省第七、八届人大代表等。从教近50年，进行多项教学改革实验，提出了构建语文教育“链”的理论，总结了“五说”语文教育观和“双引”教学法；主编经国家审定通过的三套一类语文教材；主持全国教育科学“九五”“十五”重点课题；主编国家“十一五”规划出版重点图书十卷本《母语教材研究》；出版《语文教育链》等专著18部，文集2部，发表教研论文300余篇。曾获全国教育系统劳动模范、江苏省名教师、江苏省突出贡献专家等称号；曾获江苏省哲学社会科学优秀成果一等奖、江苏省教育科研一等奖、红杉树金奖。1994年在全国普教界首批享受国务院特殊津贴，2007年被评为江苏省中小学荣誉教授。

上世纪90年代中叶，我的一本58万字的语文教育论集出版。新成果问世，兴奋之余，向友人赠书，以分享快乐，也给老朋友、著名语文学者、南京师范大学校长谈凤梁教授寄去一本，不久即收到他回复我的一封信。当时尚不知他不幸身患绝症住院，信是他病情恶化之时在病榻上写的。

原信的内容是：

洪校长：

大作《洪宗礼语文教学论集》奉悉，请释念。

你是忠诚普教事业的典型，"行行出状元"的范例，你所做出的贡献，值得我们钦佩，您在语文教学论方面的造诣值得我们学习。这是一个语文教授、高师校长在初读了您的部分作品以后的由衷之言。

中学语文教学是十分重要的，但"重要"并不等于"重视"，也未必让人安心，不重视多半是客观的，不安心只属于个人。由于不重视不安心，所以很多人并不把中学教学论作为学问，也不愿意真正去做其实是大学问的这种学问。你是难能可贵的一位。

你无视"不重视"，用"安心"争取重视，在安心的基础上做出了大学问，从而给不安心者、当教书匠者、小看教学论者以启迪，并为他们树立了光辉的榜样，因此，我十分敬佩你。

盼望在可能的情况下，光临敝校讲学。

严寒季节，诚盼节劳。

即颂

教安

谈凤梁　敬启

1995年12月9日

谈校长的信语重心长，耐人寻味，他在信中深刻阐述了从事中学语文教学和研究的意义，热切期望广大教师立志成师，激励教师真正去做研究教学论的"其实是大学问"的学问。这封十多年前的信我一直珍藏着，并视为已故谈校长留给我和中青年教师的一笔宝贵财富。

回首自己近50个春秋在语文教学与研究道路上留下的深深足迹，真是感慨万千，思绪无尽。我常慨叹：要做一个虔诚的教育者，能终身从事教学与研究，是多么重要，多么艰难，又是何等有意义、有价值啊！

跨过长江这道“心坎”

一道扬子江把江苏划为苏南、苏北，从苏南跨江到苏北求学、谋生，对有的人来说，真可谓从天堂走到人间，不少人是咏诵着“挥泪过长江”的诗句过长江的。而我则不然，我是用另一种眼光来看待环境的。我在中学是全面发展的优秀生，而且当了6年的班长。但我家庭成分不好，社会关系又复杂，毕业前报考大学时班主任说，“内部”有规定：家庭成分不好的学生只能报师范、农林、煤矿方面的大学，否则“不能录取”。但我没有沮丧，没有悲情，没有怨言。我一直仰慕着教师这个职业，执著一念报考了师范院校。后来我以高分被当时所谓的“低档”高校苏北师专（次年改为扬州师范学院，现今为扬州大学）录取。当时我丝毫未有“失落感”，家人也为我高兴。老师、同学都安慰我：“像你这样的家庭出身，考上大学，很不错了。”其实谁也不用安慰，因为我相信：“山不在高，有仙则名；水不在深，有龙则灵。”成事在天，谋事在人，越是艰苦的环境越磨炼人的意志。我有我的人生信条：“好男儿，志在四方。”我坚信，只要自己努力奋斗，即使在贫瘠的土地上也会有收获，即使是“可教育好的子女”也会有属于自己似火的青春年华。于是我跨过了长江这道一般人难以逾越的“心坎”，带着欣欣然的喜色，来到我心中的“伊甸园”、我人生的第一站——扬州。

我的母校苏北师专当时在高校中层次是较低的。然而它创办于1952年，在师范界颇有名气，尤其是文科。一些国内著名的学者，因为“历史问题”从名牌大学“贬”到这里，上海学界名噪一时的著名文学评论家洪式良，东吴大学的著名汉学家王善业，其后的词学大师任半塘等都先后在苏北师专、扬师院任教。在这里，我如饥似渴地学习了各门专业课程，读了大量名著，背诵数百篇诗词散文，还钻研了教育学、逻辑学、心理学，我在课堂上常常发问，问得年轻教师难以招架。我担任过学生会文艺部长、副主席等职，自编自导话剧、歌剧，创作朗诵诗词。

大学2年的光阴，给我留下太多的记忆。在这里，相知相交的，有神情矍铄的忠厚长者，也有风流倜傥的睿智后生；有开启心智的党委书记，也有授业解惑的专业教师；教室里聆听，操场上晨练，舞台上亮相，校园里到处留下我的身影。这一段的学习经历，是我与祖国语文结缘的发端，是用母语文化陶冶自己心灵的良机，也是我投身语文教育事业的生命之火的起燃点。

“千里之行，始于足下”。我终于跨越了长江“心坎”，迈出了人生第一步。

著名作家刘心武曾撰文热情颂扬过“起点之美”。他说：“终点之美，属于优胜者；起点之美，属于每一个人。而自觉地进入起点并调动起自己的美来，也便是人生中的一种优胜。”

每个人都有人生起点，每个起点会有高有低、有劣有优，关键在于正视起点，珍爱起点，用好起点，所以从鱼米之乡到贫瘠的土地上，从高材生成为师范生专科生，我也能有积极的人生态度、乐观的思想情绪和平静的心理状态，稳稳地站在事业的起跑点上。

稚师——初为人师的尴尬

1960年我肩负行囊告别我深爱的母校，来到江苏省泰州中学任教。

泰州，古称海陵，素有汉唐古郡、淮海名区之称。泰州虽是座小城，却有悠久的历史和璀璨的文化，自古以来名贤辈出。《水浒》的作者、文学家施耐庵，评话宗师柳敬亭，哲学家、泰州学派创始人王艮，“扬州八怪”代表郑板桥，被誉为东方黑格尔的文学理论家刘熙载，近代京剧大师梅兰芳，都是泰州文化名人中的杰出代表。早在南宋宝庆二年（1226年），大学士胡瑗就在这里创办了“安定书院”，并提倡“经义”“治事”“分斋”的教学制度，用现在的话说便是理论和实践两类。这位大学者深知教育的意义，他说：“致天下之治者在人才，成天下之才者在教化，教化之所本者在学校。”多少个世纪的变迁，古朴典雅的书院旧址成了“江苏省泰州中学”的历史象征，高大如蓬的银杏树越发成长得郁郁葱葱……

风华正茂的我怀揣着“一定要当个好教师”的誓言，踌躇满志地来到泰州中学这所百年老校，雄心勃勃地准备施展自己的才华。然而我还没来得及品尝初为人师的新鲜，便很快尝到了当一个语文教师的苦涩，遭遇了许多想象不到的尴尬。

读大学时，许多同学夸我具备“四个一”（即一张铁嘴，一口普通话，一笔好字，一手好文章）的“登堂”讲课的本钱，我也自以为凭读大学门门五分的优秀成绩和做学生会、班级干部的能力，足以胜任中学语文教师工作。然而，实践是最好的老师，在教学实践中，我碰了不少钉子。

备课可以说是第一道关隘。我满以为凭自己的功底，有一册课本、一本教参，再加几部工具书，还不足以应付裕如？因此，我总是超前备课，工工整整地写成教案，洋洋得意地把教案送给同组老教师审看，满怀自信地等着老教师们的赞语。可是老教师在夸我“挺认真”之后，打趣地说：“小洪，你改编教参挺有技巧啊！”一句话说得我心里很不是滋味，我的教案确实只是“改头换面”的教参！待到我在备课组作中心发言时，老教师们从教学内容的理解、教学重点的确定、教学程序的安排、教学对象的分析、教学方法的设计以及练习的处理等等方面，提出了一连串难题跟我讨论。这时我茅塞顿开，清醒了许多，我认识到语文教材其实就是一部无比丰富的微型“百科全书”，语文教学正是深不可测的浩瀚的汪洋大海，语文教师应当是知识财富的拥有者，他的知识宝库里，该有琳琅满目的珠宝，他的理论大厦中，该堆积足够的本钱。没有广博的知识，没有扎实的基本功，是难以胜任语文教学的。

上课，是教师功底的“亮相”，是对教师教学思想、教学水平的最灵验的“检测器”。开始上课，我总想让学生按自己预设的教学思路来学习、思考。然而，课堂教学序而有变，它不以教师的“长官”意志为转移，学生常常“节外生枝”，质疑问难。记得在一堂作文课上，一位同学从他父亲收藏的《康熙字典》中找了两个生僻字来考我。我一时读不出来，只好吞吞吐吐地表示：“课后查了字典再告诉你们。”话音未落，学生发出一阵哄笑，还隐约听到有人窃窃私语：“嘻！老师还有不识的字呢！”我顿时感到脸上火辣辣的，其窘态难以言状。我只好宣布“围绕老师教的思考”。我在课堂上所谓的“教”，也主要是“传达”教参。我讲得津津有味，学生则昏昏欲睡。一次，我发现一个学生课本下压着一本书，收上来一看，原来是一本教学参考书，与我备课用的教参是同一版本。课后，这位学生对我说：“您讲的我全都知道，因为教参上都有；而我不懂的，您啥也没有讲。所以……”

批改作业不知从何下手，最使人烦心的是改作文，当时是每周一作一评（间周一大作一小作），把作文改得满纸红，却吃力不讨好。有位同学写作水平一般，却一次写满一本交来，错别字、病句又多，可谓“荆棘丛生”，一篇作文改到深夜也改不完。我一怒之下，手中蘸水笔的尖锐笔尖猛戳到作文本上，划出一个洞。望着被墨水濡湿的殷红一片，我才渐渐冷静下来。次日，我把该学生请到办公室，带着内愧而又埋怨的语气说：“弄污作文本该向你检讨，可你把作文写得这样长，错字病句又那么多，能体会老师的苦衷吗？”那同学沉默不语，泪水渐渐出眶，口中嗫嚅道：“我原想将来当个作家。”学生的轻轻一语，使我的心头一震：透过学生的作业可以看出这位同学的学习心态。学生有很高的写作热情，自己却发火抱怨，足见我在大学里学的教育学、心理学还停留在书本上，不能致用。此后，我对这位同学热情鼓励，引导他把几百字的短文写好，再逐步学写长文。后来，这位学生毕业参军入伍，不久便当上了通讯员，过了几年，成了一位将军的秘书。经多年奋斗，他成了一位军级干部。试想，倘若我不转变教学思想和教学方法，岂不平白无故地扼杀了一位高级人才？

最使我棘手的是教学效果怎么也赶不上老教师。尽管我挑灯夜战，俯首耕耘，却“收成”寥寥，特别原来是学习成绩整齐的班，一到我手里就两极分化。因而我只有发愁，希望奇迹发生，盼望有一天也能“多收三五斗”。

多次碰壁的经历使我深深体会到“学然后知不足，教然后知困”的内涵。

从教近半个世纪经历的许多事逐步淡忘了，而起步之初这几件事还像烙印一样深深留在我的记忆里，尽管它只是几次失败的记录。人们往往习惯于嘲笑幼稚，赞美成功，并为成熟、成功而陶醉自豪，这些当然是可以理解的。可我觉得，我们还应当珍爱幼稚和失败，因为幼稚将走向成熟，失败中孕育着成功。我在语文教学中表现出的幼稚和经历的几次失败，经过“日三省吾身”的反思，从中长了不少“智”，获得了很多的教益。从这个意义上说，没有稚师未必有名师，因为幼稚是成熟的先导，所以稚师往往会成就名师。“教然后知困”，正是教中遇到的困惑使我猛醒，催我把大学毕业走上工作岗位作为零的开始。按照苏霍姆林斯基关于“只有不断地进修提高的老师才是真正的老师”的箴言，下决心锐意进取，刻苦自励，把自我提高作为终身任务。我在卧室的墙壁上贴了“情操高、教风实、教艺精、知识博、基本功硬”的十六字奋斗目标，以此勉励自己在成师之路上不断求索。为实现这一目标，我把治标与治本结合起来，不断加深、拓宽知识基础。治标，就是结合日常教学需要，边教边学，学以致用。治本，就是从提高自我语文修养的长远需要出发，系统、深入地学习各门专业课程，广泛汲取各种知识营养，为从根本上提高教学质量备足“一桶水”。我先后几次教完中学全程，结合教学实际掌握了比较完整的知识结构。我把边教边学名之为“滚雪球”，不断积累教学经验。我还运用辐射法，即以教本为发射点，像蜜蜂采蜜一样，在知识和资料的花丛中，博采精华，消化吸收。那些年，我做的摘录笔记本有几十本，读书卡片有几千张。为了掌握准确的普通话读音，我还背过字典。在学习语文专业知识的同时，我阅读了大量政治、哲学、史地等方面的著作，并从几十种期刊中汲取新的知识和信息，努力使自己成为“杂家”。

在不断进修的过程中，我逐渐“富裕”起来。我提高了独立备课和驾驭课堂的能力，熟悉了教学规律，逐步掌握了教学的主动权。我的教学工作受到学生和家长的欢迎，得到社会的赞誉。从“登堂”进而“入室”，为师路上，我迈出了艰难而值得欣慰的第一步。

教坛，是神圣的

一位哲人说过：“永远屹立在教坛上的教师才是真正的教师。”教坛，它伴教师一生。正是在这个教坛上，教师们塑造了一代代学子，也塑造了自身。教坛，是神圣的。如果要为一位优秀教师塑像，选择的最佳镜头，应是站立在教坛上。

教师的知识、学养、功底如何，只要到教坛上一检验，便可以“亮相”了。上世纪60年代中期我曾上过一堂公开课，教的是冰心的《小橘灯》。为了这堂公开课，我反复钻研教材，从课的内容到教学语言，都作了仔细推敲。课前多次独自练习试讲，对细微处再做调整。一开课就像步入舞台的主演，很快进入角色。讲课时全力以赴，滔滔不绝；朗读时，有声有色，声情并茂；板书井然有序，有条不紊。课文背如流水，教程驾轻就熟。总之，一切都“自我感觉良好”。可评课时，行家们却说：“课上得精彩则精彩矣，教者成了梅兰芳，可就是忘了学生，丢了语文。”这一堂“费力吃苦果”的公开课，使我回味良久，却得益颇多。我反躬自省：一个称职的教师，不仅要有坚实的专业知识基础，更要懂得教育教学规律；不仅要有一定的教育心理学的理论，更要悉心研究和掌握教育对象的特点，能够灵活而有效地实施教学。也就是说，真正的好老师，必须既具备专业知识素质，又具备实际教学能力素质。这种能力素质，不是在书斋里养成的，只能在课堂教学实践中锻炼。根据多年教学实践的经验，我感到：50平方米的课堂应是教师自我提高的练功房，三尺讲台是教师最好的练功台，教育对象——学生则是最能促进教师提高的好助手。一个希望提高自己的教师，应该自觉地在教学实践第一线上磨炼，坚持不懈，乐此不疲。

“费力吃苦果”，使我懂得了讲台练功的价值，提高了讲台练功的兴趣。我在讲台上天天“练口”——锤炼准确生动的教学语言；“练手”——练就一手流畅而美观的板书；“练情”——培养热爱每一个学生的感情；“练心”——提高自己的思想素质和课堂应变能力；“练艺”——提高教学艺术；“练文”——提高对文章的理解、分析能力，练习下水作文，进而提高行文表达能力。我的实践证明，讲台练功是对教师的知识、能力、智慧等多种素质的综合训练，是比任何大学都高明的“自我教育的学校”。在讲台上，我掌握着两本教材，一是课本，二是学生。学生在课堂里既是我的教育对象，也是我进修的“活”教材。我根据学生的知识基础，确定教学的量和度；根据学生的认知规律，安排和设计教学程序；根据学生的个性和心理特点精心设计教学方法……我借助这部“活”教材，加深了对教育心理学理论的理解，更学到了书本上没有的语文教学论和教育心理学知识，并用之于教学。

在《小橘灯》公开课失败后的若干年，我驾驭课堂的能力日进有功。面对课堂上出现的各种意料之外的矛盾，我大都能发挥教育机智，运用教坛练功的经验加以化解。上世纪80年代，我挥洒自如地开了一堂写作公开课，听课者有来自全省的800多名教师。我引导学生集中“反刍”几篇课文中有关写人物的知识，自主概括出写作三要领：目力、心力、笔力，即通过观察、思考、语言表达抓住人物的特征，用精当、简练、生动的笔法，当堂速写一个人物，即为本班的一位同学画像。由于同学们既是写作者，又可能是被写的对象，所以写作热情十分高涨。课进行到习作交流阶段，渐入高潮。这时突然有两位同学争论得动起手来，全场愕然。原来是一位同学的习作描写了同桌“缺颗门牙”的这一细节，这可惹怒了被写者，因而两人竟推推搡搡，几乎要扭打起来。风波骤起，我也震惊了，40多名学生和800多位听课者，八九百双眼睛都看着我：洪老师，你怎么办？处理这个窘境，无非几种方法：一是拉架，这是最笨也是最简单的方法；第二种方法是教师就争论的问题作分析，把是非分清；第三种方法是“相机诱导”，引导学生自己解决问题。我意识到，这时教者最需要的是冷静和教育机智。于是我先轻声表扬两位同学“争得有理”，然后把话题一转：“请大家回忆一下刚学的《一面》这篇课文中是怎样写鲁迅的手指头的。”立即有反应快的学生插嘴：“十根手指像竹枝似的。”“对”，我接着说，“这一细节美不美，作者为什么这样写？”同学们茅塞顿开，就你一言我一语地议论开了：鲁迅先生生活在恶劣的环境中，加之大病初愈，特别瘦，“竹枝似的手指”看起来并不美，但这一细节刻画出一位坚韧顽强的战斗者的形象，给人美感。讨论至此，同学们思窦大开，把“缺颗门牙”和“竹枝似的手指”联系起来思考，矛盾就迎刃而解了。同学们有的说，“缺颗门牙”正是表现了一个少年的稚气美；有的说，抓住这一特征写，让人物更具独特的神采，更显得可爱……此时的课堂像烧开了水的锅。写者和被写者也都欣然接受了大家的意见，笑了起来，气也平了下去，他俩当众紧紧“握手”，课堂内响起了热烈的掌声。我常常回味这堂课，以为课之所以上得比较成功，正是长期讲坛练功的结果。然而我又进一步反思，这堂课虽说勉强完成了教学任务，却只是“险胜”！自己的教学艺术还远远未达到真正成熟的境地，教育机智还远远不足以应对千变万化的课堂教学。由此，我想到，在神圣的讲坛上的锤炼和摔打不可一蹴而就，也不是权宜之计，要练数十年，乃至一辈子。一个教师如果离开讲坛，就如同安泰离开大地，将一事无成。在此后的发展中，我一直站在神圣的教坛上，面对孩子们一张张稚气的笑脸，不断锤炼教学艺术，即使当了20多年校长，也从不离开讲坛。

成熟的教师要在教学改革中修炼

进修积累，教坛练功，我初步摸索了一些提高教学质量的门径，终于也能“多收了三五斗”。我真是喜不自胜，不说可以“名成功遂”，至少已经成为一个比较称职的语文教师。然而，十年“文革”，一场浩劫，不仅使语文课本变成了语录本，语文大厦被摧毁，更打破了我成为一名优秀语文教师的美梦。但是，这样的环境变革，并没有动摇我的语文教育理想。正是这十年，我在“逍遥”中阅读了古今中外大量名著，即使在瘘管手术期间，仍坚持完成了哲学和辩证逻辑等方面的理论进修。我坚信，恶劣环境可以挫败弱者，但如果做个“强人”，也可以凭自己的努力在不利环境中求生存，获得自我发展。所以说，“文革”没能改变我对母语的挚爱，也没有动摇我决心终身探索语文教学的志向，更没有破灭我的语文教育理想。

“文革”结束后，我很快投入到“抢救”语文的千军万马之列，用火山爆发那样的热情去夺回“文革”给语文教学造成的损失。其时，我40岁，因超负荷地在各年级上课，喊裂了声带，原来在中学、大学曾是“著名的男高音”，拥有“漂亮的音色”，此时喉咙却像破了的砂锅。

1978年，我以“亦教”为笔名发表了万字论文《试论语文的工具性》，在扬州语文界引起了强烈的反响。此后我不断发表教学经验论文，在重建被“文革”破坏殆尽的语文教学方面，贡献了自己的一份力量。我陶醉在成功的欣喜之中，恰好此时在“文革”中曾遭批斗的于一平老校长，在党的“三中全会”的政策中复职。这位30年代毕业于上海正风文学院、又在解放区担任过教员的学者型校长，就是名闻遐迩的“南施北于”的苏北“于一平”（“南施”，指苏南常州中学的老校长、老教育家施绍基）。于是于校长决定让我担任语文教研组长，任职的次日便把我找到办公室，语重心长地说：“一个只能埋头教书的教师，充其量只是个教书匠。只有既教书，又看路，投身教学改革，才能成为好教师，才可以成为教育家。”老校长的一番话，在我的为师路上树立了一个新的路标，为我指明了一条通向更高的奋斗目标的金光大道。是啊，埋头教书，可以获得更多教学成果，可以送一批批学子进大学，可以享受“得英才而教之”的甜美，可以做一个安分“称职”的教师。然而，抬头看路，投身教学改革，则需要更好地去探“语文”教学之路，求语文教学之“真”，解语文教学之“谜”。我分析了当时语文教学的状况，教师普遍教书情绪高涨，许多人像我一样满足于拼嗓子，拼时间，搬大山（指作业），改作文，学生学习负担过重。吕叔湘、叶圣陶等著名教育家在报刊撰文，大声疾呼“救救孩子”，呼吁大力改革语文教学，提高语文课堂教学效率，向教学规律要质量。这对我触动很大，我深切地感到，做个好教师仅仅抱着书本上好课是远远不够的，必须到教学改革的风浪中摔打，要以探索高效语文教学之路为己任，改变语文教学“少慢差费”的状况。于是我从此踏上了漫长而艰难的语文教学改革之路。

我在语文教学中进行了多项改革，探索提高语文教学的新路，我同时选择高、初中各一个年级搞试验。担任行政工作后，仍然在实验班执教，种“实验田”。改革，激发了我的探索精神和创造意识，使我逐步向“成熟型”教师转化。在改革试验中，我研究了中外教育家的大量著作，搜集了中外关于语文教学方面的资料，做到“既东张西望，又脚踏实地”。我立足自己的教改实践，学习借鉴他人的教改经验，对语文教学的目的、任务、性质、原则、教法等进行了一些研究，写成一部23万字的文集《语文教学之路》（与程良方合作），还先后出版了多部专著，我编写了初、高中写作教材《三阶十六步》《作文百课》，编写了供全省许多重点中学思维训练教学使用的专用教材《写作与辩证思维》。

教改实践磨炼了我的思想，也磨出了不少行之有效的经验，我从三个方面探索了提高语文教学效率的途径。

第一个方面是研究不同文化基础、不同心理素质的学生学习母语的规律，实施因材施教。上世纪80年代后期，我教高中一个班语文，课堂上我发现一位学生坐在位置上抖动不停，我从他的神情、姿态看出他烦躁不安。这位同学智商极高，学习成绩优异，而且有良好的学习习惯，读书、作业从来一丝不苟，而且每晚坚持9点半前入睡。即使在他父亲得了癌症卧床时，他仍一面安慰父亲“坚强些，坚强些”，一面继续学习，起居一切照旧。我判断他的不安，主要是因为我教的内容他早已掌握，尽管听不下去，但仍克制自己，不影响课堂教学。因此我宣布以后上我的语文课，他可以自学，超前学，甚至可以读名著。他获得了更多的空间，学习更为主动，成绩更加优异，高考时获江苏省理科第一名的佳绩。另一名文科班同学，只对写小说有兴趣，史、地成绩都不及格，我们称之为“瘸腿”。我告诉这位同学，作文课可不做我的命题作文，干脆写小说，但也附加两条规定，第一条规定是平时写小说，除了写生活，还要尽量写些历史、人文方面的题材；第二条规定是保证学习其他科目的基本时间和精力。他同意了。为了寻找历史题材，他必须去学习历史常识，逐步对历史学习产生了兴趣，后来不仅历史成绩赶了上来，而且还在杂志上发表了《黑骏马》等许多小说，最终被苏州大学看中，免试保送进了苏州大学。我坚持正确对待差生，提出“大匠无弃材”，从最后一名抓起。对于一些语文成绩差的同学，首先是提高他们的信心。一位女生写作文始终只有几行，可谓“兔尾巴”作文。我用先放后收的方法，先让她想什么写什么，想到多少写多少，但尽量多写，从几百字后来写到了一两千字。之后，我便要求她围绕一个中心再逐步收缩，一年后这位同学的作文每篇写到1000多字，后来考取了南京大学。

第二个方面是把夯实基础与灵活应用结合起来，教学求实求活。我对学生进行多种语文基础训练，这种训练不是孤立的文字游戏，而是把知识置于语境之中，或印发大量佳作精品让学生泛读，通过讨论自己归纳出知识；或设置一个生活情境或话语情境，让学生在这些特定语境中应用所学的语文知识。作文命题力戒僵化，留足空间，让学生有话可说，有事可陈，有理可论。为此，我专门写了一篇论文在上海《语文学习》上发表，题为“让作文教学活起来”。

第三是倡导启发诱导式语文教学，摒弃灌输的教学方法，激活学生学习的动因。我结合试验，总结了诱导式教学方法“引读十法”，设计了23种课型，陆续发表在各杂志上。

为了更好地研究和改革语文教学，我参与了江苏省中语会的组建，多年担任江苏省和全国中语会理事。1983年我参加在苏州召开的第一次叶圣陶语文教育思想研讨会，认真钻研前辈深邃的教育思想，撰写了《重在引读》一文，阐述引导的艺术，大会从200多篇论文中选出十多篇成集，该文为骨干论文之一。

在教学改革中，我不断修炼教育思想、教学艺术，因而我的思想素质、能力素质、文化素质等，也得到了前所未有的提高。这使我深深感到：教师要在教学改革中修炼，教学改革是我们教师奋飞的自由天空。

这个时期，我不懈地进行教学改革，不断自我超越，在教育工作中取得了一些成绩。1984年，江苏省人民政府授予我“特级教师”称号，1988年又评为有突出贡献的中青年专家。《语文教学通讯》等几家杂志将我先后列为封面人物，介绍我的教学改革经验，同时发表《教改难，路在哪儿》等专访，在语文界产生了积极的影响。我从自己的经历中体会到，改革之路可以有许多条，但都离不开甘愿吃苦的精神、百折不挠的毅力和锲而不舍的韧性。在教学和自我提高的过程中，我坚持用“律”“挤”“拼”来要求自己：以明确而切实的目标“律己”；将会前、饭后、课余的时间“挤”出来读书；用“拼搏”的劲头搞教改。我深知，许多人的成功是以牺牲青春的幸福为代价的。虽然，我至今还说不上能在课堂里“随心所欲不逾矩”，但回视自己为师路上的一个个脚印，心里多少有几分慰藉。

当时，我在为师路上，并没有什么惊人的飞升，而且自知离“做一个好教师”的目标还有很长的路程。然而，回首前一段奋斗的历程，我深深体会到“在教学实践中，教师不仅天天在塑造着学生，而且时时都在塑造着自己”。我坚信，每个愿意为教育事业献身的教师，只要有矢志不移的决心，有不畏艰难的精神，又能找到一把“自我提高”的钥匙，并真正“把积极探索语文教学规律作为他终生的任务”，那么“做一个好的成熟的教师”的目标并不是那么遥远的。

蓝图在悄悄地编织

我钟爱母语，把投身祖国语文教育事业视为责无旁贷的伟大使命和崇高目标。我深知母语教育发展之艰难，因此我便矢志不移地探索语文教改的规律。

寒来暑往，在语文教改之路上我已拼搏了七八个春秋，结合教学，我对语文的地位、目标、功能，语文教学的原则、思路、方法，乃至语文的备课、板书、作文评改等微观领域都作了研究，但仍然没有找到一条提高语文教学效率的“捷径”，没有触及语文教学的底里。路在哪里?

一次偶然机会去扬州大学，拜访全国著名的语文教育史家顾黄初教授。我的又一部专著即将出版，请他写序。我告诉顾先生我对未来的思考：“下一步我有两条路可走，一是继续深化语文教学方法研究，二是编实验教材。”还流露了我和我的同事对当前统编通用教材的低效、刻板的不满意。顾先生似乎未经思考，就脱口而出：“编教材！”这句话让我眼睛陡然一亮。于是我和顾先生在他家里开起了“讨论会”。我多角度地研究了语文教法的改革，几乎触及了各个领域，为什么深不下去？为什么费力吃苦果，教学效率不佳？为什么学生怕学语文，课堂读书如嚼蜡？问题是有的教材内容陈旧，作为教学之本的教材呈现形式不适合教学。我们讨论一个多小时后形成了共识：用教材来制约教法，用先进的教材理念改变落后的教学思想。编教材，这确是一着好“棋”！

教材作为科学文化的载体，是社会文明的象征，是国家意志的体现。一个时代需要一个时代的教材。迈向21世纪的中华民族，需要与改革开放相适应的教材，这确实是时代的呼唤！编教材，固然是一个非常大胆的设想。然而，编教材谈何容易！撇开传统的教育观念和方法不说，仅就教育体制的现状而言，在一个什么都讲究统一的教育领地，以个人的名义主编一套试验教材可能吗？新中国成立四五十年来从来都是国家教育部的专业机构组织最著名的高层专家学者统一编写，我只是一个普通中学的教师，即使小有名气，在全国教育界高手如云的形势下，能行吗？

如果说，我没有足够的思想准备，那不是实事求是，凭着我多年的社会阅历和对教育行情的熟悉，我确实预料到这将是一条充满荆棘、举步艰难的路。但对于一个追求人生最大价值的改革者来说，困难恰恰是使石墨在压力下变成金刚石的炼狱。我的顾虑终于被强烈的责任感和自信心所战胜。我与泰州中学的同仁以及省内外的部分老师合作组成了教材编写组，开始了长达25年的编写教材的“长征”。

1983年，同仁们不知是为我的执著所感染，还是本来就蕴藉了那么一股精神，他们不约而同地汇集到我身边，刘毓、田如衡、任范洪、程良方、蔡肇基、柳印生、陈霖、王铁源、戈致中、杨延峰、潘煦源、林润昌……我们组成了一个战斗方阵。

确定指导思想是编写教材的关键。纵观全国，不少省都在搞试验课本，有官方的，也有民间的，各家都施出浑身解数，力图开辟出语文教材的新天地。在传统的投影里和新时代的八面来风中，我把视线投向那“灯火阑珊处”。以三个面向为指针，以落实素质教育为宗旨，面向大多数。重在能力培养，重在思维训练，重在读写听说综合应用，重在整体把握教材主旨；利教便学，把学生从沉重的身心负载下解脱出来。

本着这些基本理念，我确立了“一本书、一串珠、一条线”的“单元合成，整体训练”的体系。“一本书”即读、写、知分编内容的整体有机结合。“一串珠”，即“一串珠”单元，每个珠式单元又由读写知各个小珠组成，大珠小珠，相互顾盼。“一条线”，即以读写听说能力训练为主的多股交织的集合线。就这样，蓝图在悄悄地编织。为了提高教材实验的说服力，我亲自用油印本执教一个班。一轮教完，不是小有成效，而是大见成效，原来进校时这个班与其他班水平相齐，初三毕业时学生不仅考试成绩遥遥领先，而且读写听说能力、思维能力明显提高，这个实验班学生每个人都可以到附近的实验小学高年级做演讲。我执教的《你看他像谁》作文试教课，得到来自全省各地教师的好评，这堂课制成录像在全省各县市播放。同学们的当堂作文汇成《一树果》作文集，省普教局长袁金华撰序，刘国正先生题写集名，大部分文章后来在各种报刊发表，其中5篇在《语文报》专栏上发表。几年追踪调查发现，这个班学生进入高中、大学后大部分都成为优秀生。首轮实验成功了！这一成果像火柴头，点燃了我一生从事语文教材改革的熊熊大火。

“桃李不言，下自成蹊”，此后全省各地老师纷纷到泰州中学来访。钱任初等一行20多位省城骨干教师前来交流经验；苏州教研室沈志直专程来泰要求参与实验；常州教科所朱川彬带领新闸中学的教师来联系实验；江阴南菁中学邹石溪校长主动安排了几个试教班；海安、淮阴、江都、扬州、兴化等县市纷纷加入实验行列。著名语文教育家、全国中语会理事长刘国正撰写两篇论文，赞扬我们的教材是“大有希望的教材”，并称这套教材奏出的美妙乐曲最和谐悦耳；说主编是厨师，油盐酱醋搭配得当，巧在合成。叶圣陶长子、语文教育家叶至善则说：“我父亲生前就想编这样一套读写合成的教材，他如果还在人世的话，看了这套教材一定会很高兴。”泰州这座历史悠久、文化深厚的小城陡然令人注目、增色生辉。

1985年，教材实验列为扬州市教科项目，1986年列为江苏省教科所的科研项目，1987年，教材实验升级为江苏省教研室、江苏省普教局的实验项目。一个班，三个班，十个班，一个县市，十个县市，实验规模不断扩大。省里派出朱芒芒专职抓教材实验工作。实验开始时用的是凭准印证印的内部出版本，为扩大实验，我谋求正式出版，普教局袁金华局长亲自出具“担保责任书”，教材方在1988年秋正式由江苏教育出版社出版。此时实验区虽仍严格按规定控制在200个之内，但省内外已星罗棋布，在上海、黑龙江、贵州、广西等全国15个省、市、自治区分设了样本班。教材改革实验正是这样一步一个脚印地发展，大厦也正是这样一层一层地盖上去。

1986年，国家开始制订“一纲多本”的政策，这是我国教材起飞的天赐良机，它使我们的教材进入“柳暗花明又一村”的境界。根据这项政策编写教材，既是国内现实的需要，也是社会发展和母语课程教材建设的必然趋势。1989年1月，我有幸与斯霞老师等参加了原国家教委在唐山召开的第一次语文教材改革座谈会。何东昌在会上做了报告，报告中说：“如果没有好的教材，正确的教育思想、内容得不到体现，也影响教育方法的改革。同时，教材一定程度上还影响和决定着对师资的要求。好的教材在一定程度上还有助于克服目前师资水平低所带来的教学质量不高的问题。”虽然这是仅十几人参加的小会，但我收获甚丰，既沐浴了中央着手课程改革的春风，掌握了教改信息，又结识了当时中语界最高层次的专家学者。

1990年5月，内部准印出版的教材第三轮试验结束时，国家教委基教司原副司长、教材办主任游铭钧闻讯专程来泰州考察我主编的教材，参观教材改革成果展览，详细翻阅上百份实验报告，一连三天，召开实验班教师、学生、学校和市县教研部门领导及编者座谈会，对我们编写组所取得的成绩和改革精神给予高度赞扬，肯定“单元合成、整体训练”初中语文实验教材是一套比较成熟的教材。他回到北京不久，国家教委便行文，决定把我主编的教材在国家教委立项，同时拨发了5000元实验经费。这5000元，胜过50万元，因为它代表国家教委的认定和支持。从教材开编起，我们从未向上级要过一分钱，所有研讨会费用，都是在哪里开会就由哪里的主办人承担。且不说油印本要编者自掏腰包，铅印本发行10000册（200个样本班）也只向学生收取成本费，三年未取一分稿费。这5000元是久旱得逢的甘霖，是荣誉，是激励。所以我当时说了一句动情的话：一个国家行政干部，特别是高层的领导，他可以一手遮天，扼杀一个刚萌芽的新生事物的柔弱生命；他也可以用他的一双手托起一个太阳。游铭钧、袁金华、郑万钟，后来的周德藩、杨九俊、陆志平等省市教育行政部门领导，以及叶至善、冯钟芸、刘国正、顾黄初等专家，还有江苏教育出版社的赵所生、张胜勇等，他们中不乏能一手托起太阳的人。退一步讲，如果不立项，我主编的教材就没有资格申报国家审查，就赶不上“一纲多本”教材正式在全国推开的“头班车”，也就不会发展到今天这样的规模，也就不会有今天这样的气象。

最困难的时候往往是最有希望的时候

即使我们有了各方的支持，有“天时、地利、人和”的得天独厚的条件，但教材改革并非睡在摇篮里的孩子，天天都那么温馨。回顾走过的20多年，我最切肤的感受是传统的教材体制使得新教材推广难于上青天。

1993年，我们的教材经国家审查通过，进入了《光明日报》刊载的国家教委发布的新教材用书目录。“九年制义务教育初中语文教材，洪宗礼主编”十几个大字赫然出现在《光明日报》上。次日早晨，中央广播电台、新闻联播节目播放新华社著名记者古平写的“特级教师洪宗礼主编的初中语文教材推荐全国试用”的报道。当时我的心几乎要爆出来。俯首思之，这不仅是我的成果，更是破天荒地实现了从“一套教材管天下”到“一纲多本”的零的突破。

不久，江苏省教委在泰州中学举办了64个县市教研人员、教师代表参加的“洪氏教材”培训会。周德藩副主任发表长篇讲话，最精彩的一句是“凡是国家审查通过的教材都是国家教材，统统是‘国军’。”这是新中国成立以来省厅级教育部门领导人对传统“一纲一本”制度的宣战。长期以来，偌大的中国内地，有十几亿人口、30多个省市，经济文化水平参差不齐，只用一套教材；而国际上几乎所有的国家实行的都是一纲多本、多纲多本，如美、英、法、德等发达国家，有条件的出版部门、高校、科研单位及专家、个人都可以编教材，进入市场竞争，就连我国的香港地区也有七八套教材供选用。

然而，我们的教材改革也不是一路都乘的顺风船，传统习惯势力顽强抗争，使“一纲多本”近乎摇摇欲坠。《光明日报》曾在头版刊登教材大战的报道，披露有关出版单位用尽一切手段，包括不正当手段，来争取用户；加上某些出版社的传统优势，致使1992年以后通过的13套教材在这场大战中，经过七八年竞争，大多夭折。尽管“万花纷谢一时稀”，但1993年起的改革已突破“一纲一本”的封锁线，不再是“一统天下”。在此期间，我们的教材实验区不仅没有减少，而且由开始的64个县市增加到75个县市，没有一个县市停用。可谓“我自岿然不动”！

2000年，我又根据教育部颁布的《九年义务教育全日制初级中学语文教学大纲（试用修订）》，主编了经国家审定通过的第二套推荐全国试用的义务教育初中语文教科书。2001年，我主编的苏教版国家义务教育课程标准初中语文实验教科书经国家教育部中小学教材审定委员会审查，作为一类教材审查通过。这套教材以人的发展为本的理念为指导，以学生语文学习方式的转变为目标，对教材的目标系统、范文系统、导读系统、注释系统、操作系统等作了更大的改革，审定委员会的专家们认为：教材从指导思想、体系结构到编制形式、装帧插图都基本体现了课程改革的要求，符合国家《义务教育语文课程标准》（实验稿）提出的新理念和新的目标要求。实验教材自2001年秋起逐步进入了全国26个省市的600多个县市实验区，北京海淀区也选用了我主编的这套教材。经过一个学期的实验，引起了海内外专家、广大师生和社会各界的广泛关注。许多一线中学语文老师称之为“孩子喜欢、老师高兴”“相见恨晚”的好教材；《人民日报》《中国教育报》、中央电视台“东方时空”等媒体作了大幅的报道，许多刊物陆续发表评介该教材的专文，《人民日报》在题为《孩子们的课本“变脸”了》的专题报道中以较大的篇幅突出了社会各界对苏教版教科书的中肯评价，誉之为孩子们喜欢的“理想课本”。

传统习惯势力猛于虎！有些地县市教育行政领导明确宣布“不准用民间编写的教材”。他们认为民间编写的教材不是“国军”，而是“地方军”，认为教委直属专业出版社有几十年编写经验，而且专家林立，他们编写的教材才代表国家的教材。其实所谓教材专业出版社也常常以组织、编审为主，不少编者也是聘请的中学语文教师，江苏就有好几位，后来其中一些人也参加了我们教材编组，成为我们编写组的骨干。然而在某些传统观念根深蒂固的人的眼里，“民间”编写的教材是没有地位的。

在传统习惯势力面前，我们怎么办？我抓了两条，一是提升队伍层次和素质，二是抓教材质量。我们聘请了多位曾有过中学教学经历的高校教授和学科专家、教育心理学专家，包括已从专业出版社退休的专家，如南京大学、华东师大、南京师大和扬州大学等高校的教授、学者丁帆、单殿元、周宏、高永林、叶撸等，充实了我们的队伍。尤其是国标教材启动后，我们吸纳了一批省内外高校、著名中学的中青年精英加盟，使我们编写队伍的层次明显提升，编写水平有了显著提高。“抓质量”，这是我找到的护身自卫最有力的武器。我深深地认识到：教材关乎一代代学子的成长，关乎中华民族的伟大复兴，它是塑人的事业。教材编写一定要追求卓越，铸造精品，争创一流，教材出错就是对下一代的犯罪，因此我视教材为生命，我要求每个编者必须做到“三严”“三精”（严肃、严格、严谨，精编、精研、精改）。我们广泛听取师生和专家意见；开展有奖征集对教材意见的活动，奖励批评者；组建各地专家、一线教师、教研人员、退休老教师参加的校订队伍，从内容、文字、标点等方面反复全面校订；实行编者质量责任制，提倡文责自负，同时召开“编、教、研、评”讨论会，合作“诊断”，从教材的理念、内容、设计、文字等方面发现问题，并及时修订，十几年来从未间断。教材正是在研讨与修改中有所完善，有所发展的。我要求编委一班人注意树立良好的学风，具有宽广的学术胸襟，能容纳各种学术观点、各种见解，哪怕是错的，也可以从某个角度积极吸取其对教材建设有益的因素。我倡导在学术问题上对不同见解尤其要多几分温情。我从自己做起，在学术讨论中坚持平等协商，协调和谐，不强加于人，即使自己是正确的，也一定以“持之有故，言之成理”的态度说服对方，僵持时便作“冷处理”。一位老师向省教研室反映对我们的教材有意见，我立即发邀请函请这位老师来编写组面谈，包吃包住包旅费。结果，他主动走访全乡各校收集了100多条意见。我们在编辑室平等地话家常般地谈了一整天。他很感动，回乡后写了篇《主编洪宗礼印象记》。从此，他更积极主动地在本乡邻乡宣传我们的教材。

为了广泛听取意见，我提出了“三、三、三”调查方案，即向全国的3000名学生、300位教师、30位专家进行问卷调查，征集了数十条建议，写了2万字的调研报告，并据反馈意见对教材作了全面修订，使之提高、完善。同时，我在北京等地培训会上向所有的实验地区的领导、教师作了保证质量的承诺，贴出“安民告示”。据国家有关项目组调研，苏教版初中语文教材不但理念先进，内容优化，而且语言文字表述也是比较规范的。有了质量，就有了信誉。这是我们教材使用基地稳定的主要原因。所以有关专家撰文不无感慨地说：“洪宗礼的教材是凭质量凭实力进入首都北京的。”“洪宗礼的教材在中国成活20年，能涵盖26省市自治区，每年为800万学生选用，甚至在首都北京连续投票选用达六七年之久。主要原因之一是在教材质量上始终不断追求卓越，努力争创一流，精心铸造精品，进而成为品牌。”

2001年苏教版义务教育课程标准初中语文实验教科书在海内外引起强烈的反响，我完成了人生的又一次自我跨越。这个跨越证明：任何改革都是在曲折中前进的，课程教材改革也不会例外。我深切体验到，一个坚定的改革者，一位成熟的教材编者，应当坚信：最困难的时候，也许正是最有希望的时候，在严峻的形势面前始终都要冷静以对，鼓起勇气，把改革进行到底。

天天在"享受"痛苦，又天天在享受快乐

"教材是一座座大厦，理论研究则是大厦的坚实墙基。"这是我从几十年语文教学和课程教材改革中获得的最重要、最深切的感受。教学与教材编写无不需要科学的理论支撑。没有理论基础或理论基础不扎实的教材是立不住、立不稳、立不久的。我坚持科研立教治编，长期坚持边教边编边研，有编有研，编研结合，数十年从未间断。

从20世纪80年代后期起，我们召开了数十次各种形式的研讨会，在研讨中提高教者和编者水平，也提升了教学与教材质量。进行学术研究，我倡导良好的研究氛围：要少一点自尊心，多一点研究心；要用心思，不用心计；不仅要研究"是什么"，更应想想"为什么"。

开始阶段，我们的研究是低浅层次的。随着课程教材改革的发展和深化，特别是20世纪90年代后期，语文界展开了大讨论，涉及许多重大理论问题，如继承与创新、语言与文化、民族性与国际性、工具与人文、科学性与实用性、基础与发展等；与此同时，在全球化、信息化背景下，国际上许多国家纷纷启动基础教育课程改革，各种流派思潮直接影响我国母语教育。一切都说明，母语教育关乎民族的生存发展，关乎人类文化的传承，关乎汉语文教育国际地位的提高，也关乎世界7000种语言未来的生存发展。在这样的背景下，作为一个深爱着语文教育的改革者，理应责无旁贷地肩负起母语课程教材研究的重任。我先后主持了全国教育科学规划"九五""十五"两项国家级重点课题的研究。承担这一课题比我攀登第一高峰——编教材，要大得多，是更难跨越的新高峰。

且不说理论研究如何高深莫测，它需要多高的学识与智慧，要花费多大的精力和多少财力，仅就搜集资料而言便是一项十分浩繁的"工

程”。要搜集全球五大洲、40多个国家和地区涉及八大语系、28个语种的当代母语教材、大纲及各种研究资料，谈何容易！要追踪寻觅我国自清末至今110年的语文教育之类文献资料（仅教材就有900余套）又多么艰难！面临重重困难，我毫不气馁，义无反顾，暗下决心：既然上了船，就只能扬帆乘风破浪前进。

事业心驱使我进入痴迷着魔的忘我境界。为了搜集中外教材资料，我日夜操心，天天张罗。稿费可以少拿、不拿，书非买不可，资料非觅不可。为了搞到国外教材，找了外教和旅外学者，找驻外大使馆的人员，找校友亲属。寻觅百年中国语文文献，找了京、沪、宁、苏各大图书馆，包括民间图书收藏家，网上征集少说也千余家。我随中国优秀教师代表团出国访问，参加大陆地区优秀教师代表团去我国台湾、香港地区考察，总要背回十几斤乃至几十斤重的大纲、教材。连子女、孙辈的单位，乃至一些所谓转折亲，以及学校老师、家长都发动起来，千军万马找研究资料。一次在台湾考察，为了一本小学大纲辗转四个城市，等了40多个小时。在奥地利恳求一家饭店老板将其子女读的书售给我，回国后，这位老板竟寄来20余本奥地利中小学语文课本。从丹麦买回一本课本用了800元，买新西兰一本大纲花了1000元。为了研究中国百年教材，我不顾年近古稀的高龄，亲自去苏州叶圣陶家乡向一位书商买书，找到中国最早的语文课本（1904年版原版，即第一版，这本书人教社最早收藏的是1905年的第二版）。后来我竟和这位书商结为好朋友，他主动向我提供了上百本书的复印件和几百本教材的目录。

我请全国最高学府的教授们进行翻译，他们大都热情接受任务。但有些冷门语种的翻译，往往要付出几倍的费用，甚至需要在电话中与对方多次磨嘴皮。请国外二十几位专家撰写论文，由于地区差异和生活指数差异，稿酬标准要高几倍。有一篇1万3千字的稿子，付了1万3千元稿费。我咬着牙，用“以教材养教材、以教材收入养课题，以自己的稿费发课题的稿费”的方法解决这一棘手问题。我以为，为了课题，为了事业，就要受得了、容得下。我开玩笑说：就当个“现代武训”吧！认了。我在家里电冰柜上放着的一尊如来佛的塑像，是我上世纪80代末在成都开会时买来的，我买回此像的意思是：佛家是讲世俗之“忍”的，我们就是要学会“容忍”，像如来佛肚里容得下大海一样，要容得一切。即使是“是可忍孰不可忍”的事也得忍下，只有这样，才能成就大事业，才能出现大气象！

我和我的同仁“十二年磨一剑”。先后与中外200余位专家学者精诚合作，终于在2002年完成了五卷本《中外母语教材比较研究》，2004年完成了53万字的《当代外国语文课程教材评介》，2007年完成了十卷本《母语教材研究》，先后三期共830余万字。2008年2月，在北京召开的十卷本《母语教材研究》出版座谈会上，全国人大常委会副委员长许嘉璐、教育部老部长柳斌、国家新闻出版署副署长邬书林及顾明远、袁振国、钟启泉等诸多专家，都对课题作出高度评价，称这项研究“范围之广、内容之深、规模之大、参与人数之多、模式之新、成果之卓著都是前所未有的”，“它将作为里程碑载入中国语文教育的史册”。赞扬声中，我为全课题组成员的合作精神而感动，为研究成果获得领导、专家高度评价而振奋，更为自己能为祖国的母语教材建设贡献了一分力量而骄傲。事后有记者问我：“你在课题结束时有什么感受？”我说：“只有两句话，就是在课题研究的4380多天里，我天天都在享受痛苦，也天天都在享受快乐。”

“小花盆里栽大树”的学问

“几十年来，你能在小花盆里栽了大树，有什么奥妙？”许多朋友总是带着这种惊异问我。

其实“小花盆里栽大树”，我自己有时也有疑问。这个说法，看似不科学，其实是有现实基础的。这个基础有两方面：一是内因，这是主观的；二是外因，那是客观的。从内因而言，我从希望当个称职的教师，到争取做一名优秀教师，再到编教材、搞科研，希望自己成为研究型教师，一步步走来，奋力拼搏进取，不懈追求。外因主要是党的十一届三中全会提出的“四化”政策，1986年确定的“一纲多本”的方针，这些对于我的教学与教材的腾飞，起到了决定性的作用。我们的教材起步时是“丑小鸭”油印本；1986年铅印实验本，省内有了16个实验样本班使用；1992年首次通过国家审查，1993年使用面达64个县市区，到课改前达75县市；世纪之交的国家课程改革，把我们的教材推向全国。多年来，科研似乎是高校、科研院所的“专利”，但改革开放后，国家新的科研政策，又使我们的母语教材研究项目取得重大突破。这是“小花盆里栽大树”的“天时”条件。如果没有国家的政策支持，我就不可能主持完成两项国家重点课题，更不可能主持母语教材的国际研讨会。所以我说，国家的科研政策是我的事业发展的雨露阳光，没有这样的雨露阳光，小花盆里是栽不出大树来的。

小花盆里之所以能栽大树，离不开我和我的合作群体的知识、智慧和经验的积累。教材改革是一个发展的过程，又是一个积累知识、经验、智慧的过程。成功虽要有天赋，但更要注意在实践中学习，运用知识、智慧和经验来解决改革的各种复杂问题。我曾总结了一句话：“学习与思考是一对孪生兄弟。”正是在学习、实践与思考中，我有了一定的学识积累、文化积累、思想积累、经验积累、智慧积累，特别是智慧的积累。这些实践中的积累才是真正的“天赋”。有人说：“洪氏的成果靠的主要是人格魅力和协调能力。”这种看法只说对一半。因为人格的力量固然重要，但主要还是要靠我和我的团队在实践与学习中积累的学识和智慧。上大学时，我领的是一个班，工作后带的是一个教研组，当校长后带的是一所学校，搞课改带的是一批中青年学者和骨干教师，搞课题研究领的是中外200余位知名专家队伍。这支专家队伍中不少人是全国大中学校著作等身的学科带头人，他们为我们“写客串文章”，甚至授权我们修改他们的作品，没有深厚学识与学术智慧能够驾驭这样的局面吗？

学习是奠基，是积累智慧、运用智慧构建自身学术思想的起点。我数十年如一日地博览从清末至今110年的语文教材。21世纪初系统学习了各国母语课程教材理论，尤其是在中外母语教材研究中，接触了众多中外学者、名师，把审阅、编辑他们稿件的过程作为学习、总结、思考、积累的过程。不断学习、积累使我丰富起来，它成为我的灵性与悟性的主要源泉。但学习、积累仅仅是起点，要飞得高远，还必须能够运用智慧解决实际问题，力求做到先学、先知、先行、先创，这是更高层次的学习，也是学习的目的。我们选译、评介国外教材，注意引进最优秀的课文，如五卷本《中外母语教材比较研究》中选译了日本教材中的《事物的正确答案不止一个》，该文被选为2000年全国高考命题作文素材，全国64家媒体报道。有学者说：“这篇课文的引进，打破了‘事物只有一个答案’的传统思维，将影响我国一代、几代人的思维方式。”我看到北欧发达国家语文课本的前言写得活泼鲜明，就亲自执笔为我的教材写了"主题词""致同学"，以此代替板着面孔的传统教材的"说明"，充分体现师生平等对话的原则，这样的编者语亲切、自然、活泼，又不乏庄重。总之，小花盆里栽大树，既要有敢为天下先、与时俱进的创新思想，又要有脚踏实地的求实精神。

小马拉大车凭的是什么

常有人问我："你自称一匹小马。你拉着一辆坐满专家学者的大车，在改革的征途上飞奔，凭的是什么？"我的回答是："靠的是魅力、学术智慧、奉献精神和人格魄力。"小马虽小，却志不可夺，有敢为天下先的勇气，这就是魄力。小马拉大车，如果仅仅凭勇气，那也拉不动、拉不了大车。只能当"卒子"、不能当帅的小马也不是好马，不是良马，更不是骏马，拉大车的小马必须有当帅的气魄和过河卒子能"克"车的能力。小马当帅，要把握学术研究的方向，要有高度的学术智慧，要有驾驭全局的能力。如果没有学术功底，喉咙再大，桌子拍得再响，也只能把人吓跑。扬州大学一位教授说："课题主持人，是一面旗帜，是一个指挥、一位设计师。一将无能便会全军覆没。"一匹小马，一个小卒，如果没有这样的素养，是怎么也拉不动满载200多位教授、学者的大车的。

要组织学术群体合作进行母语教材研究，必须用大气魄、大手笔来开创新局面，要有大家风范，善于以柔克刚，用热情去化解坚冰。以立诚为本的精神，谦虚、诚恳、宽容待人。在原则问题上我坚持真理，毫不让步，以大局为重，不考虑个人得失，但具体处理人际关系、解决矛盾时，总是胸中有一盆火，有耐心、有韧性。我不是"首长""头领""老板"，不是善于处理各种关系的社会活动家，也不是擅长做思想工作的党委书记，但中国有句古话叫"邪不压正"。我的"正"首先就是淡泊名利，从不以谋利为目的，对自己该得的报酬，可得，也可少得，甚至不得，不该得的一分不取；其次是尊重权威，保护弱者，倡导学术平等，服从真理；再次是既自以为是，又自以为非，知错必改，哪怕一个字；最后是以团结为重，伤人必负荆。这些也许是凝聚力的重要来源，是成"大事"的主要因素。

在教材编写和课题研究中常会遇到许多矛盾和难题，都需要主持者去化解。国标本九年级教材，把单篇课文整合起来，编写“综合学习与探究”，编者要提取单元四篇文章中的共性因素，或列出相左、相异、相关、相反的个性要素，编出求同存异的整合题，把方法、习惯、知识、能力、情感态度价值观在读写听说训练中揉成一体。这是一个很大的难题。我组织中语界精英，如王栋生、黄厚江、唐江澎、曹勇军、秦兆基等，与南京大学、华东师范大学、扬州大学的知名教授合作编写，联合攻关。经过十多次修改，终于达到既定要求，得到广大实验教师的认可，公认是苏教版教材最大的亮点。据调查，师生的喜爱度达95%以上。

构想决策如砍柴，操作改进似绣花，这就是我破难的“双招”。由此我体会到，有难才会去求突破，努力去攻克难关就可能有创新。如果编教材、搞科研轻而易举，就很难有收获。当然，破难题不是轻而易举的，必须把创新精神与科学态度结合起来。问题要一个一个解决，难关要一个一个攻破，力戒浮躁，力避浅薄，力求稳妥。

小马拉大车需要高度的凝聚力。这种凝聚力来自一个“诚”字。

有人称我的教材组和课题组是一个庞大的“集团”。如果不是从企业角度称呼的话，“集团”倒是一个“美誉”。就课题组而言，这个集团是个拥有200多人的庞大队伍，他们来自上百个单位，包括高校、科研单位、国家教材管理部门、出版单位和基层中小学，成员中大多是高层学者、教授，文化层次、专业水平高，个性又各异，能把他们会聚在一起，拉上我们的“车”，最主要的因素是什么？我的回答只有两个字：立诚。立诚可以维系人心，立诚可以化解矛盾，立诚可以感天动地，立诚可以有扭转乾坤之伟力。

香港教师代表向洪宗礼老师赠旗

就教材组而言，我们这个“集团”的核心圈是几位有特长的常务编委，是设计室的设计师，也是作战指挥部的决策群体，或称“王侯将相”，他们是教材组的“脑袋”，许多金点子就出自这一核心的精干的五六人。第二层是省内外高教界、中语界教材编写的“精英”，他们有渊博的学识、扎实的编写基本功，有丰富的经验，有较高的声望。其学科构成合理，有学科专家、教育心理学家、教学专家、教材编写专家，他们各有专长，他们是教材编写和课程研究的高手。第三层是为教材把关的学科专家、课程专家，他们是提供咨询者，也是把关者。最外一层即第四层，则是一线教师、学生、教研人员中关注教材建设的热心人，他们经常吸收实验基地上的反馈意见，不少人成为特约校订员，往往能对教材提出许多独到的见解。这四圈结成了编写、研究的人才网络。没有这个网络，教材、科研要取得今天这样的成果，有这样的气象，是不可思议的。这个网络中的不少人都比我有所长，他们的知识、能力、智慧，至少某一方面在我之上。我并没有依赖行政支持，没有依靠学术权势，也没有以利益来驱动。要把这些人都凝聚在一起，靠的就是一个“诚”字。立诚，是感情支柱，是友谊纽带，是吸引众心的磁石，是支撑事业的基石。像这样和谐协调的民间自发的教材编写和科学研究的独特组织，在受长期计划经济影响的国度里，其生存发展是很艰难的，而正是因为艰难方显成功之可贵，方说明“立诚”感天动地的力量。

为什么别人对主持重大课题望而生畏而我们能不畏？为什么有些教材、课题被挫败而“我自岿然不动”？为什么我能够统领这样一支强大劲旅？正是“立诚”使“四圈”群体结合得具有“种子”破骨的力量，使我们在教材编写和课题研究中闯过一个个艰难险阻，攻克一座座堡垒，取得一项项突破性的成果。

无为才有为，无我才有我

人，生在世上都要做事。但人生有限，事业无限。一个有进取心、事业心的人都谋求在有限中去发展无限，而要具有最大效率，必须要充分利用“有限”。大多数人的生命周期是七八十岁，鲜至百岁，还要去掉睡眠休息和十几年读书（大中小学、研究生）的时间，到60岁退休，真正做事的时间仅十余年。这里必有个取舍问题，要树立“有失才有得”“无为才有为”的观念。我40岁时曾有成为市委宣传部长、地级市教育局长等从政机会，但我婉拒了。我对考察人员说：“当教师，我是师傅，当了校长，成了徒弟，我这个人生性就是好为人师。”1989年，扬州大学党委要调我去当教研室负责人，并许诺先转副教授，三年后即送评正教授，这也被我婉拒了。我说：“橘生淮南则为橘，生于淮北则为枳。”我适合在中学工作，到大学也许长处成了短处。我为什么这样做？一是我的专业近乎成熟，七八年间写了200多篇论文，教学艺术也修炼到一定程度，我不会放弃我钟爱的语文专业，尤其不会放弃已铺开的实验；二是我的个性、兴趣、行政能力都不适合去机关当官；三是坚信行行出状元，我心甘情愿在语文教育的沃土上自我发展。有了上述三点，才有一个“安”字，而这个“安”字是十分“了得”的。为了集中精力进行母语教材研究，我十几年拒绝一切约稿，放弃许多高端讲座，甚至从不参加宴请，几乎到了不近人情的地步。

我还放弃了我的兴趣爱好。青少年时代我是文艺骨干，写过诗歌、剧本，主演过多部戏剧，多次获过奖。我还有其他许多特长。我执著地坚持“有失才有得”的观念，为了母语教育，我把这些都忍痛割舍了。因为我深知，有得必有失，不失去一些就得不到应得的，鱼和熊掌是不可兼得的，“得”往往以“失”为代价。

我常说的一句话是“无我才有我”。我自知，要达到“无我境界”是不容易的，但我总是努力去做，进行长期的修炼。在我的日历里似乎无假日，每天工作到深夜12时已积习难改，几十年来农历正月初一也不知休息。步入古稀之年，也无一日不如此。半夜里一个电话可以打到英国（因时差英国是白天）。在唐山参加全国教材改革座谈会期间，参观地震展览馆，我走着走着突然大叫：“就是这一张！”同行的顾黄初先生开玩笑说：“老洪，你发什么神经，一定是发现与你教材有关的什么宝贝了！”的确，我们教材中一篇课文《十五天：最后的五个男子汉》，是写地震中埋在地下的五个矿工互助互救的事迹的。我发现了五人被救出后的合影，我那种喜悦不亚于哥伦布发现了“新大陆”。出国考察，我背回的是海外的一二十斤重的教材。当时我已年过六旬，同行的同志说：“你60岁，又回到了你人生的起点，从哪来这么大的牛劲。”教材开编时无稿费，后来有了稿费又多用于发展教材，搞课题研究。这就是我发明的所谓“以教材养课题”“用稿费发稿费”的方法。我跟编委说，稿酬分配宁可亏主编不亏编委，宁负自己不负他人。对已故编者，尽管他们仙逝，仍要给他们的家属发稿酬。有的书是我独著的，稿费我也坚持归公。我们把积累的300万元捐给学校作优秀生和贫困生的奖学金、助学金。砌建中外母语教材研究中心大楼，我们还用税后收入的230余万元作为母语教材研究的课题费。

几度面临死亡威胁，我没有放弃信念，没有放弃教学、教材编写与课题研究。上世纪80年代，我随江苏省教育讲学团赴广西为该省骨干教师培训，半夜里胆结石发作，疼得在床上滚，次日仍坚持半天治疗，半天讲课，持续半个多月。1989年，我去高邮印刷厂校对实验教材，整整三天三夜未眠，回校后又继续讲课，接受电台“校长访谈”，结果得了急性一过性脑缺血（医称“小中风”），昏死16个小时。医生说“24小时不醒就去了”，幸亏我命大，次晨醒了，病房又成了办公室。这时医嘱：“今后你不能再做具体工作了，只能当动动嘴的校长。”我想，世界上怎么会有只动嘴的校长，不干就下台。组织上还要我当校长，我只得从命。我照样研究，照样编教材，照样搞科研，而且事业越搞越大。在与疾病搏斗中我悟出了一个道理：“医生的话只能听一半。”我常常请医生收回对我的“判决书”，因为我有我的养生之道。2005年，我到武汉参加教育部基教司召开的教材主编会返回后，胆结石症发作，手术不顺利，引发消化道出血，输血达9000余毫升，是我全身血量的一倍。如果按正常输血规定，每个供血者一次只能输200毫升血，那么应有45人为我输血。在这次手术中，我的胆、十二指肠、胃（大部）被切去，还并发了极危险难愈的“肠外瘘”，手术长达十几个小时，住院108天。出院时医嘱休息一年，不得外出。事隔两个月，即2005年11月，在北京召开有20多个省市实验区教师参加的我主编教材的实验教学研讨会，出版社与我协商，要我到主席台亮一下相。我觉得应该顾全大局，毅然决定去京。虽只在主席台上坐了两小时，但有位专家说：“这两个小时所表现的精神可以影响几代语文教师，是不可以用时间来估量的。”我一直说，即使在生理上也许称不上“长寿者”，但我追求的是事业上的“长寿者”，因为人总还是要有点精神的嘛！

我的主要成就同时也是最高的成就，是在60岁到70岁这十年中取得的。有朋友多次劝我休息，回家含饴弄孙，我也曾十多次写退休报告，但组织挽留。我之所以留下，不是恋岗位，一方面是组织挽留，工作的确需要，另一方面我考虑到，60岁以前已有40多年读语文、教语文、编语文教材的长期积累，工作上又摆脱了一切行政事务，有精力和时间，更由于当时国内外课程改革正在兴起，我觉得60岁我又面临一个新机遇，因而我必须把未竟的事业坚持到底。我给自己“鼓气”，提出几个不老：“意志不老，心态不老，思维不老，事业不老”。于是，60岁以后，我又回到了零的起点。

我常常想：人在事业、生活中遇到挫折的时候，要用微弱的星星之火去点燃旺盛的生命之火，使之延续，要在微小的希望中去争取光明的前途。这样，人的有限生命就可以发挥出无限的创造力。只有“无我”，“我”的价值才是永存的。所以我说：我是事业上的“长寿者”。

五、这是我的一片土地

王栋生

王栋生，男，生于1950年，特级教师，任教于南京师范大学附属中学，享受国务院政府特殊津贴；江苏省中学语文教育专业委员会副理事长，苏教版课程标准初、高中语文教科书编委。主编了《新语文读本·写作》《高中文言读本》《现代诗文诵读》和《现代教师读本》（人文卷）等书，发表20余篇专业论文；笔名吴非，主要著作有《中国人的人生观》《不跪着教书》《前方是什么》《致青年教师》等。

我总觉得，我是个离不开土地的农夫，在春雨中蹲在田头，抓起一把泥土，用力捏住，让它从我的指缝中油油地挤出来；我播撒种子时很虔诚，因为每一粒种子都会成为一个世界；即使在烈日下，即使土地龟裂，我还是要把汗水洒在我的土地上，因为我有期待，也因为除此之外，我不知道自己离开这片土地还能做些什么。

对赞扬教师的种种美好的话语，我往往不是很能接受。一个人做他所热爱的事，也就谈不上什么“奉献”；我对自己的选择负责，也时刻享受自己的选择，仅此而已。回顾半生从教经历，我还是那三句话：我是个在教育教学中犯过很多错误的教师，我是个不断在工作中改正错误的教师，所以我是个合格的教师。我一直坚信教师是一种适合我的职业。对这一职业，我有自己的理解。

“热爱”是教师最重要的禀赋

在一个地大物博、历史悠久的国度，个人的力量何其微小！虽然人们喜欢说“经历了时代的考验”，其实往往不过是一只随波漂流的软木塞。“文革”十年把我的青春时代打了个对折，这也使此后的我无比珍惜讲台，珍惜每一节课，珍惜自由思想的机会。有过“失去”，才更懂得热爱。

1982年1月我大学毕业，已经32岁，除此前在农村插队时当过两年代课教师外，我几乎没有被人称过“青年教师”。我去南京师范大学附属中学报到那天，看到办公楼前的两排水杉，最大的一棵直径有20多厘米。现在，这两排水杉高大伟岸，最大的那棵已经得合抱了。这些年里，经历过什么困难，真懒得说。曾有过几次诱惑，能离开“这片土地”做其他工作，但没有形成波澜，更没留下什么遗憾。我没觉得这是“专业思想牢固”或是“忠诚于人民的教育事业”，我只是认为，语文教师是一种适合我的职业。

在以人为工作对象的职业中，教师最需要“热爱”的禀赋。我从没觉得自己是“献身教育事业”，我只不过是在做自己喜欢的事。当年我师大毕业时，许多政治上表现积极的同学不肯当教师，千方百计地走门路；一旦脱离，额手称庆。起先我大感意外，为这些热心从政的同学感到可惜：毕竟读了师范，为什么不愿当教师呢？那时教育已经开始走上正轨，正需要大批学历合格的教师。后来我理解了，教师待遇差未必是理由，重要的是这个职业不适合他，他也不宜做教师。一个人不爱自己的职业，勉强为之，必定误己害人。

因为对教育的爱，时常会对世风不理解。有一年评特级教师，一些申报者找关系通路子，我为此大惑不解：这是评荣誉称号啊，怎么会有这种事？评委许士熙老师说："我也曾获得过许多荣誉，现在，我是个退休的老太婆，那些称号对我没有什么意义。我唯一割舍不下的，只有对教育的一个'情'字……"这话一直留在我心里，让我感动。我由此想到，当教师首先要有正确的荣誉观。

前些时候，找学生谈话，了解近期语文复习情况。我对一位学生说："一个学期以来，你的语文学习好像没什么起色。"学生回答："老师，您可能不了解我。上高中以来，我对语文的感觉和以前大不一样了。读了这些书，听了您的课，我看世界的眼光变了：走在街市，我会注意别人了；我开始发现生活的美好了；我觉得心里变得明亮了……"他说话的神情十分认真，让我激动了多日。

我的课代表很爱读诗，他朗诵普希金时总是陶醉其间。有次家长会后，父母找他谈话，说考试成绩没能名列前茅，以后可能考不上某某大学。这位学生流着眼泪对父母说："这个世界有好多事要我们去做，人生有比分数更值得追求的东西……"在如今这个"只吃馒头不读诗"的应试狂潮中，教师有这样的学生，真的该知足了。教育的快乐哪里来？就在每天接触到的这些细节中来！

1987年秋，我带一个两年制的"南京大学少年预备班"。由于特殊的背景，这个班的管理与课程设置有独立性，学校并不干涉。这就让我能按照自己的构想实施教育教学。37名学生，来自6个省，大部分来自农村学校，学生体质差、见识少。于是，冬天早上天没亮，我就翻越大门进学校，到宿舍把学生喊起来，跟我一起跑步。第一学期的每个星期天，我都带学生去博物馆、美术馆，到处参观游玩，见世面；有经典影片，一定找来组织他们看；天冷了，看到学生没有棉衣，我替他们每人量好尺寸，到附近的军用被服厂去买。我还记得商店营业员看我一次买19套尺寸不一样的棉衣，还奇怪地打听："你买了去做什么？"有意义的是我在那两年的教育教学过程中留下了很多值得研究的个案。在学生二年级时，我出过一道作文题"我们是劳动者的儿女"，在同行看来，可能卑之无甚高论，但我们所缺的恰恰是那种劳动伦理教育。我对来自农村的家长的尊重，让学生有了自信。对这些来自所谓“底层”的学生，我告诉他们什么是真正的知识分子，为什么人的尊严重于一切。20多年过去了，按时下的标准，那个班的很多学生是所谓“杰出青年”和“成功人士”。近年，他们在回忆所受的教育时，都认为，高中时代是有生以来最值得回忆的。而我回忆那两年，并不觉得辛苦，就像农夫习惯了在土地上播种耕作一般，因为我爱这片土地。

教师应当是思想者

我考上大学时已经28岁，按现在的年龄算，博士也该毕业了。在大学读书，虽然没有白发老童生的悲苦，但和一帮比自己小10岁的同学在一起，多少有些不习惯。记得那时大家好像只想着“要把被‘四人帮’耽误的时间夺回来”，读起书来近于痴狂，而发表意见却很谨慎。

“知识分子”不应当满足于他人告知的知识或思想。特别是教育者，如果自身没有独立思考的意识，他的学生也就如同标准的罐子，只能接受机械地灌输。1978年秋天，我混在高校马列教师和省级机关干部中听胡福明的“内部报告”，胡福明当时是南京大学哲学系讲师，他执笔的《实践是检验真理的唯一标准》引发了全国性的讨论。他在报告中说到政治运动伤害了知识分子，说到“大跃进”是错误，说到应当替彭德怀平反，说到“文革”是灾难，说刘少奇根本不是叛徒、内奸、工贼……坐在我周围的几个高校政工干部在议论，骂他“胡说”，“早晚坐牢、枪毙”。20多年后我见到胡福明，说起当年那场内部报告，我们都为改革开放以来的巨变感慨不已。解放思想，要靠知识分子的自觉，任何行政措施，都不可能让知识分子真正地有自己的思想。当年胡福明独立思考、探寻真理的那种勇气，曾长时间地影响过我。

有时我很不解，一些教师不具备教育者应有的文化和文明素养，但自我感觉却非常好。上个世纪80年代，学校每星期都有固定“政治学习”活动，干部读文件、读报纸，然后大家讨论、表态，说点假话，或者干脆开“哑巴会”。我当时想过，那种20年不变的“学习”模式也是知识分子缺乏独立思考意识的原因之一。进入新世纪，管理方式发生了较大变化，又出现了新倾向。一些学校的讲坛基本由校长包场，成年累月宣讲，不厌其烦；有的学校甚至编印校长语录，到处张贴校长照片；一些教育行政部门的干部和校长，嘴里说一套，行动做一套，教育口号和教育行为严重背离……在这样的氛围下，教师独立思考的品质就显得特别重要了。

上世纪80年代的环境比较宽松，教学任务没有现在这样繁重，可以读一些书。当时学术界开始注意介绍世界先进的教育理念。我读了一些书，人才观逐渐变得明晰了。教师没有正确的人才观，就不可能实施有效的教育教学。多年前，我在一篇文章中写道："学校能培养会种水稻的农民和培养出水稻专家袁隆平一样有意义。"有人认为我的话有些"昏"，然而我至今不明白这种观点有什么错。如果让一个不懂种水稻的人来管农民，立刻能看到灾难；同样，如果我们让不懂教育的人来管教育，灾难则出现在明天。

2004年，南京一家报纸以所谓"高考之痛"为话题，引发了一场大范围讨论。我在《南方周末》撰文表明了自己的立场，痛陈应试教育弊端。那段时间我遭受的攻讦颇为猛烈，对方显示出"群众基础"，我则像是单枪匹马。但我坚持认为，课改和素质教育是改造中国教育的唯一道路，教育已经无路可退。几年过去了，究竟当初哪种判断是正确的，早已不言自明。当年的讨论大家好像不愿重提，倒是我时常重温旧事，如果大家都能明智一些，何至于有今天的困境？

作为面对现实的思想者，会是痛苦的，但这总不会辱没"知识分子"这个称号。

教师应当是创造者

有时我会想到，未来的教育史在描述我们今天的工作时，会用什么样的语言来批评，会作出什么样的结论？如果我们这一代教育工作者不愿对民族的未来负责，必将被未来的史学家钉在耻辱柱上。

基础教育阶段的教学，重在传授基本知识、基本方法，培养习惯，的确不需要很高深的理论。语文教学受社会意识形态的影响，教师在教学中的创造和发现是有限的。但这并不意味着中小学教师的工作只能是重复单调的。如果教师没有创造意识，没有创造的激情，学生从我们这里学到的只不过是死的知识，我们的工作将是普通工匠都能完成的无趣的活计。在中学教学，3年一个小循环，周而复始，这种简单的重复会使教学变得枯燥，教师就像生产线上的一台机器。一些教师的“厌教”情绪就是这样产生的。

教师为什么不想做一名创造者？

我每天都幻想能遇上一些有趣的事。在课上，我会这样对学生说：“让我们来看看窗外吧，天真蓝，树真绿。”冬天，我会对学生说：“让我们来说说春天的事，好吗？”每天都得有些期待，每次上课都想到能不能“再朝前跨一步”，期待有新的发现。如果没有创造的意识，教师职业有什么意思呢？我厌恶单调和简单重复，看到有些教师守着一本发黄的甚至已经破烂的教案，我就为他的学生抱屈，活的语文被他糟蹋了，人的大脑也被他炼成石头了。

我似乎是一个不太安分的人。1997年1月，学校高三备课组设计活动性课程。我们决定利用寒假让学生写一篇社科论文。当时的想法是：学生经过高中3年的写作学习，有了一定的基础；大部分学生开始关注社会、关注自然、关注自我，他们需要实践的机会；有没有真正意义上的研究成果并不重要，重要的是实践的过程；如果他们连这件事也不会做、不敢做，那么我们的教学就是失败的。这次重要的写作活动我们没向学校汇报，在全社会应试教学氛围下，那样做是要有点勇气的。“高三社会科学论文写作”得到了老师们的支持，家长也很理解。3个月后，全年级学生完成了写作计划。学生从中得到了什么？他们开始能关注一些大问题，他们学会了思考，学到了探究问题的方法，这种兴趣还延伸到其他学科的学习中……在这次实践活动结束时，时任校长在大会上诚恳地感谢语文组的创新工作，建议各科教师都向语文组学习。从此，社科论文写作成为南师附中高三的教学内容，延续至今。之后的两年，省内外几所名校附中，也搞高三社科论文写作，宣传力度很大。当时有同事说：“我们创新，一声不吭；这些学校怎么就不肯谦虚一些？”我说，这些不重要，重要的是我们能不能把一件事做下去。正确的东西能不能坚持，对创新者也是一种考验。11年过去了，我们每年在做这件事，虽然在应试压力下各项指标有所下降，困难变多了，但我们仍在努力探索。

2001年起，我参加苏教版初中语文教科书的编写工作，在继承与创新方面，主编洪宗礼契合到位，每每有独到之见。洪宗礼当时已60多岁，竟然还有那样强烈的创新意识，这对我的震动很大。我逐渐认识到，创新是教师的教育使命，也是教师的教育生命。作为老教师，要善于接受新事物，也要善于向所有的人学习。前年，我听一位青年教师上刘亮程的《今生今世的证据》，教学文本共20多个自然段，在指导学生研习时，她带领学生用“点评法”，只上了7段，就结束了。按传统教法，是要把课文讲完的。而她如此设计的依据是：这节课上，学生已初步学会了一种研习文本的方法，没有必要把全文讲完；再说，蜻蜓点水般地“从头至尾”，绝对不如有效地教三分之一，让学生“得其法”。这样的课既是继承，也有创新，教师要善于从这样的课中获得启发，拓宽教学思路，走出一条新路来。我在许多地方做教材培训时，不断地鼓励老师们不要跟在名师和教参后面亦步亦趋，要创造性地使用教科书，要建立自己的教学风格，争取教出一个“我”来。

永远做一名学习者

我一直觉得自己读书很少，而且越来越感到自己的孤陋与浅薄。这并非缺乏自信，作为一名教师，我的知识是欠缺的，我的认识常常是有局限的。近年我常感慨：教学多年，刚刚感觉找到一些路数，了解了一些规律，摸索出一些方法，也就是说，好像刚刚知道语文教学是怎么一回事，却快到了退休年龄。教学之路如探桃花源，只不过是个无底洞，诱惑你朝前走。

早些年，江苏省语文教学专业委员会推选我担任学术委员会主任，我不肯也不敢接受，以我的才识是不适合担任这个职务的。后来大家说，就叫“召集人”吧，我勉强接受了。我当时建议改一个字，把“学术委员会”改名为“学习委员会”，那样我就很乐意去做了。可是大家觉得有点标新立异，“学习委员会”，人大、政协才有，我们不能随便叫。这件事我一直感到遗憾。

学者，可不可以理解为“学习者”？未必不可以。作为一个学习者，不能不读书。只有多读书，我们才能始终像一个儿童那样，睁大了眼睛看世界，才能不断有所发现。

我读书一向很杂，并非见异思迁，而是感到语文教学需要有丰富的知识背景，不杂一点不行。大学期间，我读完《资治通鉴》，其中有一部分读了两遍，还读了100多部外国小说，特别是欧美小说；20世纪80年代中期，读苏俄文学，入了迷；现在书多了，读得更杂。我对很多学科的动态都感兴趣，对史学的兴趣更是历久不衰。教师能有一定的学术背景，是学者，那是上上；如力不能逮，做一个有兴趣的学习者，永远不停地学习，不失为中才；再往下便难听，不说了。教师只要肯读书，教学就未必是难事。有些老师总是埋怨工作忙，没有时间读书，对此我有不同看法。对真正想读书的人来说，永远会有时间的。教师能以理智的态度面对各种诱惑，把提高业务修养作为安身立命之本，这是一种态度；如果能热爱教学，乐在其间，那就上升为一种境界了。我周围有几位中青年教师读书很多，很多新书都是他们介绍给我的。他们经常述说阅读体会，我从中获得了许多有益的启示。这也可能是我能在临近退休的年龄还能保持读书兴趣的一个原因。

我最有价值的体会是：我知道自己是谁。我可能比别人更清楚自己能做些什么，不能做些什么。浮躁的气氛笼罩着教育界，一些原本没有能力从事这一工作的人却成了管理干部，而社会上的歪风邪气，也刮进了教育界。这些，也在干扰教师的专业发展。当此之际，相对于教学方法而言，有一个清醒的头脑显得更重要。

教学是一项有意思的工作，在教学生的同时，教师也获得进步。我在教学中学到的东西，大于我的付出；我所获得的远不只是知识，各种思维方法对我的启示，都帮助我在发展。我多次遇上这样的事：一些在我看来比较难的，一直没有勇气去接触的问题，我的学生能用最简练的方法和平易的语言为我讲解。学生有很强的解说能力，这使我对一些不熟悉的学科有了一个粗浅的了解。这种说明能力，是老师教给学生的，学生学以致用，再用这些方法来教我。

去年秋天，半个月内，我先后和张翼健、顾黄初两位前辈谈到教师读书，张翼健说："目前语文教育的主要问题是语文教师自己不读书。"顾黄初说："教师成了叫别人读书的人；他自己却不读书。"我对目前教师的学习状态感到担忧。时下社会的"证治"让不少教师盲目追求高学历，炫耀文凭而不肯老老实实地读书；有些"硕士""博士"的文凭甚至是通过钱权交易获得的。这些人非但没有学术追求，甚至不具备教学的基本常识；更糟糕的是他们对学术的公开亵渎，干扰了教师的学习情绪，诱使更多的人去走所谓的捷径。浮躁和不学无术的气氛笼罩着学校，贻误下一代。去年在某地调研，有位教研员说：“我们不想用新教材。过去我们编教辅资料，找几个老师做做就行了；现在换教材，我们还得把教材看一遍。”我听了很吃惊，作为一个地区的教研员，他竟然连教科书也不愿看一遍，那他平时是怎样“指导教学”的呢？在一次研讨会上，有位特级教师竟然不知道什么是“课程标准”，信口说了一通，闹出大笑话。当然，也有人对我的奇怪感到奇怪，因为很多教师除了高考，其他任何事都不关心，课改要改什么，“课程标准”是什么，他们不感兴趣。

和孩子们在一起

教师能够多读书，善于独立思考，勤于探索和实践，逐渐有自己的教学风格，这就很好了。但我认为教师还得是个写作者，特别是语文教师，应当把写作作为一种生活方式。我在这方面体会比较深。一个熟悉思考与写作过程、有独特体验的教师，他的写作教学会很有办法。近年我在反思自己的教育教学工作，也由此及彼地联想到中国教育的一系列问题，写了一些文章。这些文章的价值有限，但都来自我的思考，也是我的肺腑之言。在《不跪着教书》《前方是什么》两本书中，我从实践者的角度表达了自己的教育观，也写下了对当今教育的忧思。我的确不想给自己的教育生涯留下太多的遗憾，我很在意教育史家的直笔。每想到这些，我更不愿意隐瞒自己的观点。

人的一生能做成的事太少了，所以我珍惜每一天的工作，珍爱我的这一片土地。

六、学习，生命存在的方式

唐江澎

唐江澎，男，生于1963年，特级教师，现任江苏省锡山高级中学校长，无锡市惠山区政协副主席（兼）。曾荣获全国教育系统劳动模范、“人民教师”奖章等称号。江苏省“333”科技学术带头人培养对象，江南大学教育学院兼职导师，江苏省中小学教师高级职称评审委员会执行委员，教育部重点研究课题“校本课程开发”领题人。

主编17本书，参加编写大学、中学教材及中学教育类书籍45本，总计超过300万字；近年来，在各类刊物上发表论文50余篇，10多篇发表在核心期刊上。

女作家毕淑敏，在要她对生命中最宝贵的东西——水、阳光、空气、鲜花和笔——进行取舍时，她放弃了清丽绝伦的花朵，划掉了生命本源的清泉，甚至空气，甚至阳光，而保留下了手中的笔。因为，在作家的眼里，笔是她生命的真爱，意志的支点，犹如她的另一颗心脏，推动着她的四肢百骸的生活活动。

我深深地理解毕淑敏。其实，我们每个人都会以自己对生命的体验，来确立生命的支点，选择生命的方式，创造生命的意义。

自学，绿化心灵的荒原

仍不愿忆起1979年到1980年那一段时间，天始终是阴暗的。

1979年高考“状元”的光环，并没有给我带来辉煌的前程，病残的腿依旧迈不进大学的门槛。接下来，一次又一次招工、招干，除了使受挫的心灵历经更多的折磨，余下的就是一次比一次更为强烈的感受：社会并不需要我。还好衣食无虞，父母翼翅下还可安放自学的书桌。谁知祸不单行，在多雨的季节里，母亲猝然间中道夭折。我几乎全面崩溃，大病一场。谁说“少年不识愁滋味”，失学、失业、失恃之痛郁积成太多太多的愁思，又在愁思中过早体味了人生价值、生存方式这些语词的沉重与艰辛。

“天生我材必有用”的自信与“惟我不得出”的浩叹激荡着，发愤、抗争便有了十足的动力。可能处在一个文人辈出的地区，一“文”成名天下知的奇迹总能幻化成改变命运的梦想，写小说便成了必然的选择。有一日，一个慈眉善目的老太太走到了在树林中诵读《古文观止》的我的面前，了解了我的遭遇与梦想，与我认真地谈起了人生。她是著名的报告文学作家，来乡间采风，邂逅又分别之后，几封寄自京城朝内大街的热情鼓励的信中，分明指给了我一条实在的路：你必须找到职业，不然坐在家里写作是要饿死的。正常的就业岗位还不够正常人去拼争，我又能找到什么职业呢！亲友建议去学中医，正好有位颇具盛名的老中医意欲收徒，这样，汤头歌诀就背了起来。还未开始阴阳配伍，母亲的几位科班出身的医生同事就正告我，职业医师的资格是不可能靠自学来获得的，解剖学可以自学吗？病理学可以自学吗？你总不能当江湖郎中吧！

干什么呢？揽来刻写钢板的活计，以2角3分一张的薄酬来弥补生活的拮据，一天最多时刻过17张。那时也算很高的工钱了，可惜不能稳定地享有。没有活干时，只有看书。文艺作品是无法读的，人生的乐事反衬出我的哀伤，别人的哀境又更容易引发情感的共鸣。视线慢慢移到那些风平浪静的文字上面，两卷《辞海·语词分册》就成了终日交流的伙伴。字求其训，词索其源，反而有了无尽的兴趣。积习难改，直到现在，心有不宁时仍会翻阅辞书，找到一种面对沧海的感觉，使精神得到滋养，心绪得到调理。由此开始，游国恩的《中国文学史》，王力的《古代汉语》，也成了颐养与复壮生命活力的精神园田。整整一年多的时间，就这么几本书，一字一字地读，一页一页地啃，做摘录，记笔记。不去刻意追求什么，只是我的生命需要用学习来充实，心灵的荒原需要用知识来绿化。

苦读，获得富有教育价值的学习体验

在迭遭重创的时候，几位高考落榜的好友常来陪伴我，不经意间我当起了“小先生”，向他们介绍复习方法，帮他们归理知识体系，设疑问难，答疑解难。第二年高考不料五人齐中，有一个还继我之后再夺“状元”。同情弱者的心理与舆论的渲染，把几人的成功几番放大，又都归因于我的“神奇”，以致引起教育局长的关注：这样的人才能在家里教，为什么不能到学校里教？于是大笔一挥：“请把唐江澎安排到你们学校算了。月薪28元。”一张纸条改写了我的命运，我当起了民办教师并进入重点中学。至今感念这张纸条，一语“算了”，力排众议，一锤定音。

至今仍钦敬老校长用人的果敢，毕业班的语文老师病了，两位老校长无计可施，准备走一步险棋，叫我去顶岗。我退缩了，毕竟只有17岁，毕竟只有高中毕业那点底子。他们显然已经调查了我当辅导老师的情况，说“就是用教鞭也要把你赶上讲台”，并热情鼓励：“只要把你怎么学的告诉学生，让他们达到你的水平，你就成功了。”后来与几位专家朋友聊起这段经历，他们认为，这句话从某种意义上说，算得上经典的教育理论，它指出了教师的学习经验的教育价值。

第一次上讲台的场面，永远定格于我的记忆。面对起立致敬的学生，我惶惑的眼睛从他们的目光中读到了需要与信任，也读到了我的价值。学生的信任支撑起我倾斜的人生，我也要用知识去支撑起学生的未来。这瞬间的感受，后来发展为我获国际征文比赛一等奖作品的主题：师生关系，正如“人”字的结构，靠相互支撑构造出“人”的辉煌。当我以对人生价值、生存方式的剀切体验来诠释教师职业的意义时，我获得了从事这种职业所需要的刻骨铭心的挚爱。

那时，我的教育对象是与我同龄的复读生，我理解的教学就是“帮助学生考高分”，用的办法主要是强记多练。我的居室成了复习的大本营，师生摸爬滚打在一起，复习晚了，就挤在一张床上。我很快赢得了学生朋友的信任，也教出了足以改变我身份的考试成绩。但是，学识的浅薄日益在教学中显露出来，同行听课时指出的“硬伤”让人汗颜，听别人的课又惊讶于人家滔滔不绝的讲述，特别是自己的无知点一次次弥漫为学生们群体性的知识盲区时，我再也无法自满于可怜的考分了。

全面系统地学习大学课程，这时成了我最急切的任务。为了买到一台能接收到广播教学信号的收音机，我找遍了城里所有的商店。此后3年里，早起晚睡，收听王力、袁行霈等大家名师亲自讲授的电大中文课程。同事们看到我耳朵贴在机子上听、一边不停地记的样子，开玩笑说“这家伙大概是学特务专业的”。终于用几十本笔记和36次优秀的成绩，换来了一张实在的专科文凭。

有了工资，久积的购书欲望开始膨胀，由于把握不好量入为出的原则，财政状况常常危及衣食。有一回，在省城书院门的旧书摊上，看到了一套《十三经注疏》，急切的眼光泄露了迫切的心情，讨价还价便失去了优势，只好用归程的车资、饭费顶上去。就这样，购置了《中国大百科全书》《汉语大字典》等数千册图书，订阅10余种专业杂志，并整理出3种自用的教学资料索引，积累了2000多张教学资料卡片。

边学边教，边教边学，构成了我20多年的生命方式。曾自嘲，除了正规大学没上过，读过“五大”（电大、函大、夜大、刊大加上在职进修）。但正是这种以“自学”为主要方式的学习活动，丰富了我对于学习的体验，也进而构筑我的教学根基。在与同行、专家的交往中，人们对我教学中展现功底、点化学生的做法多予肯定。反观经历，就发现这些所谓的能力都与我的学习经历相关：要通过文、史、哲的自考，大量的繁复的内容需要记忆，赖此而成的是提炼概括、把握要点的阅读能力；要独立分析作品，交出50余篇诗、文、剧的鉴赏文章，又必须揣摩玩味、耽思涵咏，赖此而成的是含英咀华、发人未见的领悟能力与识见；写作各类文章而不辍，以至获取国际征文比赛一等奖，历练中培植的是语文教师起码的写作能力；上个世纪80年代中期，屡次参加演讲比赛，层层过关以至随省级演讲团巡回各地百场演说，锻炼中造就的是流畅的口语能力与机变从容的心理品质。我无意展示什么，只是想借此表明一个基本观点：教师自我的学习经验具有十分重要的教育价值。“学高为师”之说不仅是对知识拥有量的规定，更是对进修学业以至“学高”的途径与方法的崇尚。教师应是学习的先行者，欲做成功的教师，先应成为成功的学习者，起码应拥有丰富的学习体验。

研究，形成教师新的职业生活方式

常听名家教诲，不要把教师当做谋生的职业，而要当做事业。我实在分不出职业与事业的区别，心底倒是一直珍视这份得之不易并体现了自我价值的职业，进而常常思考：作为专业特性极强的教师职业，我们究竟应该拥有怎样的专业生活内容和职业生活方式？怎样做，教师的职业才能达到别的专业人员不可替代的境界？

对上述问题，在理论上寻解是相对容易的；而在实践中真正去做，就需要意识和毅力。要求自己学会研究，拥有通过反思来不断促使专业发展的意识与技术。

要提升语文教育的境界，我需要课程论、教学论、学习论、教育评价学等教育理论的支撑，需要目及国际教育改革潮流的视野，需要搭建起教育科研方法的平台。从教10余年后，桌上的读物变了类型，突破学科性书刊的范围，更多涉足专业性教育理论的领域。曾被我鄙薄为“你不说我还明白，你越说我越糊涂”的艰涩的理论专著，重又捧起硬着头皮来读，再多想想，这些术语、概念表述实际上是我们所熟知的哪一些情况，力图将其专业话语转译为我的经验话语。尤其令人高兴的是，当与学者、教授们交流时，我的鲜活的案例可以准确地注解他们的“概念”，新一层次的“对话”从而实现。

在参与了大量的研究活动后，我自觉跃升到新的境界。比如，领题研究校本课程开发，我领悟了课程的真义，知道课程是以适当的方式来安排学生学习机会的过程，国家要给学生学习后的效果定一个起码标准，但用什么材料、方式使学生达到此标准，是教师应拥有的权利。“课本不过是个例子”的名言，其实不过是常识性真理。又比如，参加教育部考试中心高考命题的研究，我不会再将一腔怨气倾泻到选择题上，题型是次要的，关键是看设问技术能否准确表达命题立意。还应庆幸有了与大师、专家、学者对话和交流的机会，钱梦龙、于漪老师听课点评，誉不溢美，批及痛处；崔允漷、王建军博士更是连续跟踪；录音摄影，晚来争吵，非得把你分析得入木三分不可。不必奢望专家们指点迷津，他们仅仅提供有关背景框架的坐标图，能回答该怎么走的还是自己。

开始想搞研究时，我也遭遇了“方法误区”，看着什么课题、假设、自变量、因变量、信度、效度等等一套又一套的规矩，实在头晕。后来，读科研方法类的书多了，知道了那种分割情境、偏重数据处理的研究方式，对我们实在是无用。慢慢学会了择起称手的工具，自如而有效地投入研究。比如，学会“讲故事”“写案例”“写教历”，就可以客观详尽地描写我们的教育故事，真实细密地叙述我们的实践行动，就可以“原原本本”地、“原汁原味”地呈现这些极具研究价值的资料和素材。事实上这也不是雕虫小技，而是提供一种自我观照的镜鉴、反思研究的依凭、经验共享的载体。渐渐地，借助于深刻领悟了的理论背景，反思大量积累的有关教学过程的事实性材料，进而做出理论选择，提出了“体悟教学”的策略方法体系，实现了奥斯特曼所说的由“具体经验”到“抽象的重新概括”这样一种升华。自身的实践优势开始转化为研究优势，具有教育意义的实践经验开始提升为具有理论价值的研究成果。

我深感，作为实践者的教师，拥有着专业理论研究者不曾具备的来自于经验累积的实践性知识，占有着不可替代的研究领域和得天独厚的研究条件，教师可以研究出的“名堂”恰是专业理论研究者无法完成的。我们不能拒斥研究，也不能将研究视为教学以外的职业补充，研究是教师自身专业活动的重要内容，是教师职业生活方式的基本形式。

学习，使我拥有了在职业生涯中立足与成长的精神乳泉，使我形成了从精神品位到为人风格、从知识修养到专业智慧的日臻完善、日渐强大的支持系统。但这可能不是一例个案，当“学习化社会”伴随着知识经济时代到来的时候，有谁能够拒斥学习这一生命存在的方式呢？

七、善心善行，润泽生命

翟小宁

翟小宁，男，生于1963年，特级教师，现任中国人民大学附属中学常务副校长，北京师范大学文学院教育硕士兼职导师，北京市优秀教师，曾获全国语文课堂教学比赛一等奖。潜心于生命教育、道德教育、创新教育的探索，致力于纯真善美、健康和谐心灵文化的研究。中央电视台文艺片《红楼情》点评专家，人教社高中语文教科书编委，主持或参与了十几项国家及省市级科研课题的研究。应邀到全国各地讲学或执教示范课多场，在《人民教育》《中国教育报》《教育研究》等报刊发表多篇文章。

教育是生命与生命的对话，教育赋予生命的应该是健康，是幸福，是温暖，是向上的力量。

教育是人与人心灵上最微妙的接触，教育应该在人的心灵中播种爱心，播种善美，播种智慧，播种光明。

教育是人类文明的薪火相传，连接着过去、现在和将来，教育应该用文化的火种点亮心灵，点亮希望，点亮未来。

——题　记

天高地厚父母恩

我有好多次梦见一片茂盛的松林。松林沿着山坡缓缓展开，宛如一幅优美的风景画。松林里点缀着火红的枫树，小鸟在树上清脆地鸣叫，一派生机盎然的景象。松林前面有一片田地，新苗沐浴着清风茁壮成长；这片田地有时会幻化成一汪湖水，水势旺盛，清波荡漾。松林对面，有一个静谧的庭院，庭院里种满了梧桐，氤氲出一片浓浓的绿意。透过居室的窗子，可以望见松林，夜深人静的时候，可以听见阵阵松涛声。

离庭院不远处，矗立着一棵千年古槐，根深深地扎在地下，不知有多深多远；树干高大苍劲，满是岁月的刻痕，不知经受了多少风风雨雨，却依然顽强而充满了生命力。

松林、古槐、静谧的庭院，似乎已融进了我心灵的深处，成为童年生活中最深刻的记忆。

就在这里，我度过了幸福的童年时光。母亲是教师，在我的记忆中，母亲总是那么辛苦而坚强，备课、批改作业、操持家务，整日不停地干，永远无怨无悔。作为母亲，她对孩子生活上关心、品行上严格要求；作为教师，她对学生充满了爱心。当我也做了教师之后，母亲对我说："当老师要爱学生，不爱学生当不了好老师。"从母亲那里，我感受到了教师的辛勤和无私，感受到了母爱的深厚和博大，学会了如何面对生活的压力而坚韧不拔。

当年我们一家人最惬意的时光莫过于周末父亲回家的时候。坐在院子的梧桐树下，听父亲漫谈，于我是一种享受。由此我了解了许多知识，懂得了许多做人的道理。我知道了屈原、李白、陶渊明，知道了

“凿壁借光”的故事。父亲在医院工作，懂医学，善书法，阅历广，为人端方厚道，喜欢读书思考。他经常挂在嘴边的话就是“种瓜得瓜，种豆得豆”“以诚待人，宽厚待人”“堂堂正正做人，踏踏实实工作，认认真真学习”。父亲的人格与学识对我产生了深远的影响，启迪了我对文化的兴趣。

父母很注重培养我们读书的兴趣。记得我从父亲手中接过第一本书的时候，真是如获至宝，爱不释手，从此便陆续有了更多的书。我先后阅读了《红岩》《青春之歌》《红楼梦》《第二次握手》《福尔摩斯探案集》《钢铁是怎样炼成的》《复活》《安娜·卡列尼娜》《童年》《在人间》《唐诗三百首》《唐诗选析》《宋词选注》等中外名籍。有的书我很喜欢，喜欢的就反复读。我对于中国古典诗词的兴趣就发源于小时候的大量诵读。我尤其喜欢《钢铁是怎样炼成的》这本书，没事的时候就总想翻翻，看了不知多少遍。像钢铁一样坚强的保尔·柯察金、穿着洁白长裙热情美丽的冬妮娅，都印在了我的心中。至今我都十分怀念那段自由自在、兴趣盎然的读书生活。我非常庆幸在幼小的童年生活中能有幸读了一点有益的书，这是在我最需要精神营养的时候，洒向心灵深处的甘霖。

我从故乡起航，驶向了广阔的生活海洋，但不管生命的航船驶向何方，我都一直保持着对文化、对学问的执著追求，一直没有放弃读书学习。从学士到硕士，从硕士到博士，刻苦用功，勤奋努力，始终保持着读书人的本色。我深深感到：学习是生命的源头活水，是生命的第一需要。

“真想再听您一堂课”

我踏上讲坛所教的第一篇课文是朱自清先生的《荷塘月色》。为了备好这一课，我几乎用了一个暑假的时间，整整写了一大本备课笔记。我反复阅读课文，总觉得文字后面有丰富的内涵和生动的美感需要去品味、去体会。我读了《朱自清传》，对朱自清先生有了形象的了解。随着阅读的不断深入，我感觉自己逐渐进入了朱自清先生的心灵世界和《荷塘月色》的艺术境界，文中的每一句话、每一个字，好像都有了情感、有了生命似的，在我的心中活了起来，一种月光般朦胧而纯净的情致萦绕于胸。我怀着一种激动的心情走进了教室。伴随着我动情的朗读，同学们也似乎进入了《荷塘月色》的情境之中。赏析课文的时候，我分明看到学生们眼中闪烁出欣喜的神采。第二堂课我一走进教室，教室里立刻爆发出了一阵热烈的掌声，同学们情不自禁地表达了对我的欢迎。这掌声是莫大的鼓励，特别是对于我这样一个刚刚踏上讲坛的年轻教师来说，显得更加珍贵，成为我上好课的一种动力。

我把全部精力都投入到了工作之中，白天与学生一起上课，晚上备课一直到深夜。所用的教材因反复翻阅，仅半个学期就像用了多年的书一样"陈旧"，许多篇目能在不知不觉中熟读成诵。有位学生曾对着我的课本感叹说："老师真是在'吃书'啊！"为了准备一堂课，我不知要付出多少时间和精力；为了研究课文而大量阅读，为了课堂设计而冥思苦想；课堂上的每一段话、每一个提问、每一个情境，我都会反复斟酌、精益求精……对灯苦熬，我无怨无悔，人生的价值就在于吃苦，在于奉献，其中意蕴无穷！

爱是教育的灵魂。教师的成长源于对学生、对教育的热爱。因为热爱，所以充满激情，用生命拥抱事业，热情地迎接每一天的到来；因为热爱，所以乐于奉献，静下心来教书，潜下心来育人；因为热爱，所以富于创造，每一天都是新的，每一节课都有新意。从市级十佳语文教师第一名，到省十佳语文教师，再到全国语文教师课堂教学比赛第一名，我的课受到了学生的欢迎。一位学生为我刻了一枚印章，上为"博观约取，厚积薄发"8个字；还有一位学生升入大学后来信说："难忘那荷塘的月色，难忘那梅雨潭的绿，真想再听您一堂课！"

教师的心应该是慈悲的

教育是以生命影响生命的事业。教师首先应该把自己的生命塑造好，把自己的心灵修炼好。修身齐家治国平天下，一切皆以修身为本。修身必先修心，教师除了要提高教育教学能力之外，还要提升心灵的境界。教师之修心，尤其应该修养仁爱之心、宽容之心、真诚之心、平等之心。仁者，爱人；宽者，容人；真者，感人；平者，得人。

丁晓是我20年前教过的学生，后来她写了一篇文章，回忆了高中生活的一些往事：

随着岁月的推移，淡忘了很多往事，但是翟老师的品格却一直伴随着我成长……记忆中的翟老师，温和的目光，从容的讲课。翟老师的语文教学，从不拘囿，也从不泥古。他的写作风格朴素简约，在平淡的叙述中饱含深意，让人情不自禁地想到一个词：文如其人。作文课上，我由于在写作上受益于他的教导而进步很快，我的作文自然常常成为他给全班举例讲解的范文，他还对我文学手法的巧妙运用赞赏有加，在作文的批阅上，更可以看出翟老师教学的一丝不苟与敬业以及对学生无微不至的关怀。

记得高二的时候哥哥因病去世了，我们全家都笼罩在万分的悲痛之中，我当时正处在躁动的青春期，心里的痛苦不愿意去直接向别人诉说，只是把那种刻骨的疼痛宣泄在作文和周记中……翟老师看到我的文章后，认真细致地写上他的批语，有谆谆的教诲，有耐心的劝说，有无微不至的关心……

老师的话语渐渐使我明白了很多的道理，逝去的已经不在，而活着的人们还要继续奋斗，年迈的父母需要我赡养，未完成的学业需要我潜心攻读，我慢慢地恢复了平静，开始以一种积极的人生态度去对待未来的生活。虽然时间已经过去了将近20年，但是当时老师的一言一语我都铭刻在心，都心存感激。

高中3年的语文课，我们愉快地沐浴在他的和风细雨里。翟老师也从来不以成绩取人，经常和成绩差的学生谈心，交朋友，像师长又像兄弟，上课经常提问他们问题，下课经常关心他们的作业和生活，使这些同学强烈地感受到自己是不会被老师和社会遗忘和抛弃的。这一点是翟老师做人原则中非常重要的一点，也是我一直最敬重他的一点。

有时偶尔同学聚会听到一些翟老师的消息：翟老师继续着他平静如水的生活，家庭幸福，潜心读书，笔耕不辍。我想，一个知识分子，最好的生活方式，莫过于像他那样埋头学问，仁厚谦和，淡泊名利，与世无争。

一个人的一生会遇到许多位老师，但真正能影响他一生、改变他命运的老师却不多。我是幸运的，是翟老师用他那高尚的人格修养、用他那无私的师爱，改变了我的性格，改变了我生命之舟的航向。在人人忙于追名逐利的今天，我能独守一份心灵的净土，怀有一颗淡泊宁静的心，坦然地面对我周围的世界，无不受到翟老师的影响。

教师的人生应该是道德化的，他应该在道德化的人生中，升华自己的精神境界，也升华学生的精神追求。教师至为宝贵的品质是善良，教师的心应该是慈悲的。教师没有了善良，教育就没有了道德；教师没有了慈悲，教育就没有了和谐。

以感恩的心感受做教师的幸福

教师要由从业而敬业，由敬业而乐业，要将自己的幸福与学生的幸福紧密相连，将自己的成功与学生的成功有机结合，在与学生的交流中体会一种发自内心的快乐，以感恩的心感受做教师的幸福。

2008年春天，我收到了一份特别珍贵的礼物——一本写满全班同学感言的感言簿，还有一张学生为我画的肖像。

——翟老师：当我得知我的语文老师是您时，我的确感受到一种真实的兴奋和激动……我确确实实感受到您的魅力。您的语文课充满了活力与知识，我不仅学到了书本上的知识，还学到了许多课本不能教给我们的“知识”，做人的道理、态度、方法……我度过了十分有意义的一年。

——亲爱的翟老师：此时此刻，我已不知如何向您表达自己心中的感受！那一天，我一边回答着您的问题，一边泪水就不知不觉地流了下来。泪眼朦胧中，我却清晰地听到您对我说的三个字——“你真棒！”虽然只是简短的三个字，却给了我莫大的鼓励。也许您已经忘记了这一幕，但我却记忆犹新。至今，我对您说的这三个字仍然充满着感激：感谢您给我的这份甘露般的鼓励，将我带入了这座学习的殿堂……听您的课，对我是一种启发，更是一种享受。

——翟校，有一件事我必须告诉您，我一直觉得您特别神奇……您只要一站在讲台上，就可以集中所有人的注意力；当您开始读课文的时候，所有人都会立刻安静；就算没有那么多硬性作业，但只要一想到是您的课，我们就会好好学；您哪怕从来不讲那些所谓的技巧，但凭借您给的知识和教的读书方法，我们就可以在考试中取得很好的成绩……最让我感动的是您对语文的热爱。我想，作为您的学生，我学到最多的还是这种热爱。如果有一天我也可以对一项事物有这样的热爱，也许就是再好不过的事情！

读着同学们饱含深情的话语，我心里非常感动，非常幸福！似乎有很多的话要说，却又不知从何说起。我爱学生，我爱祖国的语言文字，我爱在三尺讲坛耕耘的感觉！

“我开始发现生活的美丽”

赵照是一位很优秀的学生，纯真善良，聪明灵秀，语文课上总是微笑着，温和而安静。

翟老师：我上您的课时间不长，可是在语文这个学科上，您是对我改变最大的老师。您给我的启示就是：学语文不是为了争分数，而是为了提高文学素养。

我想，假如我没有遇见您，我将仍然只为了考试这一唯一目标奋斗，荒废我黄金般的高中生活，多年之后，我的头脑中将会什么都不剩。而您，教给了我学习的精华，那就是自主探索与发现的精神，这是怎么也忘不掉的。这种精神，会让我一生受益……在以前，只为考试而活的学习之路上，我每天的心情完全由分数与排名决定。考得好，世界就灿烂；考不好，世界就灰暗。是您告诉了我，即使作为学生，生活也不能被考试占据。从此，我开始发现生活的美丽，以一个幼童的期待的目光发现美丽。

我每天放学经过学校那个球形的天文台，会觉得它就像美丽的眼睛，每天在黄昏的落日下，目送我回家，并默默地祝福我。学校南门外的那条小路，我每天经过，却从未发现那些铺在墙上的美丽的爬山虎，它们好像一夜之间生长出来似的，好奇地看着我们，我们也好奇地看它们。

每天1个小时的车程，我在嘈杂的喇叭声中度过，毫无新鲜感。因为同样的路我已走了5年。但您给我的启示，使我发现路边的树、迎春花、小灌木、来往的人，每天都不一样。我经常用相机记录他们的变化与一如既往的美丽。

回到家，妈妈蒸了白白的豆包整齐地放在盘子里，它们就像一群听话的小孩，安静而乖巧地坐在一起，把小脑袋凑在一块儿说悄悄话……我在这个世界上生活了这么多年，是您的指引才使我发现生活对我们如此慷慨，我们却只把那些当做理所当然的事。生活本应该是丰富多彩、充满阳光的！

我就这样享受着焕然一新的生活，这全得益于您智慧的授课……

教育是人与人心灵上最微妙的相互接触。美国心理学博士吉诺特说："在学校当了若干年教师后，我得出了一个令人惶恐的结论：教育的成功与失败，'我'是决定性的因素。'我'个人采用的方式和每天的情绪是造成学习气氛和情境的主因。身为教师，我具有极大的力量，能够让孩子们活得愉快或悲惨，我可以是创造痛苦的工具，也可能是启发灵感的媒介；我能使学生丢脸，也能使他们开心；能伤人，也能救人。无论在任何情况下，一场危机之恶化或解除，儿童之是否受到感化，全部决定在我。"

教师应该给学生以慧眼，引导学生发现生活的美丽；教师应该给学生以信心，让学生生活中永远有希望；教师应该给学生以欣赏，让学生感受到生命的珍贵；教师应该给学生以温暖，让学生的心灵充满阳光。

教育的原点是育人。育人应该舒展生命，培植德行。使生命舒展、道德提升、人生幸福的教育才是有道德的教育。作为教师，应该以舒展学生的生命、提升学生的道德、塑造幸福人生作为教育的理想和追求。

2007年9月30日的语文课上，我跟学生一起学习《奥斯威辛没有新闻》，事先我让学生收集有关奥斯威辛大屠杀的历史照片，并做成影片。当一幅幅伤心惨目的照片在悲怆的音乐声中一一闪现的时候，教室里一片沉静，师生都沉浸在悲痛的情绪中。通过这节课，同学们对于奥斯威辛那场灭绝人性的屠杀有了深深的痛恨，对于人性有了更深的理解，心灵上受到了一种强烈的震撼。

上完课，我怀着凝重的心情回到办公室。李宇杉同学来了，也一脸的凝重，他说："老师，这堂课使我感触很深。有一点我不明白，我是喜欢音乐的，都说音乐对于人的心灵有熏陶作用，但我却在一本书中看到，当年大屠杀的时候，一些纳粹士兵一边欣赏着音乐，一边却在杀害犹太人，丝毫没有良心的不安。"我说："我也喜欢音乐，音乐确实对人的心灵有陶冶作用，但我认为最重要的还是人的信仰，一个信仰真善美的人，具有深厚的同情心，珍惜生命，热爱生命，他的心灵是善良仁慈的。"

几天后，我收到了李宇杉同学的一封信：

翟老师：您平时很忙。或许用笔长谈会是同您交流的最好方式。在此，我愿以一个无名学生的身份来向他的老师表达感激之情——尽管这种感情无法用语言表达。

第一次听您的课是在入学教育时。令我耳目一新的是，您并没有讲在高中如何适应紧张的学习与激烈的竞争，而是谈到了一个人最根本和最重要的部分——道德观。

您提出的两个问题经常回荡在我的脑海里：“我究竟要做什么样的人？如何成为这样的人？”记得听完您的第一课，我想到了爱因斯坦的一句名言：“学校的首要任务是培养出一个真正意义上的‘人’。”

当听到语文课的任课老师是您时，心头首先涌上的是激动和好奇……

令我感动的老师很多，但在您的课堂上，我想用一个比感动更崇高的词——幸福。当海伦·凯勒用手触摸到中国的福字时，她哭了：“那是一个人在用嘴亲吻他挚爱的土地啊，这是多么动人心魄的爱！”只有在您的课堂上我才真正感到幸福——事实上，您的语文课传达给我们的不仅仅是知识，还有爱和善……

教育应该使人向善，应该在学生心灵中植入真善美的种子。一位纳粹集中营的幸存者，后来当上了美国一所中学的校长，每当有新教师来到学校，他就会交给那位教师一封信，信中说：“亲爱的老师，我是一名纳粹集中营的幸存者，我亲眼看到了人类不应当见到的情景：毒气室由学有专长的工程师建造，儿童被学识渊博的医生毒死，幼儿被训练有素的护士杀害，妇女和婴儿被受到高中或大学教育的士兵枪杀。看到这一切，我疑惑了，教育究竟是为了什么？我的请求是：请你帮助学生成长为具有人性的人。你们的努力绝不应当被用于创造学识渊博的怪物，多才多艺的变态狂，受过高等教育的屠夫。只有在使我们的孩子具有人性的情况下，读写算的能力才有其价值。”

在课堂上

我们为什么做教师？第

一，为了促进学生的健康与发展，实现学生的人生价值，提升学生的精神境界，使学生变得更好，更有智慧，更加幸福；第二，与此同时，也要实现自己的人生价值，提升自己的精神境界，使自己变得更好，更有智慧，更加幸福；第三，通过对学生的教育，使学生对社会产生良性的影响，从而为人类的进步、世界的和谐尽一点绵薄之力。简言之，即自立而立人，自育而育人。立人必先立德，育人必先育心。教育是心灵与心灵的交流，教师是靠心灵而高尚的。

八、诗意地生活在教书育人中

赵谦翔

赵谦翔，男，生于1948年，特级教师，曾任清华大学附中语文教师，海淀区学科带头人，中国教育学会语文教学专业委员会理事。首都师范大学兼职教育硕士导师，东北师范大学中文系兼职教授，吉林省教育学院国家级骨干教师培训班客座教授。

曾荣获“全国模范教师”“全国十杰中小学中青年教师”称号及香港柏宁顿教育基金会孺子牛金球奖，享受国务院政府特殊津贴。1996年至1999年，在吉林毓文中学成功实施了“九五”国家重点课题“语文教育与人的发展”的实验，荣获吉林省基础教育成果特等奖，发表文章百余篇，主要著作有《绿色语文案例集锦》《绿色作文实例实说》《赵谦翔与绿色语文》等。

名言警句

语文教学之我悟

语文兼两性，统一不可分；利器天天用，人文日日新；

人生养诗意，母语恩最深；良马添双翼，腾飞万里云。

“教”之我省

自古大师皆务本，从来腐儒事急功。

养根俟实铸大器，投机取巧雕小虫。

“人”之我悟

一撇一捺互支撑，一灵一肉两相成。

一情一理为双翼，一言一行赖悟功。

“悟”之我见

“悟”由“心”与“吾”构成，“心之官则思”：故从左往右看，乃“思之吾”，即思想的我；从右往左看，乃“吾之思”，即我的思想。所谓悟性，就是个性的思想，思想的个性。

感悟清华与弟子共勉

清华有校训，任公寓意深。自强生存本，不息创业根。

德厚方载物，厚德赖修身。人生有境界，有为乃至尊。

八言铭座右，时时动我心。心动即行动，历练须及春。

在中学读书的时候，我从未想过将来当老师。可一旦当上老师，我就一下子爱上了这个职业，爱得如痴如醉，无怨无悔——只因为我诗意地生活在教书育人中。

我属于“生在红旗下，长在新社会”的一代，从小就有一颗向阳爱党的红心。在党的培养下，我加入共青团，当过“三好学生”“学习雷锋积极分子”，立志像苏联革命英雄奥斯特洛夫斯基那样，“把自己的全部力量和整个生命都献给最壮丽的为人类解放而斗争的事业”。正当我在吉林铁路中学读高中二年级的时候，一场突如其来的“文化大革命”改变了我的命运。父亲与我在同一所学校任语文教师，出身地主又是业务尖子，自然就被打成“黑帮”，而我也自然成为学生中的“批斗对象”。然而，党的教育已经深入骨髓，即使身陷逆境，依然红心常葆。

偷学俄语，幸运从教

1968年，我插队到吉林省永吉县土城子公社五家子二队，“接受贫下中农再教育”。尽管我属于“黑五类狗崽子”，从未当过“红卫兵”，但别人说我是“不革命”的，我始终心里不服气，但在那个“黑云压城城欲摧”的年代，我能对谁诉说？又有谁会听我诉说？那时，唯一能够抚慰我心灵的只有学习：在学习《毛泽东选集》和马恩列斯著作外，我还有一个朝夕相处的文学伴侣——《红楼梦》（这是当时唯一没遭批判的古典文学名著），还有一个实在舍不得放弃的珍宝——学习了整整5年的俄语。在当时那种学习无用、知识反动、“大革文化命”的极“左”氛围中，我一个“黑五类”竟敢学习俄语，是随时可能遭诬陷受批判的。但马克思的一段教导为我壮了胆：“不学无术，在任何时候，对任何人，都是没有益处的。”尽管如此，我还是不敢明目张胆地学习俄文教科书，于是就想出一个自我保护的障眼法：把俄文版的《毛主席语录》当作教材。早起晚睡抽时间，田间地头挤时间，得空就拿出来诵读，有时还给贫下中农翻译两段听听。于是，十里八村很快就传开了：“二队集体户有个知识青年，俄语说得呱呱的！”

1971年春，随着“复课闹革命”的深入，公社中学也要开设俄语课，急需师资。别的“知青”都在时刻准备返城，谁也不屑于在农村当民办教师，而我当时已经与一个唯一敢于爱我的“知青”结了婚。这样，我便凭借擅长俄语敲开了机遇的大门，幸运地走上了教书育人的岗位。

“教育贫下中农子女”的大权竟然交给了我！这对我是多大的重用啊！仿佛压抑已久的岩浆终于突破了火山口，我的“革命激情”终于有了爆发的机会。每天早晨上班，踽踽独行在5里多远的乡间土路上，我抓紧诵读朝文，学唱朝文歌曲，以便更好地与班内那三分之一朝族弟子沟通语言，联络感情；每天中午，趁其他老师在食堂吃饭，我就把自己关在教员室内用疯狂朗读俄语来麻醉辘辘饥肠，因为我不得不把有限的口粮省下来，留给正带吃奶孩子的妻子；课余时间，我就对班内学生挨家挨户作家访，徒步往返十几里，常常披星戴月而归……没有人要求我这样拼命，只是我心里总有一个声音在告诫自己：“我要把12年来党教给我的知识，全部奉献给贫下中农子女。”——这是当初填写民办教师录用表时，为了表达自己的忠心，我在栏目外附加的一句誓言。

短短一学期，我便赢得了学生们的真诚爱戴。极佳的口碑又带给我一个新的机遇：我和妻子一起被推荐到县里的“五七师范”进修。我们夫妻双双，带着不满1周岁的女儿，在松花江边的乌拉古城培训了8个月，便从民办教师转为公办教师。但从此也就不再享受“知青”的待遇，在农村一干就是20年。

1978年，“阶级斗争”寿终正寝，“改革开放”春满神州。已届“而立”之年却一无所立的我，百感交集地写下一首《自勉》诗：

华发已生少年头，所幸而立得自由。
晴空高远凭举翼，沧海辽阔任争流。
昔日无由逞力气，今朝有地复何求？
此生尚余三十载，不教寸阴付东流！

从此，我的人生便开启了“激情燃烧的岁月”。

安贫乐道，夺回青春

1980年金秋时节，我被选调到永吉县第五中学教语文。让一个仅仅读过2年高中的“早产”毕业生到一所省级重点中学教高中，这对我来说，无疑又是一个莫大的荣幸。我除了好好工作，再无任何奢求。记得学校分给我的一间半住房，与“马舍”为邻，是一间地地道道的陋室。且不说刺鼻的马粪马尿味儿整天整夜地熏人，也不说屋顶纸棚里的耗子一到夜里就上下乱蹿没完没了地开“运动会”，更不必说做饭就满屋子黑烟呛得人咳嗽流泪，单说那窄窄的火炕就刚好能紧绷绷地挤下四口人，一个人起夜，全家都被搅醒；室内阴暗，白天也得开着电灯；屋地狭小，容不下一张书桌……记得有一年，远在上海、南昌、太原等大城市生活的姐姐兄弟们结伴来县城看望我。一个小孩儿为他们指路：“你们就跟着前面的那匹马走吧！”一句话说得他们流下泪来。可那时的我并没有为自己的清贫流过泪，相反，我却常常为在读书中邂逅知音而快慰。孔子曰：“贤哉回也！一箪食，一瓢饮，在陋巷，人不堪其忧，回也不改其乐。贤哉回也！”宋濂曰：“此中有足乐者，不知口体之奉之不若人也。”物质生活的清贫并没有让我郁郁寡欢，恰恰是知识的贫乏让我耿耿于怀。要教给学生“一碗水”，教师就得有“一桶水”。可是我的手里，却只有可怜巴巴的“两碗水”。

时不我待，只争朝夕！我开始贪婪地“恶补”知识。1983年读大专函授，1985年又读本科。我不止要拿到文凭，更要提高水平！但是呆在“地仅容膝，在昼犹昏”的陋室中无法学习，我便把家门前“两山夹水，沿水有路，景色绝佳”的去处当做我的天然书房。春、夏、秋三季的清晨与薄暮，“举手为案，漫步当椅”，忘情地享受着“俄语温故知新，《离骚》背诵如流”的自学之乐。至于节假日，除去为学生补课就是自学函授教材，分分秒秒不忍虚掷。此有1984年2月4日所作《春节乐》一诗为证：

妻子回家过节，丈夫孑立茕茕。既无电视可赏，也无广播可听。
饮食唯求果腹，一饭一菜满行。莫谓清冷寂寞，岂无热闹欢腾？
案头炕上书满，读读写写不停。古今中外读罢，除夕夜已三更。
爆竹声声惊起，习作一篇又成。滴水文集数册，练笔十万有零。
胸中蓄水万斛，会当高屋建瓴。

1988年，我终于从东北师范大学毕业，并获得文学学士学位。用整整20年“夺回了被‘四人帮’耽误的青春”。

挡住诱惑，咬定青山

1981年，春暖花开时节，永吉县吉剧团传来一个消息：让我去剧团任编剧。这是我积久的夙愿。早在下乡之初的“毛泽东思想宣传队”中，我既当演员又参与编剧，曾经在全县汇演中崭露头角。后来，县文化局从优秀编演人员中挑选专业编剧，我只因“出身不好”被刷了下来。如今，峰回路转，机遇重来，我的心里着实有些痒痒了……当我“弃教从文”的想法刚一流露，就有一位学生来到我家，真诚地挽留我说：“老师，您还年轻，有的是机会。可我们这一生遇到您这么好的老师，却只有一次……”只这一句烫心热肺的话，便打消了我改行的念头。

1985年5月，我终于实现了中学时代的政治理想，成了一名光荣的共产党员。很快，我被提升为教导处副主任；不久，又有确切消息说我已通过县教育局长“第三梯队”的政审。一天，在晚饭桌上，正在读高中的女儿突然恳求我：“爸，你教语文那么好，为什么不教我呀？”我真的没想到，原来连我的女儿也这么喜欢我教语文！那天夜里，我再三权衡了自身的优劣与改行的利弊：走仕途，我至多只能当一个不疼不痒的庸官；教语文，我完全可能成为一名深受学生爱戴的好教师！第二天我便找到校长，毅然辞去教导主任一职，重新回到讲台，继续教我的语文，当我的班主任。我平白无故放弃了令人垂涎的“肥缺”，这无论如何都是令人难以理解的。出于对我“政治生命”的关心，学校党支部破例作出一项特别决议：郑重声明免去主任一职完全出于我个人的自愿。在全校教职工大会上公布后，又特别形成书面材料存档，以防将来万一有人对我从教导主任职务上莫名其妙“下岗”提出异议，误以为我犯了严重错误。事后，常有人问我：“大小是个头儿，强似蹲岗楼。你怎么就不爱当官呢？”我告诉他们：“因为我喜欢教语文。”然而，他们还是百思不得其解。

当然，我也曾为轻闲富裕的生活动过心。记得刚刚调回家乡吉林市时，每逢看到松花江畔，杨柳树下，红男绿女，沐朝晖，伴音乐，打太极拳，跳交谊舞……也曾艳羡地想“这才是人过的日子！”可是当我真的投身这“潇洒”行列时，却又禁不住一次次扪心自问：“你刚刚40岁就开始保命了？！”没过几天，我便悄悄地从“潇洒”中撤出来，继续坚守我那默默无闻却津津有味的心灵耕耘。

不过，那时我家的物质生活也实在太寒酸了。都80年代末了，却连一台黑白电视也没有。这时有人来请我为校外高考补习班讲课，虽说1节课不过10块钱，但对我来说也是很可观的补助。我一下子就兼任了3个班的课，一年下来便赚到2000多元，买了一台名牌大彩电。但学生一上高三，我就自动洗手不干了——我必须朝朝暮暮陪伴弟子们去迎接“挤桥大战”的考验。

这时，又一个改行机遇突如其来。在某大公司当总经理的哥哥，目睹我两袖清风、家徒四壁，着实为我着急：“你当教师‘有瘾’，这我知道。可20来年，这‘瘾’也过得差不多了。如今你要房没房，要钱没钱，也该自己解放自己了吧？”他建议我到俄罗斯给劳务出口的民工当翻译，说一年就可成“万元户”，两年就可以达“小康”。这一次我可是真动了心。高考后放暑假，我便把刚刚冷落不久的俄语又捡了起来，开始争分夺秒突击口语，时刻准备出国当翻译挣大钱。然而，我的心里并不宁静。我常常一边读着俄语，一边扪心自问：“如果有了钱，固然可以吃香的、喝辣的、穿好的，可一旦离开课堂，离开学生，我的精神空虚该怎么办呢？”

一边是默默从教固守清贫，一边是改作翻译名利双收：孰优孰劣？何去何从？常常想得我心烦意乱，直冒虚汗。毕竟我在教育这块沃土上耕耘了快满20年了……我不禁想起自己给学生讲过的一道高考作文题《挖井》：漫画中的人，这里挖一口井没出水，那里挖一口也没出水，累得筋疲力尽，却一眼井也没挖成。我如果中途改行，与那个半途而废的挖井人有何不同？不久，哥哥来电话催我要办理出国手续了，我终于对着话筒作出了最后的抉择：我还是当我的语文老师吧！

出名的诱惑挡住了，当官的诱惑挡住了，发财的诱惑也挡住了。从此，我对教书育人便铁了心：

咬定青山不放松，扎根原在破岩中。
千磨万击还坚劲，任尔东西南北风。

1990年，就在我拒绝出国后没几天，我在吉林毓文中学所带的第一届毕业班高考“战果辉煌”，继而班主任工作经验《倾注深沉的爱，感化学生的心》又在全市中小学德育工作会议上“一炮打响”。于是顶顶桂冠接踵而来：吉林市优秀教师、优秀班主任标兵、特等劳动模范、吉林省拔尖人才、吉林省劳动模范、全国优秀教师、香港柏宁顿教育基金会孺子牛金球奖……一夜之间我变成了“荣誉暴发户”。

1991年，建党70周年大庆，我作为吉林省优秀共产党员、吉林市优秀共产党员标兵，参加了优秀党员模范事迹巡回报告团。“名盛实难副，居高身自危”，我在报告中赋诗抒怀：

既然高山把小草举上蓝天，小草又何必自卑？
既然大潮把小船推向海洋，小船又何必后退？
且把教书的呐喊当做欢歌，把育人的耕耘当做舞会，把科研的探索当做旅游，把奋斗的甘苦当做咖啡……

当车头就应当多拉快跑，作师表就应当出类拔萃。

倾满腔热血，把黑板变成沃土；献毕生忠诚，让粉笔化作芳菲。

流水匆匆，一去不回；步履频频，疾走紧追。

求真务实，让荣誉根扎大地；领异标新，让事业枝繁叶翠。

任英年的韶华在苦斗中升华，让晚年的自我在回味中陶醉！

——这意外光临的荣誉仿佛火上浇油，使教书育人的激情越燃越旺。

反省灰色，憧憬绿色

90年代初，素质教育大旗高举。教育改革的声浪敦促我学习新理论，更新旧观念。我从刊物上读到著名语文教育家刘国正先生讲的一则笑话：

有医者，自称其善外科。一裨将阵回，中流矢，深入膜内，延使治。乃持并州剪剪去矢管，跪而请谢。裨将曰："镞在膜内者，须亟治。"医曰："此内科事，不意并责我。"

一笑点醒梦中人：当一个语文教师只管教给学生字词句章语修逻文却不关注他们的精神素养时，他与那个治标不治本的外科庸医又有何区别？

反思自己十多年的语文教学历程，原来大多在灰色泥淖中蹒跚。"教死书"：只教语文之"毛"，不教语文之"皮"；"死教书"："满堂灌"，"题海战术"；"教书死"：自己变成"教书匠"，学生变成"解题机"。死死板板，死气沉沉，毫无灵气，了无生机。本以为起早贪黑地陪读，口若悬河地灌输，牺牲节假日的奉献，就是"忠诚党的教育事业"，如今看来竟然是：舍本逐末！缘木求鱼！南辕北辙！

还有一件小事给了我很大刺激。教师节之际，有位弟子送我一本余秋雨的《文化苦旅》。扉页上的赠言写道："献给也如我一样爱书的先生"。这令我羞愧难当无地自容，因为当时的我只闻秋雨其名，未读秋雨之文；只知教科书是语文，不知道课外也有语文。时光荏苒，我已从青年步入中年，将至老年，可我教的学生们却永远处于“花季”“雨季”“诗季”，如此孤陋寡闻，如何化解师生的“代沟”，如何引领学子的进步？1993年，我被破格评为特级教师。在我看来，“特级”就应该有“特色”。于是，我便暗暗发誓：再也不能那样活！

1993年至1996年，我自发地尝试“扩展式语文教学”改革。所谓“扩展式”，就是把全国语文统编教材中那些包含极“左”思潮的文章删掉，补充进具有时代气息的新鲜时文。当时大多数语文教师还在将全国统编教材奉为金科玉律，以为“佛爷眼珠——动不得”，而我这一“扩展”不啻“胆大妄为”的越轨之举。而更加胆大妄为的是：我把唐诗宋词鉴赏辞典作为语文补充教材，不但让学生们研读专家鉴赏，走进诗歌境界，而且让他们尝试创作旧体诗——而当时的全国高考试卷中还没有增加古典诗歌鉴赏题，于是自然招来种种指责：“不务正业”、“标新立异”、“追名逐利”……

然而，天道酬勤，课题验收大获成功。有两个精彩亮点令人振奋：在模拟高考中，有29人（占全班人数的38.5%）以《窗中画》为题在考场上写旧体诗，平均成绩85分。一首脍炙人口的五绝立即在验收会上传为佳话：

推轩清风至，檐下燕子鸣。
探身欲抚画，我已入画魂。

在专家与学生面对面答辩时，又当场出题：以《言志》为题在10分钟之内即席赋诗，有2人写出就算及格。话音一落，大黑板前就挤满了赋诗的学子，紧接着小黑板也写满了。10分钟过后，便有16人完成诗作，并当场畅谈创作心得，博得与会专家和教师的一阵阵热烈掌声。

尽管这次教改实验只是小小的改良，但对我的教育生涯却有着拨乱反正的重大意义。它为我爱党、敬业、苦干的红心又增加了“创新”的内涵：扫荡灰色污染，开创绿色家园。“绿色”本是个环保概念，其要点有二：一是纯天然的，二是可持续发展的。而作为语文的“纯天然性”，就是“工具性”与“人文性”的统一；其“可持续发展性”，就是不仅“为高考”学语文，更要“为人生”学语文。

从此，我从“应试教育的急先锋”，变成了“语文教改的过河卒”。

革故鼎新，芳草萋萋

1996年至1999年，我一人兼任两个文科实验班的语文课和班主任，又开始了“语文教育与人的发展”的实验。这一课题被列为“九五”哲学和社会科学规划国家重点课题“面向21世纪基础教育课程教材改革研究”的子课题。

我大刀阔斧地开创了3种新课型：

一、创造性阅读课。把余秋雨、余光中、周国平、王小波引入课堂，让学生“把自己的生活当做正文，把书籍当做注解；以一颗活跃的灵魂，为获得灵感而读书”（爱默生语）。

二、主题班会感悟课。通过一次次主题班会，激励弟子们把“心动”“笔动”“行动”统一起来，把“学做人”与“学作文”统一起来。

三、《东方时空》感悟课：每周一到周四的早晨7点至8点，我的两个实验班就在教室里收看中央电视台的早间新闻、东方之子、百姓故事、时空报道。敬一丹、水均益、白岩松、方宏进就是实验班的导师，而我则作为导师的助教，每周批改学生的《东方时空》观后感。从此，弟子们再也不必面对老师凭空给出的一个话题，咬着笔头苦苦地“憋”文章。在收看《东方时空》的过程中，学生可以任选自己动心的节目畅所欲言，体裁不限，写法不限。再也听不见“没啥可写的”抱怨了，再也看不见“千人一面”“无病呻吟”的灰色作文了。无须细读，只要看一眼学生作文的标题就足以令人耳目一新：

《人格价更高——由孙天帅不下跪想到的》

《东方之子，我离你还有多远》

《“白条子”谋杀农业大国》

《京剧改革之我见》

《解剖李登辉》

《日本妄图改宪意欲何为》

《巴以冲突之我见》

《由引渡本·拉登想到的》……

然而，在许多人看来，上高中就是为了考大学，就是要“两耳不闻窗外事，一心只读应试书”，就是要抓紧一切时间“爬考山，煮题海”，及至上了高三连文体活动都“灭火”了，哪里还能容许你“领着学生看电视玩儿”？于是，流言蜚语来了，明枪暗箭来了……

一天天，一周周，一月月，从弟子们沉思的眉宇和厚实的文字中，我真切地发现着他们喜人的进步。为了更好地总结成长的心路历程，我便让他们把作文汇编成集，装帧成册，彩画封面，自己命名，自己作序。然后设计了1节公开课：《东方时空》感悟文集自序讲评。那一回，前来听课的领导、专家和教师把阶梯教室挤了个水泄不通，远在长春的东北师大附中和吉林省实验中学的语文老师也集体包车前来参与研讨。课上，13名同学的精彩序言和众多学生的生动点评，让听课者大开眼界。毓文中学的陈校长一边听课，一边在纸上算一笔账：每周4小时，每月16小时，1学期、1学年、3年……下课铃声一响，她便走上讲台，一番慷慨激昂的演讲后，宣布了她的结论：《东方时空》课花费的时间再多也是有限的，而它的效益却是无限的，学生不仅提高了作文水平，而且也学会了做人！

不久，央视《东方时空》栏目报道了我们实验班的消息。

继而，《人民教育》发表了我的文章《东方夜放花千树》。

从此，《东方时空》课云帆高挂，乘风破浪。

学生们毕业前，为了表达对“精神导师”的感激，我们赠给《东方时空》节目组一面大红锦旗，旗上题词：博如海（知识渊博），高如山（境界崇高），美如画（艺术性强），永如川（影响久远）。

在佛教文化中汲取智慧

3年来，弟子们从封闭

的教学机制中解脱出来，眼观四海云水，耳听五洲风雷，把“有字书”与“无字书”融会贯通，使“作文”与“做人”水乳交融。“东方之子，从前我羡慕你，如今我学习你，将来我成为你”已成为实验班的精神主旋律。我庆幸，我欣慰，我为祖国培养了一批“东方之子”的追星族！

多年来，在“唯升学马首是瞻”教育理念的误导下，作文教学中灰色污染日甚一日。有人向学生传授所谓“真经”：“开头至关重要，结尾马虎不得，中间无所谓”；有人向学生兜售独家秘诀：“文章格式总分总，学习雷锋不能少，要是考我议论文，就把决心誓言表”；还有人千方百计为学生押考题，作范文……但很少有人把学生的内在修养视为作文教学的分内之事。于是，作文充斥着“假话、大话、空话、套话”，成为“谋取狭隘功利的敲门砖”。而我通过教改实验把弟子们从“灰色污染”的桎梏中解脱出来，放飞到现实生活中历练悟性，开发灵性，使作文成为他们“完善人生的健身器”。——从此，“绿色作文”诞生了，不久，《都市中的芳草》出版了。

1998年11月末，来自全国中语会和中央教科所的专家们，给予这轮实验以充分肯定和高度评价。全国语文核心期刊《中学语文教学》连续两期以超大篇幅隆重推出课题实验成果报告、汇报课实录及座谈会纪要。

最令墨守成规者服气的，则是实验班的高考成绩。早在课题验收前的1998年7月，在没有任何模拟高考训练的情况下，实验班提前一年参加全国高考语文测试，平均成绩107.7分，比本校应届毕业的文科重点班高出0.7分。待到1999年正式参加高考，语文成绩又提高到112分，升学率高达99%，进京率26%，其中2人考入北京大学。吉林省文科英语高考状元的桂冠被实验班陈超同学摘得，在10名市长奖励基金获得者中，实验班就占了7名！

实验班以令人信服的事实证明：素质教育改革完全能够获得“素质”与“升学”的双赢！

为伊憔悴，无怨无悔

1998年，我被评为第三届全国“十杰中小学教师”，但很少有人知道我的妻子在光环背后做出的巨大牺牲。为了告慰贤妻的亡灵，1999年教师节前夕，我在《中国教育报》发表了《红烛不熄——悼念亡妻》：

世茉啊，我的亡妻！你去世整整一年了。我只能用这支拙笔写下我含泪的思念，祭奠你在天的亡灵。

去年教师节，我被评为“全国十杰教师”去北京领奖。不少从《新闻联播》中看到我的朋友，都说我表情严肃，面无笑容。他们哪里知道：当我伴着欢快的乐曲走上领奖台时，当我手捧金杯和鲜花拍照时，当我在人民大会堂接受中央领导接见时，我心头层现迭出的都是你的影子啊，我的亡妻！

18度寒来暑往花开花落，咱俩一直并肩耕耘在杏坛上：你教初中物理，我教高中语文；你包揽了里里外外的家务，我承包了子女从小到大的教育。无论是风雨凄迷，还是风和日丽，咱俩始终相爱相助，同舟共济。我们共创的第一个成果是教育子女：你做他们的初中班主任，我当他们的高中班主任，使他俩先后考上了理想的大学，赢得了百分之百的家庭升学率！可惜呀，当我们共创的教书育人事业赢得辉煌之时，你却独自一人走进了永恒的沉寂；这让我怎能笑得出来？我荣获的“军功章”，真真是有你的“一大半”啊，我的亡妻！

我怎能忘记，在那场风雨如磐的浩劫中，你不顾世人的冷眼，不顾家人的阻挠，毅然决然地嫁给了我这个“黑五类”子弟。两床新洗的旧被褥，从集体户搬到同一铺土炕上，就组成了那个温暖而又凄凉的家。

我怎能忘记，在那低矮的茅檐下，亲戚不来，朋友远离，冬天少柴，春天缺米……可咱俩动不动就合唱一曲《天仙配》：“寒窑虽破能避风雨，夫妻恩爱苦也甜……”

我怎能忘记，那一年，咱们的一双儿女同时得了黄疸性肝炎，你只让我借了一辆车把你们母子三人送到医院，然后就催促我踏上家访的路。

我怎能忘记，有一次，我班的一位住宿生患了中毒性痢疾，因为县医院没有床位，你就不顾全家被传染的危险，把他接到家中像对待自己教的学生，不，像对待自己亲生儿子一样，悉心护理。

有人曾当面笑你傻，可你理直气壮地回答：“我丈夫一不抽烟，二不酗酒，三不赌钱，一心干事业。伺候这样的男人，我乐意！”我知道你爱我已爱得心痴神迷。有人笑我头发少，你却夸我聪明“绝顶”；有人笑我人太瘦，你却夸我身材苗条。有一回别人夸我“站如松，走如风，从后面看简直是个小伙儿”，可你还嫌夸得不够，私下里对我说：“从前面看，你也是个小伙儿！”在你的心目中，我是永远年轻，永远英俊，永远潇洒的呀！

然而，让我最难抹去的，还是发生在去年那“黑色七月里”的记忆。医生诊断，一年前你动过手术的乳腺癌，已经转移到了肺里。你和我心照不宣：死神已来敲门了。老姐姐从上海打来电话，让我再次陪你去那里治疗，可你哭着拒绝了，你要和我寸步不离地厮守在一起，走完生命的最后几里路。

这时，省里发来通知：7月28日，全省中小学素质教育现场会将在我校召开，会议的重头戏必需由我来担起。于是，你突然改变了主意，坚决要求去上海。临别的前一天，咱俩抱头痛哭了一场之后，你冷静地对我说：“谦翔，我只对你哭这一次了。你教给学生的补充教材——周国平的《思考死：有意义的徒劳》我也读过了。死，我不害怕，我只是担心你……”说到这里，咱俩又哭在了一起。

然而，我万万没有想到，你这一走，竟是咱俩的生离死别！25日凌晨，你已经只能喘息，不能言语，医院发出了病危通知书。守候着你的儿子强忍住泪水在你耳旁说：“妈，我爸和我们都爱你！”你艰难地点了点头。心急如焚的老姐姐再一次问你：“要不要谦翔来？”你沉重地摇了摇头。可老姐姐实在不忍心，就不顾你的反对，偷偷给我打了电话。可是，当我搭上飞机，风驰电掣赶到上海时，你已于上午11点30分停止了呼吸。

世苿，你知道吗？咱们的儿子，一夜之间长成了大人。正是他，刚强地对我说：“爸爸，我妈是为了你的事业死在上海的。明天我们就赶紧火化，后天你就飞回吉林，这样才不至于违背她的心愿。”

你知道吗，世苿？27日下午，吉林市教委和毓文中学的主要领导20余人，亲自赶到长春机场迎接你的骨灰；吉林省教委和省教育学院的领导在西关宾馆一直等候到深夜；凡是闻讯知情的老师们没有一个不为你伤心落泪；一直被你视同手足的鹏伟——我们课题实验的主持人，双手捧着你的骨灰盒，一直把你送回咱们的家里。这个性刚气直山东汉，向你深深行了三鞠躬，才含着眼泪离去。

你知道吗，世茉？28日上午8点30分，我准时走上了汇报课的讲台。课前，一向被你引为骄傲的实验班90名弟子，自发地为你——他们可敬的师娘，沉痛默哀了1分钟。而我，是臂缠黑纱，强忍悲痛上完两节课，做完2个小时报告的！

正是你，把爱事业和爱丈夫融为一体，正是你，用最清醒的理智战胜了最狂热的感情，以自己壮烈的牺牲做人梯，把我举上了事业的颠峰。真正值得歌颂的，不是我，而是你呀，我的亡妻！……

那次现场会作课，讲的是《一只特立独行的猪》。这原本是由弟子们推荐的王小波的文章，不料却天缘巧合地成了只有我一个人心里知道的对亡妻的纪念——她和我一样，属猪，也是一只"特立独行的猪"。

"衣带渐宽终不悔，为伊消得人憔悴。"——妻子为我，牺牲一切，心甘情愿；我为事业，衣带渐宽，无怨无悔。

1998年11月末，课题验收之际，丧妻之痛加剧了我的糖尿病。课堂上，我已不能站着讲课，但即使坐着讲也是没讲几句便虚汗淋漓。好在我的头脑在实验的历练下变得越发清醒。我撑着病体，自选教材，设计了"苏东坡诗文研究"单元。学生自学两周后，我将通过讲评他们的作文《感悟苏东坡》，向验收专家们作汇报。

汇报课进行那天，大礼堂挤满了上千名听众。我站在讲台上，俨然一个交响乐团的指挥，90名弟子则个个是德艺双馨的乐手，我们用默契的心灵共同奏鸣着文学与人生的交响。弟子们的斐然文采、深刻见解和精彩点评，震撼了所有听课者。有的专家惊叹道："这样的文章，足以抵得上大学二、三年级的学生！"；有的老师则坦言："给我一个月的时间，我也写不出这么精彩的文章！"不过也有个别老师在私下质疑探秘："这节课，赵老师领你们演习多少遍了？"一名学生回答："演习3年了！"另一名回道："问渠那得清如许，为有源头活水来。"

当天夜里，我又失眠了。失眠的补偿是步苏东坡《江城子》韵填词一首：

老夫偏发少年狂，携纸笔，弃药囊，革履西装，抖擞上课堂。率我九十过河卒，斗应试，逞豪强。千目炯炯尽开张，睹风采，聆华章，万紫千红，溢彩更流光。喜待无字书海阔，涛头立，愧周郎。

第二天，我在课堂上朗诵了这首词，激得弟子们诗兴大发，纷纷应和，其一写道：

成竹在胸气自狂，才饱腹，智满囊，白雪阳春，熠熠耀华堂。看我九十过河卒，报师恩，显高强。琼苞玉蕊始开张，无字书，待新章。咫尺明朝，桃李惊四方。不负艰蹇八百里，创伟业，看孙郎！

这轮教改实验把我推向事业的高峰，也抛入人生的低谷。教改的大成伴着家庭的惨败，精神的至喜掺着心灵的至痛，永难忘怀的辉煌映着永难治愈的创伤。我曾不止一次地想过：人生如此，于愿已足。纵然死去，亦复何憾！

感悟清华，提升境界

2000年8月13日，52岁的我荣幸地应清华大学聘任，开始在清华附中任教。户口的“转正”，工资的提高，住房的优待……令我的事业和人生又奇迹般地柳暗花明。病牛喜遇春光好，不用扬鞭自奋蹄。我谢绝了学校领导为我“减轻负担”的关照，毅然挑起2个班语文课兼重点班班主任的担子。

教在清华园，住在清华园，朝朝暮暮享受着清华的人文滋养。中西合璧的二校门、古色古香的工字厅、“行胜于言”的日晷碑、映荷照水的“自清亭”、发人深省的“闻亭”古钟……何不把这些宝贵的人文资源作为鲜活的教材，来滋养我的弟子？

中秋月圆之夜，我与弟子们一起来到月下荷塘，品味《荷塘月色》；清华校庆之时，我引导弟子们参观校史，感悟“自强不息，厚德载物”的校训；清华学堂前新塑了一座以“悟”为名的雕塑，我便组织弟子们写作《感悟青铜书雕》；为了把王国维的“三个境界”镌刻在心灵深处，我把弟子们领到他的纪念碑前，睹物思人，慎终追远。

进入高三白热化的“独木桥大战”，我又在鉴赏《寻隐者不遇》的教学中，提出了“清华境界”说：

“清华大学”，说到底，是一种境界，一种以“自强不息，厚德载物”的精神为代表的人生境界。如果你仅仅是喜欢、羡慕、向往，那你便像那个“寻隐者不遇”的诗人一样，即使走进了清华校门，也不过是来到了“松下”；即使走遍了清华园，也不过是涉足于“此山中”，而作为人生境界的那个“清华大学”，依然隐藏在“云深不知处”的茫茫杳杳之中——只因为你内心深处的真正追求，还是要当“追星族”，还是要“跟着感觉”“潇洒走一回”，还是要“平平淡淡才是真”……总之，你还是摆脱不了种种浅薄的诱惑。这，就是作为清华附中的莘莘学子，天天有幸在清华园里来来往往，却只能有少数人考上清华大学的原因；这，也就是已经考取了清华大学的学生，每年却总有一些人拿不到毕业文凭的原因。

那位“寻隐者”的诗人，如果真的想找到隐者，其实也很好办：彻底摆脱尘世的羁绊，也做个真隐者不就可以了吗？同理可证：如果有人真的想成为“清华人”，那就必须用“清华精神”把自己头脑里那些杂七杂八的东西置换出去；否则，无论你怎么向往，最终也只能是仰望清华之高墙，却不得其门而入。

——我把“文学的诗”转化成“生活的诗”，给诗歌教学染上了一片新绿。

从此以后，我的弟子们便沉醉于“清华情结”中。即使在“婉约派”一面倒的原创诗歌朗诵会上，我班也以一首“豪放派”的《进军清华》独领风骚！更令人欣慰的是高考之后：那些没有考入清华的弟子仍未丧失“精气神儿”。有的弟子从哈尔滨工大发来短信：“老师，请您放心，我已把‘清华精神’带到了这里。”有的弟子从武汉大学发来邮件：“虽然本科没有考进清华，但将来考研究生时，我一定要走进清华。”而那些考入清华的弟子们更是高张“清华精神”的大旗。大二暑假期间，清华学生到四川考察，当地重点中学岂肯放过这个劝学良机？就把这些“高考明星”请到学校作报告。事后，我的弟子骄傲地向我汇报说：“老师，我给他们讲的就是‘走进清华境界’！”

在我55岁生日那天，弟子们“突然袭击”的礼物把我感动得热泪盈眶。在送给我的纪念册上，写满了“高006班全体儿女”发自肺腑的祝福。一位弟子这样写道：

赵老师：此刻我面对这本牛皮本，手中的笔显得格外的重。我不知究竟给您写些什么——不是没的可写，而是要写的太多，要感激您的太多。我再一次翻阅了《人之悟》，重新回味了这高中三年，我深深地感到能遇上您这样一位老师是我一生的荣幸。您是一个幽默、有个性、有爱心（科学合理、发自内心的爱）、敢于并善于改革的特级教师。我时常能感到您的话“于我心有戚戚焉”。您教给了我如何做人，您开拓了我的眼界，您引导我提高自身的语文素质……对于您这样一个恩师、慈父，我现在实在没有什么合适的礼物送给您。我再三考虑，决定对您许下这样一个诺言：我要将我未来30年的计划告诉您，并以完成这个计划作为送给您的一份厚礼。

第一个“十年计划”：今年您55，到您65大寿时，我要以优异的成绩完成我所有的学业，取得最高的学历。届时，我将拿学历证书作为送给您的礼物。

第二个“十年计划”：我要创业。我要履行我的誓言——献身于科学事业，并以事业上的成功作为您75岁的寿礼。

第三个“十年计划”：我要将我的科研成果转化为生产力并让您成为第一个受益者——但愿我能研制出长生不老药，使秦始皇未能实现的梦想在您身上实现。

我非常清楚我写了以上这些意味着什么——我大概永远也不能像某些人那样轻轻松松地过上一辈子了。我会一直奋斗下去，因为我不甘平庸。我要做到：既高瞻远瞩，又脚踏实地。

我的这些计划，除了父母外您是唯一知道它们的人。今天我非常明确地写了出来，就是要告诉您：我将拼尽全部精力去实现它们。30年后，您85岁，我也年近五旬，再见面不知又会是一番什么滋味！到那时，我会与您再定新约，一直延续下去。这样，我们每个10年都有收获，每个10年都有欢喜，这实为人生一大乐事！

老师，我要做一个有良心的人，我要实现我的诺言。师生情深，勿失信约。

汪远昊

2003年4月16日晚

读罢，我立即郑重地回复：

远昊：

收到你这份最珍贵的礼物，激动、欣慰、自豪之情难以言表。这份礼物，体现了你献身科学事业的宏伟理想，也展示了你追求道德完善的人文素质。它让我回想起你从“花季”走向“雨季”进入“诗季”的坚实脚步，也让我预见了你布满荆棘而又开遍鲜花的辉煌前程。你虽然已经获得了保送清华大学化学系的资格，但你仍然与那些参加“挤桥大战”的同窗们一样夜以继日埋头苦读，这就证明了你的目标不在眼下，而在远方。你切切实实履行了“自强不息，厚德载物”的清华校训，认认真真落实了“行胜于言”的清华精神，稳稳当当踏上了“独上高楼，望尽天涯路”的第一台阶，并进而在“衣带渐宽终不悔，为伊消得人憔悴”的第二台阶上策马疾驰，因而可以说，你是我们这个重点班中以行动证实自己真正走进“清华境界”的第一人！你在信中说“我深深地感到能遇上您这样一位老师是我一生的荣幸”；而我又何尝不深深地感喟：遇到你这样的英才是我一生的自豪呢？！

这份礼物，也包含了你的拳拳反哺之情——“但愿我能研制出长生不老药，使秦始皇未能实现的梦想在您身上实现。”这话怎能不让我怦然心动、热泪盈眶？说实话，经历过“文革”磨难、生离死别而今小有成就的我，本已乐天知命，别无奢求；但如今在你宏伟计划的激励下，我又重新燃起强烈的长寿欲望——我多么渴望亲眼见到你的3个“十年计划”逐一实现哪！但我又想，只要你的科研成果可以造福人类，即使我个人最终享受不到，那又有什么可遗憾的呢？学生事业的成功，就是老师价值的体现；而我的“精神生命”，必将在得意门生的身上得到永生！

但我不能消极等待成功的到来，我必须在你实现计划的进程中，继续尽职尽责。我对你的郑重承诺是：在你为理想奋斗的每一年里，我愿为你精批细改两次感悟创业与人生的“绿色作文”。我相信，这每一次批改都将是一次思想的交流与互补、文字的锤炼与升华，它必将成为你、我不断进取的加油站。

今早接到你的这份礼物后，我便一直被激情燃烧着，以至连天天必需的午睡也作废了。安身在床，而心潮难平：礼尚往来，何不赠诗一首，以壮行色？

汪洋科海广无边，远志卓才作快船。

白驹过隙不我待，天公无私岂垂怜！

一言既出，驷马难追。师生共勉，但求无悔！

——清华精神，升华了我的语文教学，也升华了弟子的年轻生命。

一天，我来到小区楼下的“万圣书苑”，一套北京大学出版社新出版的人文系列丛书吸引了我。我毫不犹豫地买回家，如饥似渴地读起来。我惊喜地发现，这里充满了我见所未见、闻所未闻的新知识、新理念。读到《文学是什么》，一段哲言照亮了我的心灵：

在海德格尔那里，文学的诗不再是一种技巧，而是一种人生，是一种存在方式。诗不仅是诗人的而且是人类的。你可以不是一个诗人，但你却不能不是一个诗意的存在者，因为人类本真的存在方式就是：“诗意地栖居在大地上”。

“听君一席话，胜读十年书”！从此，“教绿色语文，享诗意人生”便成了我语文教育的核心追求。

2003年6月3日，高考前最后一节语文课。按照惯例，理应给学生作考前指导，但我破例上了一节《师生同释“诗意人生”》的课。首先，我朗读了我在《人民教育》发表的《诗意地生活在教书育人中》，然后让弟子们写出他们对诗意人生的理解：

自从我听您讲解了何为诗意的生存，我对我的人生便有了更清晰的定位。清华是一种境界，绝不仅仅是一张入场券；人生决不能满足于结果，而要在奋斗中寻求诗意。我衷心地感谢您，不仅是因为您让我体会到了学习语文的重要性，更重要的是您让我领略到了一种全新的人生。

我始终不曾怀疑过：您其实比我年轻。所以我想，岁月其实也许并不那么可怕，人总是要渐渐老去，这些远没有我想的那么难以接受。可怕的只是我生命的每一分、每一秒没有活出意义，我的人生被无聊所荒废！如今我想通了，不必瞻前顾后，只要认认真真地走好每一步就可以了。谢谢您！

我不想现在用我笨拙的笔去玷污“诗意人生”的概念，如果我能步赵老师的足迹去奋斗，也许到我“知天命”的年龄，我会带着自己的人生体验，与矍铄的恩师一起探讨海德格尔“诗意栖居”的真谛。

三年来，最活跃的是语文课，最丰富的是语文课，最难忘的也是语文课。为什么呢？因为我也跟着老师诗意地生活了三年。希望有朝一日，中国教育的“森林覆盖率”达到百分百！

……

这节课，为我2000届的绿色语文教学，画上了完美的句号。在其后的高考决战中，我班语文成绩名列前茅，各科总成绩远远超出重点大学录取线；10人考进清华、1人考进北大，超额完成预定指标，再次获得素质与升学的“双赢”！

拓展绿色，超越自我

进京5年来，“绿色”理念全方位、全过程地浸透了我的语文教学。

在海淀区语文教研室组织的新教材实验的挑战中，我开发了绿色文言教学。汲取朱熹“熟读”“精思”的教学精髓，把文言文教学从以往的“文白对译”“满堂灌”转变为如今的“强化语感”“堂堂诵”。从前，只讲词汇语法；如今，则兼悟传统文化。集中学习文言一年之后，就有不少人写出精彩的文言习作，请听金橙橙同学在《文言之悟》中的学习心得：

夫古文者，铺采摛文，字字珠玑，斯诚中华古文化之精华，百代千秋之资也。《文心雕龙》曰：“才高者菀其鸿裁，中巧者猎其艳词，吟讽者衔其山川，童蒙者拾其香草”，诚如是也。读之吟之，思之志之，既品文辞章法之精妙，亦览仁人庄士之明达。久之，所得颇丰……师诸子以知进德修业之道，从忠良而明治国安邦之策。喜子安之所喜，悲右军之所悲，感介甫之所感，叹昌黎之所叹，展义骋情，酣畅淋漓。同史迁稽兴衰成败，纵观古今；共苏子适清风明月，笑对人生，赞曰：“乐哉！快哉！”

显然，弟子们对文言的学习既未囿于应试亦未止于皮毛，而是从语言精华到思想精髓全面吸收。一位考入上海交大攻读经济的弟子告诉我，他课余时间自学《古文观止》，遭到了讥笑。我为他自觉深造文言而欣慰，就鼓励他说：燕雀安知鸿鹄之志哉！

在2003届新生中，我又开创了“绿色阅读”——“青春读书课”。

身处教学第一线，我深切地感到，如今的青少年学生中有三种病颇为流行：贫血（缺少激情和责任感）、缺钙（缺乏远大理想和顽强意志）、脑膜炎（跟着感觉走，懒于深入思考）。历史课上，讲到日本侵略者南京大屠杀时，竟然有人伏案酣睡，有人谈笑风生；语文课上，讲到谭嗣同为变法而甘愿流血牺牲，竟然有人嘲笑他“愚昧无知”；讲到林觉民舍“小爱”谋“大爱”，竟然有人批评他“不懂爱情，与革命私奔”；写话题作文“创业的思考”，竟然有人嘲笑那些志士仁人“大而空，全无用，为国立功劳，自己脑袋掉”……

都说当教师是个“良心活儿”，而这颗良心，说到底，是代表人类文明与进步的“社会的良心”。因此，“绿化”学生的精神世界，理所当然地应该成为“语文教学的永恒主题，语文教师的神圣义务”！我

考试：此时无声胜有声

在“青春读书课”中常常凭借一个小小的发明——“三精”牌“一言心得”，把师生间的“口耳授受”变成“心心交流”。这种“一言心得”一要“精诚”：说发自内心的话；二要“精练”：说言简意赅的话；三要“精彩”：说富有文采的话。师生在讲评中对话，在对话中交流。远离青春的我，依然能够走进青年的心，作文字的切磋、精神的碰撞……

2004年秋季，刚刚卸下班主任的担子，我又承担了3个班的语文课：在文科重点班、理科重点班外，又增加一个理科普通班。由于有针对性地开展“青春读书课”，仅仅半学期，弟子们便欣然进入“绿色语文”境界。请看他们的“一言心得”：

语文，枯燥乏味的代名词，那是因为几乎所有的语文老师都把它当做一门应考的科目。直到现在我才知道，原来语文课也可以上的很有意思。语文并不仅仅是民族语言，还蕴含了做人处事的人生哲理，是门终生受益的课程。难道还有什么理由不好好学习语文吗？

说真的，一开始听你的课心中有些没底，您的确不同于我碰到过的其他语文老师：您从不单纯地讲课本知识，而是旁征博引，扩展学生的视野。也许是多年被这死板的高考束缚得已只会考试了，故心中总有个问号：这能应付高考吗？！但半学期下来，学习成果告诉我：您的“以育人为宗旨”的语文教学是精彩的！因为我正是从这段时间开始有一种“想写点东西”的冲动，我想这才是语文学习最重要的作用——它不仅让我们了解了一些文学知识，更让我们“内心的冰壳”渐渐融化，一个内心毫无感受的人是不会想写文章的！当然，应试的现状仍“固不可破”，但我感到在您这种真实的文学滋养下，同样能在分数上大有进展……还望多与您沟通！

“语文是无穷无尽的宇宙，让人捉摸不透。”——这是我小学时对“语文”的看法。“语文真有用！”“为什么？”“因为中考它占120分呢！”——这是我初中时对“语文”的认识。“中国人就应该学好语文，语文是中华文明的真谛所在，只有学好了语文，你才能挺直腰板喊一声：‘我是中国人’！”——这是我现在对“语文”的理解。

在学习语文中发现生活的美，在学习语文中找到沟通心灵的桥梁——自从遇到您之后，我才明白，语文并不是只教你读几篇文章，识几个字，您告诉了我生活的态度和人生的意义，学语文就是学做人——

一个能顶天立地的人。

不知不觉已上了半学期的课了。现在的语文课不再是以前的满堂灌了，而更多的是师生的交流。深入地鉴赏，让我们真正地同作者对话；生动活泼而深蕴哲理的青春读书课，让我们更深刻地反思自我。这才是真正意义上的“绿色语文”吧？

我深知，由于先天不足与后天不厚，今生永远也不可能做弟子的“精神领袖”了，但我完全有可能成为他们的“精神导师”——引导，开导，疏导，诱导，与他们一起，走近大师，感悟巨人，涵养精神，学会做人。学生是“青春做伴好读书”；我则是“金秋做伴读书好”。2005年，我被评为《中国教育报》“十大读书人物”。

12年的语文教改实践与思考使我的教学理念越来越明晰：

“绿色语文”就是培养“亲情”的语文，这“亲情”就是对中华民族的母语一往情深地久天长的钟情。

“绿色语文”就是培养“爱心”的语文，这“爱心”就是爱自己、爱他人、爱祖国、爱人类、爱自然的博爱之心。

“绿色语文”就是培养“习惯”的语文，这“习惯”就是“含英咀华”地读，“每有会意便欣然忘食”；“咬文嚼字”地写，“语不惊人死不休”。

开悟心窍凭一笑，润泽芳草逾十春。多年来，我一直以刘国正先生的“门外弟子”自相期许。当我把自己的绿色语文专著奉送先生雅正时，竟然喜得墨宝：

遍染人间绿色情，沐风栉雨好园丁。
爱君心似山泉水，不翳纤尘见底清。

谦翔君倡导绿色语文教育，卓然有成，为教坛瞩目。近以所著二书示余，以实例说话，非作无稽之谈也。开卷读其自省，以肺肝相示，真情感人，良师故应如此也。君当盛年，谨书小诗，祝君百尺竿头更进一步，以跻峰巅。

先生的赞许和期待时刻激励着我，纵然不能“身跻峰巅”，也一定会永远坚守：

不断地超越自我，追求成熟；
不断地提升自我，继续成长。

陶醉绿色，诗意生存

“灰色语文”固然摧残着学生，但又何尝不在摧残着教师自己？日复一日年复一年地从事着“买椟还珠”式的语文教学，把鲜活滋润的人文营养压榨殆尽，只留下机械枯燥的技术训练；在超负荷的重压下，学生丧失了兴趣，教师丧失了悟性，教学丧失了灵性。我常想，如果教师自己都成了泥塑木雕，还能指望学生生龙活虎吗？如果教师丧失了起码的教育理想，还能指望学生在母语的熏陶下成为创新的人才吗？

“绿色语文”的本质就是充满诗意的语文。语文教改使自己的人生弥漫在诗意之中。我从小就喜爱诗歌，童年时代就是从奶奶整天哼唱的“春眠不觉晓，处处闻啼鸟”中熏得了唐诗韵味儿。在那不开花的“花季”，又有《红楼梦》这部幸存的奇书成为我“精神进补”的美餐。孤独寂寞中，余香满口的诗句，驱散了心头多少阴云！凄风苦雨里，悠然心会的意境，融化了心田多少冰霜！正是与《红楼梦》的耳鬓厮磨、灵犀相通，陶冶了我对古典诗歌的一往情深。尽管至今也没有成为文学意义上的诗人，但我这一生从未离开过“诗对我的呵护”和“我对诗的追求”！诵诗，品诗，写诗，教诗；从“诗内诗”，到“诗外诗”——朝吟暮赏，口诵心惟，日熏月陶，怡然自得。

日常生活里，一节开心的语文课，一次动心的班会，一篇赏心的美文，一封喜心的家书……或深夜伏案，或凌晨倚枕，我把电光石火的灵感推敲成真诚的文字。外出讲学时，北国的长白林海，海南的碧水白沙，嵩山的少林古寺，井冈的万顷竹海，深圳的小平塑像，西安的兵马俑，伊犁的天然湖……我随时随地把点滴感悟，放在心灵的砧板上细细锤打，让优美的母语滋润自己的精神。用“真情实感”激发学生的诗情画意，用“现身说法”为学生说文解诗：如切如磋，如琢如磨……正是有了这种“诗”味儿垫底，才使我的语文教学“人”味儿十足。

2003年5月23日，“非典”复课第一天，一通疯狂而快乐的忙碌。在骑车回家的路上，突发灵感，诗兴喷涌，结果自行车失控冲入地下车库，左手擦伤鲜血立见。进得家门，不顾伤痛，先把佳句记下，直推敲到夜里12点半方才定稿：

非典肆虐，停课回家；四周煎熬，呼爹喊妈。收短信：急急切切，滴滴答答；打电话：叮叮嘱嘱，婆婆妈妈。一朝复课，心花怒放，归心似箭，齐齐刷刷。一大早到学校，封门设卡，一个班分两半，收收发发。口罩云，白白花花，体温潮，测测查查，洗手勤，冲冲刷刷，吃饭新，领领发发，胸卡多，密密麻麻，座位少，稀稀拉拉。抢时间答卷，沙沙哗哗；戴口罩讲题，呜呜啊啊。风风火火冲冲杀杀，怎一个忙字了得？打打印印数数发发，凭一个乐字当家！“指”点江山，咿咿呀呀，“机”扬文字，笑笑哈哈。白衣抗非典，轰轰烈烈，红烛育英才，潇潇洒洒。怨只怨，没长三头六臂，恨只恨，没生铁齿铜牙。为只为，弟子健健康康，求只求，高考挥挥洒洒。谢只谢，非典历练身心，乐只乐，清华盛开奇葩！

第二天作文课上，这首记“非典”复课的打油诗，就成了“抛砖引玉”的教材。

回顾几十年的教坛耕耘，我不禁感慨万千：从插队务农到返乡回城用了整整20年，从“文革”辍学到大学毕业用了整整20年，从初上教坛

五十之年，荣获“十杰”

到首获桂冠用了整整20年，从申请入党到光荣入党用了整整20年，从进县城任教重点中学到入京城任教清华附中用了整整20年！

几十年的教学生涯告诉我：教师不能只练“读功”“讲功”，还要练“笔功”。只有经常动笔，与文字朝亲暮近，耳鬓厮磨，“零距离接触”，才能使自己对母语永葆敏感的嗅觉、鲜活的触觉，在教学中得心应手，游刃有余。几十年来，我一直坚持5种笔耕：写教学后记，以总结经验；写教研论文，以升华理论；写佳作赏析，以教学相长；写读书眉批，以积累感悟；写新旧体诗，以自娱自励。

聚沙成塔，集腋成裘。我终于在57岁那年出版了两本小册子——《绿色语文案例集锦》和《绿色作文实例实说》。拿到样书那天，我不禁回想起22年前的一个不眠之夜。邮局寄来了10元钱稿费——我的一篇豆腐块文章《单元教学初探》在一个市级内部刊物上发表了。这是有生以来我的手稿第一次变成墨香袭人的铅字啊！这对日过中天、从教3年、刚上函授大学的我，是何等的鼓舞啊！心潮澎湃，辗转反侧，于是作打油诗自勉：“人过三十五，嫩芽才出土。要想枝叶壮，还须多吃苦！”尽管在同龄人乃至晚辈中，多少人已著作等身，令我汗颜。但毕竟聊可自慰的是：倘无数十年如一日的笔耕不辍，岂不至今还是一个十足的教书匠？抚摸着两本小书的绿色封面，如同抚摸着亲生的两个“精神婴儿”，一股激情涌上心头：

老来得子喜复哀，哀因难产喜双胎。朝朝保子食苦药，暮暮补身饫良材。

临盆阵痛连昼夜，落地雷鸣释心怀。儿肥女靓白发慰，不负苍天送春来。

几十年的教学生涯告诉我：欲速则不达，投机则无成。我庆幸自己有自知之明，我是一只笨鸟；我更庆幸自己有自强之志，笨鸟先飞，一个劲地飞。

天生一笨鸟，独钟杏坛好。灵鸟正酣眠，我飞趁春晓。
灵鸟中道嬉，我恨光阴少。灵鸟迷歧路，我厌投机巧。
飞飞重飞飞，疾风砺劲鸟。飞飞重飞飞，秋暮人未老。

几十年的教学生涯告诉我：不甘寂寞，必须耐住寂寞。23年前的一个冬天，永吉县进修学校选调兼职教研员，我不幸落选。虽然失落，但未怨天尤人，我写下《感遇诗》自勉：

文人相轻，嫉妒丛生。蔽美称恶，古今皆同。
闭目塞听，不辩不争。苦攻深钻，乐在其中。
领导有准，学生眼明。时间无私，效果最公。
志当高远，心宜宽宏。何必斤斤，猎彼虚荣。
众不我美，小子无能。果有真才，锥处囊中。

几十年的教学生涯告诉我：诗意的人生就是要以“出世的精神”做“入世的事业”：

现世只是一个密密无缝的利害网，一般人不能逃脱这个圈套，所以转来转去，仍是被利害两个大字系住。……无论是讲学问或是做事业的人都要抱有一副“无所为而为”的精神，把自己所做的学问事业当做一件艺术品看待，只求满足于理想和情趣，不斤斤于利害得失，才可以有一番真正的成就。”（朱光潜）

几十年的教学生涯告诉我：“人生只有两种方式：一种是腐烂，一种是燃烧。”（高尔基），虽然两种方式同样归于毁灭，但前者给世界留下垃圾，后者给世界留下光和热。做一名党员教师，就要点燃爱党、敬业、乐学、创新的红心，在心灵耕耘的事业中，发光，发热，直到生命的最后一息。

2004年1月7日下午第2节，语文课进行到最后5分钟之际，因糖尿病导致低血糖，我突然头晕身软，虚汗淋漓，不得不走下讲台。后经紧急补水补糖，才转危为安。经过一整天中西药强化治疗，病体稍舒。9日下午又乘飞机赶赴海口，应全国中小学语文新课程研讨会之邀作课讲学。细想前天在讲台上倒下，昨天在讲台上复起，今天又将走上研讨会的讲台，一种轻伤不下火线的悲壮涌上心头，感而赋诗：

假如我倒在讲台上不再起来。
这是我的造化，不是悲哀。
是战士就应当埋骨沙场，
为师表就应当献身讲台。
朝朝暮暮，讲台上传道授业；
岁岁年年，讲台上追欢播爱。
讲台上画句号该多么圆满，
仿佛在百花丛中将我掩埋。
我庆幸今天又站了起来，
还能把绿色语文继续开采。
一旦我永远站不起来，
我希望、我祈祷还在这讲台。

九、且行且歌

李镇西

（右一）

李镇西，男，生于1958年，特级教师，现任成都市武侯实验中学校长。曾荣获四川省成都市优秀专家、2000年“全国十杰中小学中青年教师”提名奖。

主要著作有《青春期悄悄话——给中学生100封信》《爱心与教育——素质教育探索手记》《从批判走向建设——语文教育手记》《走进心灵——民主教育手记》《教育是心灵的艺术——李镇西教育论文随笔选》《风中芦苇在思索——李镇西教育随笔选》《李镇西与语文民主教育》等。

（一）心灵写诗

曾经是一个少年“诗人”

小时候的我应该算是一个“诗人”。

现在常常有朋友认为我搞教育是受了父母的影响。其实，虽然我父亲在教育局工作，母亲在小学教书，但我小时候从没有做过“教师梦”，而整天做的是“文学梦”。

我刚读小学便遇上“文革”，几乎所有文学名著都成了“封资修”，但一本薄薄的《毛主席诗词》便足以成为我的文学启蒙读物：我不但能将所有已发表的毛主席诗词倒背如流，而且还煞有介事地写出一首首“革命诗词”。学校的板报上经常出现我“创作”的《菩萨蛮·看革命样板戏》《清平乐·芒果颂》《忆秦娥·欢迎工宣队进我校》……小学三年级的时候，学校欢庆党的九大“胜利召开”，我写了一首《卜算子·庆九大》：“红日出东方，战旗映彩霞。革命小将心向党，万众庆九大。斗私又批修，胸怀亚非拉。待到全球一片红，江山美如画。”这首“词”后来在全校大会上朗读，还受到了工宣队队长的高度评价，说什么“红小兵能写出这样好的词”是“教育革命的成果”。

当时除了背毛主席诗词和样板戏唱词之外，我还偷偷看了一些“禁书”。《欧阳海之歌》《红岩》《烈火金刚》《钢铁是怎样炼成的》《林海雪原》《草原烽火》《苦菜花》《红旗飘飘》等作品，曾经是那样地激动了我一颗少年的心！这些书不仅仅点点滴滴地在我的心灵中铸造了忠诚、正直、善良、坚韧等品格，也为我打开了一扇扇文学的窗口，潜移默化地影响着我后来的写作。

在那个年代，老师出作文题大多都是《不忘阶级苦》《五七指示永放光芒》之类，在今天看来，这些毫无文学性可言，但我总能写得比同学们更有“文采”，因此我的作文常常被当做范文在班上朗读。有意思的是，每次作文我都得写三四篇，因为班上有几个特别头疼作文的“哥儿们”求我帮忙，我当然乐意了，这不但能满足我的写作欲，而且“报酬”十分优厚：只要有谁欺负我，他们就帮我“教训”谁！个子矮小的我从此有了安全感。

我最喜欢写的还是“诗”。记得初二有一次老师布置的作文也是要我们写诗，我写了一首长“诗”《在广阔的天地里前进》：“在明朗的海空上，矫健的雄鹰展翅翱翔；在广阔的天地里，革命的青年茁壮成长……”老师居然不相信是我写的，发作文本时她把我叫到一边问道：“真是你自己写的吗？”看到我满脸诚实地点点头，她才当着我的面在作文本上写了一个大红的“优”。老师哪里知道，我已经将贺敬之的诗集抄了好几大本了！《十年颂歌》《西去列车的窗口》《回答今日的世界》《三门峡——梳妆台》《桂林山水歌》等诗篇我早已烂熟于心了。

读高中时，我又迷上了李瑛、徐刚的诗，并模仿他们的风格也写了不少“诗”。那时候基本上没有什么文学刊物，但上海的《朝霞》杂志，令我爱不释手。《人民日报》全文发表的那首北大“工农兵学员”创作的长诗《理想之歌》，更是读得我热血沸腾，荡气回肠。那时正逢批林批孔、评法批儒、批邓反右等运动如火如荼，我的“笔杆子”有了“用武之地”：《历史的车轮不容扭转》《新生事物赞》《我骄傲，我和文化大革命一道成长》《写给共产主义的明天》《斥“三项指示为纲”》……我的一首首“激情澎湃”的“诗”频频出现在学校大批判专栏上。我高中毕业那年的春天，北京爆发了悼念周总理、声讨“四人帮”的“四五天安门运动”，但当时的宣传说那是“反革命暴乱”，于是学校组织我们声讨“反革命暴徒”。在学校的批判大会上，我朗诵了自己写的一首诗《打一场诗歌反击战》：“敌人用诗歌向我们进攻，我们就打他一场诗歌反击战！”当“红卫兵上讲台”作为教育革命的一项新生事物方兴未艾时，语文老师认为我的“诗”写得“好”，便叫我给同学们讲“如何写革命诗歌”，于是，整整一个星期的语文课，都是我站在讲台上大言不惭地给同学们谈所谓“诗歌创作”，俨然是一位“诗人”。

高中毕业，我到农村插队落户，很快就听到了“四人帮”被粉碎的消息。我所在公社组织知识青年文艺会演，我连夜“创作”了一首贺敬之式的长篇“政治抒情诗”《颂歌唱给英明领袖华主席》，然后组织一群知青朋友排练。结果我们这个口口声声“华主席啊华主席”的“诗朗诵”，在公社演出引起轰动，后来代表公社参加区上会演还获得优秀节目奖，我和所有参加朗诵演出的“演员”们都得到了当时很让人眼红的奖品——刚刚出版发行的《毛泽东选集》（第五卷）。

一年后，又传来恢复高考的消息。在填报志愿时，我想都没想就填上了“中文系”。我自认为我已经有了一定的“文学基础”，理应进中文系“深造”。虽然填志愿时我在“中文系”前面填的是“四川师范大学”，但这仅仅是为了增加录取的保险系数以让我早日跳出“农门”而已。于是，1978年春天，我带着文学梦走进了四川师范大学。

坐在大学教室里，我才感到自己离文学其实还远得很：李白的诗歌，朱自清的散文，巴尔扎克的小说，莎士比亚的戏剧……这些真正的文学经典，我居然闻所未闻！于是，大学四年，我如饥似渴地阅读中外文学名著——而现在对我的教育工作十分有用的教育名著（比如苏霍姆林斯基的书）我当时则不屑一顾。我间或也写一些诗歌或小说，并且满天投稿。我曾经把我的“作品”寄给我很仰慕的作家萧殷同志“斧正”，还曾写信向南京大学中文系的叶子铭老师请教“文学创作”。让我颇为失望的是，除了收到萧殷老师和叶子铭老师热情洋溢的鼓励信之外，所有投稿无不石沉大海。

大学实习期间，我来到一所县城中学教高一语文。也许是我性格比较活泼而且和学生的年龄也相近吧，很快我就和他们打成了一片。一个月后，当返校的汽车开动时，我回头看到学生们正流着泪在追赶着汽车……回到学校，我还久久沉浸在对实习生活的回忆和感动之中，我用了一个星期的时间写了一首以实习生活为素材的长篇叙事诗《校园钟声》。虽然这首诗仍然没能发表，但这是我第一次带着真情用笔写“教育”，或者干脆说，《校园钟声》是我的文学与我的教育美好的“初恋”。

正是怀着这种对文学“初恋”般美好的憧憬，1982年春天，我告别了大学，走上了四川乐山一中的讲台。

大学毕业照

开始把教育当诗来写

从教之初，我并不安心工作。我老想着哪位“文坛伯乐”能发现我这颗“文学新星”，然后调我到更适合我的岗位（比如什么作协之类的单位）去，我总觉得教师这个职业对我来说是“暂时”的。

但是，天真无邪的初一孩子们却把我当做他们“永远”的班主任和语文老师来爱戴。记得上课不到一个月，我嗓音便嘶哑了，有学生悄悄地将药塞进我的宿舍门。我拿着药在班上问是哪个同学送的，全班学生没一个承认，每一个孩子都对着我调皮地笑着。金色的阳光透过窗玻璃洒进教室，洒在每一个孩子的脸上，每一双眼睛都闪烁着太阳的光泽。这温馨时刻的一双双眼睛触发了我的灵感。当天，我写下一首短诗《眼睛》，我在诗中真诚地赞美孩子纯真的眼睛，进而赞美孩子们纯洁的童心。这首后来在报上发表的小诗，是我第一篇变成铅字的文字。

有一次，我生病住院的消息传到班上，教室里一片哭声。孩子们为了让李老师能随时听到他们的声音，放学后留在教室里面对录音机唱了一首又一首的歌，然后将录音磁带送到我的病房！当然，孩子们对我的爱更多的时候是“润物细无声”的：或是早晨走进教室，一声亲切的问候；或是我外出开会离开学校时，那眷恋的眼神；或者仅仅是夹在作业本里的纸条：“希望李老师晚上早点睡！”我越来越感到，教育给我带来的心灵的愉悦决不在文学之下。

我开始把教育当成一首诗来写。为了让我的教育充满理想主义气息，也为了让孩子们有一个富有浪漫气息的班集体，我和学生为我们的班取了一个响亮的名字，叫“未来班”。我们设计了班徽，绘制了班旗，还创作了班歌。班歌的歌词是我和学生共同写成的一首诗《唱着歌儿向未来》，然后寄到北京请著名作曲家谷建芬同志谱上曲子。后来“未来班”作为一个优秀班集体被全国多家报刊报道。“未来班”成为我教育诗篇的第一行美丽的文字。

我决定让文学成为我和孩子们共同的爱好。我不但把《青春万岁》《爱的教育》《红岩》《钢铁是怎样炼成的》等小说搬进了语文课堂，而且有时甚至把语文课搬到了大自然：岷江之滨、峨眉山下、草地上、田埂旁……都曾经是我和我学生的文学课堂。我还多次在寒暑假，与学生一起到大自然去长途旅游：我曾与学生站在黄果树瀑布下面，让飞花溅玉的瀑水把我们浑身浇透；我曾与学生穿着铁钉鞋，冒着风雪手挽手登上冰雪世界峨眉之巅；我曾与学生在风雨中经过8个小时的攀登，饥寒交迫而又兴趣盎然地进入瓦屋山原始森林……每一次，我和学生都油然而生风雨同舟、相依为命之情，同时又感到无限幸福。这种幸福不是我赐予学生的，也不是学生奉献给我的，它是我们共同创造、平等分享的。刚参加工作的那几年，每年大年初一，我都是和学生一起在郊外度过的——无论是小桥流水的幽雅意境，还是大江东去的磅礴气势；无论是朝阳初升时小草上的一颗露珠，还是暮色降临时原野的一缕炊烟，都能使我和我的学生深切地感受到冰心诗句的妙处："我们都是自然的婴儿，卧在宇宙的摇篮里。"

而每次旅途归来，我和学生们都写出长长的游记互相交流。正是从那时起，每给学生布置一篇作文，我都写一篇同题作文。那时我没听说过"下水作文"之说，我也没有刻意想过要给学生"示范作文"，我只是想通过这种方式，把自己作文谋篇布局、遣词造句的过程展示给学生看，并以我体验到的写作乐趣感染学生。但很多时候，有些学生的作文比我写得还好，因为少年的眸子往往比成人的目光更明澈，尚未蒙尘的童心往往对自然对生活有着比教师更独特更细腻也更真实的感受。每当作文讲评课上我和学生交流作文的时候，教室里总是洋溢着节日般热闹的气氛。学生很喜欢与我比赛作文，如果谁的文章被公认超过了"李老师"写的，孩子们会高兴得手舞足蹈，而我也会比他们更兴奋。这时候，很难说是谁"感染"谁——对美的感受和表达，成了我们共同的乐趣。

我喜欢写诗，也指导孩子们学写诗："其实，一个新颖的比喻或拟人，一个奇特的想象，写下来就是诗嘛！" 于是，属于他们年龄的诗句便流出了他们的心灵："星空像一盘棋，有的地方密，有的地方稀。究竟谁输谁赢，永远是个谜。""岷江滔滔东流，好像长长的五线谱；江面点点风帆，便是那美妙的音符。""月亮哭了，泪水化作了星星。""雨，是出走的孩子，它终于回到母亲的怀抱，诉说着天上的故事。"……同学们惊奇地发现，自己的头脑中竟有那么多诗的萌芽。

我也用诗向学生表达我对他们的爱。每带一个新班，我都把全班同学的生日工整地抄贴在我书房的最醒目处，每个学生生日那天，我都送上一本小书、笔记本或其他小礼物。在赠送小礼物时，我都附上一篇小诗。比如 "18岁，是奋进的鼓点，18岁，是生命的呐喊；18岁，是男儿的热血，18岁，是青春的誓言！"（写给李成）"名字也许太普通，人格永远不会平凡；生活也许很清贫，事业永远不会黯淡；歌声也许会暂停，旋律永远不会中断；理想也许还遥远，追求永远不会遗憾！”（写给黄金涛）等等。

1986年暑假，我和妻子到云南、海南、贵州、广西等地旅游。在旅途的每一天，我都以书信的形式写一篇游记，然后将这篇文字寄给我的一位学生。那个暑假，我在外旅游了50多天，就写了50多篇游记，刚好班上50多个学生每人一篇！我确实没想过以此“教育”学生，而是因为，面对大理的白云、海南的碧波、桂林的奇峰、贵州的飞瀑，我在陶醉其中的同时，实在忍不住想让我的学生和我一起分享这大自然无与伦比的美。

在我的倡议下，学生们组织了一个文学社，他们自写自编自印了文学社社刊《凌云》。我在创刊号《序言》中写道：“……我终于没成为‘诗人’，而只是个‘教书的’。然而，当我赞叹于学生交上来的一篇篇稚嫩而清新的诗文时，当我兴奋于学生自编‘作文选集’自办油印刊物时，当我欣慰于学生的习作在报刊上发表时……我感到了我的‘文学梦’正由我的学生一点一点地变为现实。”渐渐地，他们的诗文越来越频繁地出现在《中国青年报》《读者》《中学生》《现代中学生》《中学生读写》《少年文史报》等全国各地的报刊上。每当这时，我都有一种丰收的喜悦，好像是我发表了作品似的。

这种“喜悦”使我对教育开始有了越来越强烈的兴趣和情感，想当“诗人”的欲望渐渐淡化，因为我已经发现，教育本身就是一首纯净的诗。

用笔记录生命的流程

当然，仅仅有兴趣和情感是远远不够的。随着教育实践的深入，我感到了自己教育理论的匮乏，于是，苏霍姆林斯基、陶行知、叶圣陶、赞可夫、布鲁姆、布鲁纳、巴班斯基、于漪、钱梦龙、魏书生……走进了我的生活。其中最让我着迷的是苏霍姆林斯基。

我特别为这位富有人情味的教育家30多年如一日地坚持写教育手记的精神所感动。正是几十年的教育手记，使苏霍姆林斯基的著作被誉为“活的教育学”“教育的百科全书”。苏霍姆林斯基的著作，感情真挚而充沛，思想朴素而深刻，语言平易而精彩，且不乏文学的魅力。在读过一些即使硬着头皮读也实在读不懂的教育“理论”著作后，读到这样朴素亲切而富有感染力的教育名著，我感慨不已：没有令人敬畏的“理论框架”，没有故弄玄虚的深奥术语，通篇只是心灵泉水的自然流淌——这样的文字，其实我也可以写呀！当然，我那时绝对没想过将来也要写什么教育“著作”，但用文字记录下自己青春的足迹，总是一件有意思的事。于是，我也试着以日记的形式写我的教育手记了。

第一篇手记写的是这样一个故事：我因开玩笑而伤了班上一位残疾同学的自尊心，于是当天晚上我怀着内疚到了他的家里，向他赔礼道歉。现在看来是一个微不足道的小事，当时却一定是深深地触动了我的心灵——不然，我不会写得那么详细：我开玩笑时的得意忘形，孩子委屈的表情，我真诚的内疚，我晚上家访迷路时的焦急，我在学生家里和他们的对话，以及告别学生后在回家的路上看到满天星斗时的轻松与喜悦……我当年的每一篇手记大多是这样一些真实而琐碎的故事：那堂自己感觉很好的语文课《小麻雀》，我和学生在春天原野上的一次次“疯狂”，我与一位陷入“早恋”而深感苦恼的学生的谈心……在写这样的手记时，我没有一点“写文章”的感觉，只觉得是在用笔挽住每一天平凡而纯真的日子，是在记录我生命的流程。

手中的笔让我自然而然走进了学生的心灵。当时，班上有好几位性格内向少言寡语的学生。怎么才能够打开他们的心扉呢？我尝试着用书信与他们交流。于是，近在咫尺的通信成了师生心灵的桥梁。后来，我把通信的对象逐步扩大，再后来我干脆在教室里挂了一个“悄悄话信箱”。每当夜深人静的时候，读着学生来信或给学生写回信的时候，我觉得自己是在一个个独特的心灵宇宙中遨游，于是一种被信任的幸福感充盈胸中。当时我没有想到，这15万字的师生通信10年后会成为我出版的第一本教育著作：《青春期悄悄话——致中学生朋友的100封信》。

我正式发表的第一篇教育手记，记载的是我永远忘不了的一堂语文课。

那是1985年5月的一天，上课铃声一响，当我走进教室时——

“起立！”随着值日生清脆的口令，孩子们精神抖擞地站了起来。然后是比平时更整齐更响亮的童音：“祝、李、老、师、生、日、快、乐！”

在我目瞪口呆之际，小小的讲台已堆满了鲜花、生日蛋糕、影集、笔记本、手绢、书签等各种礼物。台下，57双眼睛正闪着兴奋而得意的光芒望着我。同时，孩子们调皮地用富有节奏的掌声为我祝贺！

当时，我心中除了感激，更多的是惭愧。因为就在课前几分钟，我还在办公室为奖金“分配不公”而与校长论理。

我走下讲台，缓缓说道：“同学们，我受之有愧啊！……李老师并不是你们想象的那样高尚。但是，今天同学们又一次深深地教育了我：教师的艰辛劳动所换来的报酬，决不仅仅是金钱，而更多的，是丰厚得无法估量的精神财富！——这，才是今天同学们送给我的最珍贵的生日礼物。今天并不是我的生日，但从此以后，我将把今天这个日子当做我的又一个生日。谢谢同学们！谢谢！”我深深地鞠了一躬……

那天的确不是我的生日，但学生为何错把那天当做我的生日，至今仍是个谜。16年后的今天，当我回忆起那堂课时，我耳边好像还回响着学生们那热烈、真诚而又带着几分顽皮的掌声和笑声，因而禁不住心潮澎湃！

就在这篇题为《“生日”》的教育手记发表后一个星期，我接到一个更令我振奋的消息：北京《班主任》杂志王宝祥老师来信，说我一个月前寄给他的《教育漫笔》将在《班主任》杂志分两期连载！

他说的《教育漫笔》，是我在1985年除夕的爆竹声中完成的。寒假第一天，我带着学生来到了大渡河畔。我们在河岸的沙滩上斗鸡、摔跤、用薄薄的鹅卵石比赛“扔水漂”……除夕那天我回到了母亲家，心里还充盈着与孩子们一起玩耍的欢乐。想到3年来教育赋予我的激情与喜悦，一种抑制不住的冲动使我赶紧拿出笔，任激情在纸上燃烧！伴着窗外响起的阵阵迎接牛年的爆竹声，我不停地写呀写，直到傍晚中央电视台的春节联欢晚会就要开始的时候，5000多字的《教育漫笔》终于划上最后一个句号。那时，我不知道这篇有着浓郁的苏霍姆林斯基风格的教育手记算不算“论文”，更不敢相信后来在我偷偷地把它投寄到北京刚刚创刊的《班主任》杂志后居然能被连载！

接着，我又将一篇总结“未来班”教改成果的文章寄给王宝祥老师。《班主任》在发表这篇9000字的长文时特意加了一段编者按：“这是一份很好的报告。报告的作者是一位年轻的中学班主任，他从大学毕业就开始‘未来班’的实验研究，他的探索是成功的。细读这份报告，每一位班主任都会受到许许多多的启示。”

我曾长期跟踪记载我与一个后进生每一天的“亲密接触”：开学第

一天，他偷偷拿了同学的东西后我如何“神速破案”；他考试作弊后，我怎样引导全班同学写信帮助他；他被父母打出家门后，我又如何在深夜去寻找他；他上课听不懂，我便给他推荐既有教育意义又有精彩情节的长篇小说《烈火金刚》，叫他在课堂上抄这部小说；他的语文考试第一次及格后，我带着他到郊外去放风筝……与顽童打交道，几乎每天都有“故事”，而故事跌宕起伏的发展，恰好反映出他在一次次曲折反复中不断进步。我每天晚上在灯下记录这些“可读性”很强的故事，从中感受到了教育的全部酸甜苦辣。这个过程也是考验我教育耐心和毅力的过程，更是我探索、积累转化后进生的规律和经验的过程。几年后，这5万字的教育手记成了《爱心与教育》中最精彩的篇章之一。

真诚感谢苏霍姆林斯基——正是在他的影响下，我的教育手记从四川乐山一中，一直写到成都玉林中学，写到成都石室中学……

与青春同行诗意盎然

教育者的写作决不仅仅是单纯的写作，实践是它的源泉，阅读是它的基础，思考是它的灵魂。特别是“思考”，对于教师来说尤为重要。因为任何一位教育者都应该同时又是一位思考者。而教师的写作，便是教育思考的很重要的途径。

1987年年底，乐山市一位品学兼优的三好学生因不能正视社会丑恶现象而成为“真善美殉道者”。虽然这位自杀女生并不是我的学生，但面对她“纯洁的心灵”，我不得不反思我们的——不，首先是我的“玫瑰色教育”。整整半年，我通过剖析这位女生的精神世界进而剖析中国的基础教育，更剖析我自己的心灵，含泪写就一篇后来发表在1988年7月8日《中国青年报》上的报告文学《她给教育者留下什么“遗产”》。

1988年至1990年，我发表了一系列教育批判的文章：《商品经济的德育思考》《中学德育危机原因初探》《德育观念的十大碰撞》《正视历史的进步》《回答学生关心的问题》《德育的困惑》《关于改进爱国主义教育的思考》……

比批判更重要的是建设。结合班主任工作和语文教学，我继续进行以“立足课堂、面向社会、深入心灵”为模式的教育改革探索。这些实践不但使我收获了丰硕的教育成果（包括升学成绩），而且也深化了我对素质教育的认识：在素质教育的大旗上写着一个大写的“人”字！它是充满人性、人情和人道的教育，是为了一切人全面发展的教育。我陆续在《中国青年报》《光明日报》《中国教育报》《中学语文教学》《人民教育》等报刊上发表了《“让思想冲破牢笼！”》《接过陶行知民主教育的思想火炬》《追随苏霍姆林斯基》《语文：请给学生以心灵的自由》论文，用我的实践阐述我所理解的“素质教育”——素质教育是“民主、科学、个性”的教育！

需要说明的是，我的这些所谓“论文”都不是纯理论的演绎或推导，而是源于我对教育的切肤之感，所以它们也可以说不像“论文”。文章里没有煞费苦心地“构建”什么理论框架，也没有玩弄文字游戏似的拼凑这样“原则”那样“性”，更没有借时髦的“理论”和晦涩的名词来进行学术包装，我只是让心灵的泉水自然而然地流淌出来。我想，即使是教育论文，也应该涌动着真诚的情感和诗的激情；因为真正的教育本身就燃烧着真诚的情感和诗的激情。

1997年的暑假，我从成都玉林中学调到成都石室中学，在搬家的过程中，我无意中又看到了那一捆尘封的教育手记。翻开我19年来所写的一本本教育手记，我自己都禁不住被自己感动了：那一页页发黄的文字，化作一张张老照片在我眼前变得清晰起来，分别多年的学生们正跑着跳着向我拥来，他们调皮的笑声萦绕在我的耳畔…… 正是在那怦然心动的一刻，我做出了一个庄严的决定：我一定要把我和我学生的故事写出来，让更多的人和我一起分享这教育的幸福与美！

那年秋天的一个晚上，我打开电脑，拉出键盘，敲出了第一行字：《爱心与教育——素质教育探索手记》。我完全没有写书的感觉，只觉得十几年来教育在我心中积蓄的思想感情的潮水一下喷涌而出，在键盘上恣肆奔涌；敲键盘的手指也禁不住微微颤抖。

整整三个月，我的业余时间都是这样在阳台的电脑前度过的。也许在旁人看来，如此不停地敲击键盘是何等地乏味而枯燥；但我却感到这是一件多么幸福的事啊！你想想，在深夜或凌晨，周围没有一丁点儿声音，只有我的键盘在“嗒嗒”地敲着——这是世界上最美的乐声。我觉得不是在敲电脑，而是在弹钢琴，是在演奏来自教育、来自学生心灵的最美的乐章。眼前的电脑屏幕上是一页页很纯洁很动情的文字，而这些文字又很自然地幻化为一幅幅很美丽很鲜活的画面，那是宁玮善良而坚韧的面容、杨嵩纯真而调皮的微笑，岷江之滨的熊熊篝火、峨眉山雪地上的灿烂阳光……于是，我的整个身心又沉浸在和学生一起度过的被青春染绿的日子里！

《爱心与教育》出版后引起的强烈反响，超出了我的预料。我收到各地读者近千封的来信，接到许多读者含泪打来的电话。1999年《爱心与教育》同时获得中共中央宣传部"五个一工程"大奖、冰心图书大奖和中国教育学会"东方杯"科研成果一等奖。

这以后，教育与文学共进，思想与激情同飞。我又陆续出版了《走进心灵——民主教育手记》《从批判走向建设——语文教育手记》《教育是心灵的艺术——李镇西教育论文选》《花开的声音——我班的故事》《风中芦苇在思索——李镇西随笔选》等著作。手捧散发着油墨芬芳的《李镇西教育文丛》，我有一种丰收的喜悦：教育和文学给了我双重的回报——文学为我的教育事业插上了翅膀，同时，教育正在圆我的文学梦。

20世纪的最后一个秋天，我暂时告别了成都石室中学，来到美丽的苏州大学师从朱永新教授攻读教育哲学博士。在明亮的图书馆里，我沐浴着温暖的阳光聆听卢梭，聆听裴斯泰洛齐；在高大的银杏树下，我披着金色的落叶与马克思对话，与杜威对话……大师们思想的潮水越过遥远的时空一泻千里滚滚而来，拍打着我的心岸。我常常禁不住激情澎湃，于是，不再年轻的心湖又重新扬起了青春的风帆。

因为情寄教育，我的人生便永远诗意盎然……

从1984年7月我的第一个班毕业开始到现在，每完整地带一个毕业班，我都为学生编撰一本这样的书。于是，便有了《未来》《花季》《恰同学少年》《童心》《少年》和《花开的声音》……对我的学生来说，它是童心和青春的纪念碑；而对我来说，它是我教育和人生的里程碑。这一本本"班级风采录"，就是我的教育诗篇，其中凝聚着我少年时代的文学情结，更体现着我从青年到中年的教育情怀。

2003年6月，我博士毕业后，领导为了给我创造更好的环境，把我调到了成都市教科所，并专门成立了一个教育发展研究室。我知道，这是领导对我的关心和重用。"教育发展研究"是一个宏观的学术视野。由于我过去长期在学校在课堂，因此，说实话，我并不具备进行宏观研究的能力。但是，我不能辜负领导的信任，因此，我竭尽全力地适应新的岗位，并完成有关课题的研究。只是独坐在办公室里，我觉得狭小的空间显得格外空旷，因而我感到格外孤独。

我窗外的马路斜对面，便是成都市东城根街小学。不止一次了，早晨我打开办公室的门，刚一坐下，马路对面传来校园的歌声《我们多么幸福》《我们的祖国是花园》《少年少年祖国的春天》……孩子们的童音随着和谐而亲切的旋律飘进我的耳朵，真是让我有泪落的感觉！我猛然意识到：我离学生太远了！一次，女儿学校举行迎新年歌咏比赛，她邀请我去观看，于是我便去了。走进熟悉的石室中学校园，一切都是那么亲切。但有老师见到我都伸出手来和我握手，说："专家来指导了！"让我一下觉得很别扭。当女儿和他的同学们站在台上演出时，天使般的声音浸润着我的心田。望着台上演出的学生们，恍然觉得那就是我的学生呀！那光洁的舞台上，不曾经就有我指挥学生合唱的身影吗?

俱往矣!

俱往矣?

不，我一定要回到校园，回到学生中去。那一刻，我在心里再次告诉自己。这个想法我早已告诉了教育局的领导，他们非常理解并支持我，答应在条件成熟的时候，让我回到学校去。

但我没有想到这一天来得这么突然。

2004年3月24日，我突然接到成都市教育局领导找我谈话的消息，说教育局党组已经研究决定，让我到成都市盐道街中学外语学校去任副校长。分管副局长专门对我说："这是一所体制比较灵活宽松的新学校，相信可以实践你的一些教育理想！"

第二天，局长就把我送到了成都市盐道街中学外语学校。虽然这次调动非常非常突然，虽然新去的学校目前并不是条件特别好的学校，但我仍然欣然前往，因为我感到，我这条鱼儿是不能离开水的，而"水"便是学校便是学生！只要能够回到学生当中，我的生命便会格外灿烂。

见了校长，我便提出要求："我希望下学期，我能够教课并担任班主任！"

在与全校教师第一次见面的大会上，我对大家说："恳请大家不要用《爱心与教育》中的李镇西来打量我，因为现在的我一切都得从零开始学习。我真的是来向大家学习的——从零开始学管理，重新学习教语文和当班主任，因为3年多没有和学生接触过了，一切都得重新学习！”

这是我的心里话。

几年前，我曾在拙著《花开的声音》序言中这样写道

我不止一次地庆幸我是一个教师，因为与青春同行使我的心永远年轻；而且我特别庆幸我是语文教师，因为这使我能用一双“文学的耳朵”随时倾听“花开的声音”并把这种世界上最美的声音用文字表达出来。

2005年秋天，我接手了一个高一新班。每天和学生一起跑操，领着学生早读，上语文课，找学生谈心，批改学生作文，看学生随笔，看学生晚寝……每天的生活平凡、琐碎、忙碌而又充实。

需要特别向关心我的读者“炫耀”的是，从2004年8月30日新生入学第一天起，我开始恢复了写班主任日记。注意，我的确是“日记”——除了星期日，我每天晚上都把我当天的教育行为乃至教育细节，忠实地在电脑上写下来，少则三五千字，多则上万字。刚才，就在写这篇后记之前，我在电脑上统计了本期以来所写日记的字数，竟然已达60万字！在这些教育日记中，有我的教育故事和教育思考，也有我的教育快乐和教育困惑。这60万字所展示的，都是我每天原生态的教育现场和我真实的教育感受。我把这部日记命名为《心灵写诗》。我一边写，一边在“教育在线”网站贴出来，于是，每天都有数万网友读我的“心灵写诗”。许多网友对我说，每天晚上读我的日记成了他们每天必须经历的精神享受，他们和我一起关注我的学生和我班的成长；如果哪天没有读到我的班主任日记，他们连睡觉都不踏实。因此，不止一次，深夜十一点十二点甚至更晚，我还在电脑前写我的日记，突然电话响了，是远方的网友打来的：“李老师，您今天的日记怎么还没有上传到网上呢？”每当这时，我总是感动而抱歉地说：“快了，马上就写完了。”科学出版社已经决定全文出版我的这部特殊的日记《心灵写诗》（共六本），第一本已在2005年夏天与读者见面。

从教科所返回学校，我一下子仿佛回到了从前，每天都思考着，感动着，实践着，写作着，幸福着……但我不会绝对重复昨天的故事。是的，我不可能再回到过去重复我自己，我对未来依然充满了一种创造的冲动。请所有关心我的朋友继续相信并注视着我——我一定会在校园在

我的学生中，继续我的“心灵写诗”，直到我人生的终点！

（二）从教育浪漫主义到教育理想主义

《青春万岁》点燃浪漫激情

深蓝的夜空闪着星星，星空下是静静奔涌的大渡河，河畔是一堆熊熊篝火，篝火旁围坐着一群戴着红领巾的初中生，他们映着火光的眸子正凝视着女班长，班长正在用清纯的声音朗诵王蒙小说《青春万岁》的序诗：

“所有的日子，所有的日子都来吧，我编织你们，用青春的金线……”

这是1982年6月1日的晚上，刚参加工作不久的我第一次和学生们过队日。现在想来，那堆篝火恰是我从教之初“教育浪漫主义”的象征。

那年春天，四川师大中文系毕业的我，是怀揣着王蒙的《青春万岁》到四川乐山一中报到的。那时的社会风气离我所一往情深的“五十年代”当然有差距，但我有的是对未来的憧憬和信心，我有足够的热情把我的学生都培养成“郑波”和“杨嫱云”。

这就不难理解为什么那几年我的教育实践始终燃烧着浪漫主义的激情：我和学生们给自己班取名叫“未来班”，我们还自己设计班徽、制作班旗、谱写班歌；我把江竹筠、毛岸英、雷锋、奥斯特洛夫斯基的肖像贴在教室墙壁上，黑板上方是一排醒目的大字：“先烈时刻注视着我们！”歌咏比赛，别班唱的是流行歌曲，而我们班唱的总是《让我们荡起双桨》《绿色的祖国》《共产儿童团歌》《同志们勇敢地前进》……

语文——主要是文学作品成了我有力而有效的教育“工具”。除了前面提到的《青春万岁》，还有《爱的教育》《红岩》《钢铁是怎样炼成的》《烈火金刚》《青春之歌》《卓娅和她的弟弟舒拉》……语文课上、班会课上以及郊外山坡草地上，我和学生们的心灵一次次沉浸在来自文学的人性美之中。星期天，我常带着学生到野外去面对大自然进行“文学写生”：在峨眉山，在乐山大佛对面的绿岛上，在朴素的农舍前或静静的小河边，我引导学生用笔将自己的心灵所捕捉到的大自然之美用诗或散文描摹出来，让他们在感受自然的同时净化自己的精神世界。

我无法想象，离开了学生的生活与心灵，所谓“语文”还有什么生命力？实际上从那时起，我已经开始了“大语文教育”的实践。除了“未来班”教育教学综合实验，我还在乐山市教科所唐建新老师的指导下，搞了一轮“以思维训练为中心，以口语训练为突破口，全面提高学生听说读写能力”的课题实验。同时，在1985年，我写成第一篇语文教改论文《变语文教学为语文教育》。正是从那时起，除了特指语文课堂教学，我一般都用“语文教育”而不用“语文教学”的概念。显然，这不仅仅是词语的取舍，而是教育观念的选择。

以“未来班”为代表作的教育浪漫主义给我带来了喜悦——我的班级的确营造出了50年代那种温馨透明的集体氛围，朋友们都说我班的学生特别“纯”。但是，1987年年底乐山市一位叫宁小燕的女中学生自杀的事件，把我从教育浪漫主义的沉醉中唤醒。这位品学兼优的三好学生成为“真善美殉道者”，因为她无法正视社会中的丑恶。面对她“纯洁的心灵”，我不得不反思我的“玫瑰色教育”。

我无意彻底否定我青年时代的教育浪漫主义，至今我的教育还时时涌动着青春的浪漫激情；但是面对已经迥异于50年代的社会现实，面对新时期的时代主题，如果我们的教育只是停留在对过去“美好时光”的缅怀而不及时更新内容，甚至只继承而不创新，那就必然会被社会和时代抛在后面。纯粹的浪漫主义教育当然很温馨，但带着梦幻走向社会的学生们很难不感到迷茫，至少是尴尬。

从童话到现实

《她给教育者留下什么“遗产”？》——这篇发表于1988年7月8日《中国青年报》第一版并引起强烈反响的报告文学，标志着我的事业开始进入“教育现实主义”阶段。

从浪漫的天空猛然跌到坚硬的大地，从田园牧歌的童话一下回到风云变幻的现实，我的反思是痛苦的，但我的解剖是真诚的。从1988年到1990年，是我对教育弊端批判得最多的一个时期。 面对商品经济大潮对教育的冲击和新技术革命对教育的挑战，我写下了一系列批判性的教育文章——其中，发表于1989年5月22日《中国青年报》上的《沉重的思考》最具代表性。

但我首先是一个教育实践者，所以我的所谓“思考”始终伴随着实践中的探索。1991年春天，我从乐山一中调到成都玉林中学，由“教育批判”转入了“教育建设”。

针对学生的心灵需要，我将青春期心理辅导纳入教育内容，系统地开展了学生青春期心理教育。我出版的第一本教育专著《青春期悄悄话——致中学生的100封信》，便是我这一教育探索的结晶。我继续进行班级集体主义教育的研究和实践，并对集体主义教育中压抑个性、依赖教师、追求虚荣等“假集体主义倾向”进行了剖析和批判。1990年全年的《河南教育》特意为我开辟了“集体主义教育漫话”专栏，发表了我一系列的相关论文。在班级管理上，我尝试着民主化管理，这一探索被《中国青年报》《天津教育》披露后，在全国引起较大反响。

给学生读课外书，仍然是我语文教育的“传统保留节目”，但所读的书，已不仅仅是《红岩》等“过去完成时”的书籍了，而更多是《新星》《中国姑娘》《魂系中华》《祖国高于一切》《当代青年》《16岁，在金字塔尖》《共产党人》《谁来保卫2000年的中国》等“正在进

课外阅读指导

行时”的作品。在课堂教学方面，我更注重培养学生的语文自学能力，力图让他们不但在我身边时养成对文学的爱好，而且还具备离开我之后自己学习语文、运用语文的能力与习惯。我总是希望通过语文教育，给予学生更多与他们生活有关的有用的知识与能力。

我在语文教育上最重要的变化，是我开始引导学生以语文为武器，指点江山，激扬文字，关注社会，参与改革。我鼓励学生走进市长办公室，以主人的身份与市长共商家乡改革发展大计；我带领学生走向街头搞错别字调查，回到学校写成调查报告投寄有关部门；我组织学生分小组到工厂、到农村搞社会调查，然后写成各种专题小论文……我在总结我过去“大语文教育”实践的基础上，响亮地提出了“语文生活化，生活语文化”的口号，并积极实践我追求的“生活语文”。1996年在《中学语文教学》上发表的获奖论文《变“应试语文”为“生活语文”》是我这一时期语文教育思考与实践的一份总结。

让教育尽可能贴近社会现实，贴近学生生活，是那一时期我最主要的教育探索。我把这归纳为我的“教育现实主义”。

理想在前方燃烧

1997年7月，我调入了具有悠久文化历史的千年名校成都石室中学。成都石室中学民主宽松的学术氛围，使我得以更大胆地继续我的教育探索。

为了总结梳理我过去的教育实践，我重读陶行知和苏霍姆林斯基。从他们的著作中，我找到了与我十几年教育探索相通的东西：爱和民主。陶行知说：“真教育是心心相印的活动。”苏霍姆林斯基说：“教育，这首先是人学！”由教育家精辟的论述想到自己的教育实践，我逐渐悟出素质教育的真谛：在素质教育的大旗上写着一个大写的“人”字！它是目中有“人”的教育，是充满人性、人情和人道的教育，是为了一切人全面发展的教育。十几年教育实践中潜在而朦胧的思想萌芽一下破土而出，我写下一系列文章提出了我的“素质教育观”——素质教育是“民主、科学、个性”的教育！由此，我的事业驶进了“教育理想主义”的航程。

我用一句话来概括我的教育理想主义：为现代化中国培养21世纪的

公民！

——因为它是面对正在走向现代化的中国的教育，所以它是关注现实的；因为它是面向21世纪的教育，所以它又是超越现实的。

——如果说，教育浪漫主义是面对“过去”的教育，教育现实主义是面对“现在”的教育；那么，教育理想主义则是面向“未来”的教育。

——教育理想主义的核心是民主教育！

我继续实施班级管理民主化，但已经不仅仅停留在班级管理的层面，而是深入学生的心灵，提出了“让学生在民主生活中学会民主”，着眼于对学生进行民主启蒙教育。我继续从事语文教育改革的探索，但已经不仅仅停留在操作技术层面，而是把“语文教育”在继续指向社会生活的同时，又指向学生的心灵，更指向中国的未来。

1997年10月和1998年5月，我先后参加了四川省的语文课堂教学大赛和在天津举行的全国语文赛课活动。在这两次课上，我勇敢地把一般公开课中固有的条条框框冲得七零八落，而让课堂成为学生思维的王国，完全让学生的心灵自由自在地飞翔，而我则作为平等的一员参与他们的思想交流与碰撞。表面上看，课堂似乎有些乱，甚至有些“离题”，但学生的思想火炬始终在燃烧，课堂上始终行云流水般地回荡着学生思想的旋律。这两次公开课都引起了专家和老师们的争议，但赢得了学生们的欢迎，我因此而自足并自豪：我的课永远应该是面对学生心灵的！

1998年，我的第二本著作《爱心与教育》一出版便引起了强烈的社会反响。第二年我又出版了《爱心与教育》的续篇《走进心灵》，我将教育的爱心赋予教育民主的内涵——

“都说创造能力的培养应是素质教育的重点。我认为这也是素质教育真正面向未来的标志，培养创造者的前提是教育必须充满民主。没有民主，便没有创造；没有民主的教育，便没有民族的未来。”（《走进心灵》引言）

接下来，我一发而不可收拾，且教且读且思且写，陆续出版了《从批判走向建设》《教育是心灵的艺术》《花开的声音》《风中芦苇在思索》等著作，发表了《语文：请给学生以心灵的自由》《还学生以思考的权利》《阅读：呼唤“人”的回归》等论文。

个性，创造性，民主素质，人文精神……是我面向未来思考得最多的教育命题。

岁月渐渐在我的额上刻下沧桑，但我的心常常回到1982年6月1日那个星光与篝火交相辉映的晚上。从“教育浪漫主义”到“教育现实主义”再到“教育理想主义”，我的脚步曾面对荆棘但从未中断过前行，我思想的翅膀曾遭遇风暴但从未停止过飞翔——因为，20年前那一堆燃烧着我教育情感与信念的火焰，始终在我的前方闪烁。

正是这永不熄灭的火光照耀着我豪迈地跨进了21世纪的门槛……

十、张开大嘴奔跑

程红兵

程红兵，男，生于1961年，特级教师，现任上海市浦东区教育局副局长，曾任上海市建平中学校长。曾荣获上海浦东新区十大杰出青年、全国优秀教师、全国师德先进个人等称号。

主要著作有《语文教学的人文思考与实践》《创新思维与作文》《教师的人格魅力》《智慧探索——与科学对话》《探索有生命力的教育》《程红兵与语文人格教育》等。

1996年我出版第一本著作《语文教学的人文思考与实践》，封面上赫然印着："语文教学像个魔方，有无穷变化、无穷组合。几代人曾为之殚精竭虑、为之呕心沥血，更有无数人为之魂系梦绕、为之欢喜为之愁。教坛新秀程红兵苦恼过、激动过，最终却是大胆地将自己的理性思索公之于众——或许它很稚嫩，但谁又敢断言解开魔方的道道不在这里呢……"我当然知道，这是编辑作的广告用语，但我第一次抚摩新书的时候却为此感动了好半天，因为它确实说出了我的真实心态、真实心境。作为封面的衬底印着一个大头人面怪兽，圆圆的脑袋上似乎没有多少头发，而那个张开的大嘴特别醒目，似乎在呐喊着什么，一双瘦小的腿脚驮着硕大而奇异的身子，似乎在不停地奔跑。我当时的直觉是：他就是我，他就是我的形象素描，他就是我的写照。

我在语文教学的道路上奔跑了30多年。其实我当语文教师纯属偶然，原本是很不愿作老师的，读小学、中学的时候就一直是学生干部，当了多年的班长和学生会主席，就像一个小老师，很懂得老师的甘苦。1978年报考大学时，江西师范学院是第8志愿，实在是因为当时文科没有什么学校好填才填了它，谁知道就被录取在江西师范学院。大学里也曾做过作家和学者的梦，1982年在梦还没醒的时候，却一头栽进了中学语文教师的行当里，心里有许多委屈，有许多不平，是中学教师选择了我，我并没有选择中学教师。文史哲样样爱看，唯独不爱看教学参考书。走上讲台，带着几分离经叛道，带着几分驳杂的讲课，却使我走近了学生，后来又逐渐走进了由学生和我共同营造的"磁场"，随着时间的推移，我渐渐感觉到已经不能自拔，那种所谓"先结婚后恋爱"的故事又演绎着中学教师版。但我似乎已经心甘情愿，读书教书，其乐融融。

我的第一声"呐喊"，是在1987年，那其实纯属偶然。因为第一次评职称风传要有论文，于是赶紧发奋，洋洋洒洒写了5500字，题为《对高师中文专业教育的反思》，以一个"过来人"的身份回头看师范大学的教育，火药味很浓，批评多于建议，投给《江西教育科研》，编辑大概以为还有价值，于是又转给了《江西高教研究》，没多久就发表在1988年第一期上。《江西高教研究》的编辑厚爱有加，在论文的开头特意加了编者按，给予推荐。后来还来信邀请我参加由他们举办的江西高校研究会议，与会的大多是大学校长或党委书记。一时间我昏了头，一种优越感油然而生心头。从此一头扎进书山文海之中，整理了平常的许多心得，写就不少自鸣得意的文章。然而，一年之内，毫无所获，一文未发，所获的是一封封退稿单和我的“大作”。

天生属牛、生性执拗的我，就这么固执地写下去，不断地投出去，在不断地投寄、不断地被退回和不断的修改过程中，自己也朦胧地感觉到：我在长进。大概老天爷对我的考验限期是一年，一年过后我的文章开始见刊了。我用自己的眼光审视中学语文教学，把方方面面做了一个扫描，这期间我其实主要是一个“批判现实主义者”，我相信波普尔的理论，科学是可证实的，也是可证伪的；我信奉辩证法的思想，在对现存事物作出肯定理解的同时，也包含了对现存事物的否定理解。我的批判涉及语文教学领域的许多方面，如语文教育思想、语文学科性质、语文教育价值、语文教学风格、语文教学模式、语文教学管理、语文教学艺术、语文课程教材、语文教学手段、语文教师培养、语文测评迎考等。以培养人格为标尺思考语文教育界的种种形象，阅读魏书生《论语文教学的科学管理》一文，很有感触，仔细研究之后，引发出一些想法，学术研究，重在参与，冲动之下，斗胆命笔，写就《语文教学“科学化”刍议——与魏书生同志商榷》一文，不想《语文学习》1991年第11期竟予刊发，使我有了一次与权威公开交流的机会，心里十分激动。这其中还写了一些与语文教学界的“大腕”商榷的文章，当时我无所顾忌，也许是年轻气盛，也许是缺少城府，我真诚地袒露了自己的真实想法。这些都收集到《语文教学的人文思考与实践》一书当中，我在这本书的“后记”中写到：“不论幼稚也罢，不论错误也罢，记录的始终都是我的真情实感。为文以真，待人以诚——我这样对自己说。我把我想到的、看到的，觉得有必要说出来的，都坦诚直率地亮出来，我不敢自命不凡，我不敢声称真理在握，我热忱地欢迎朋友们的批评、批判。”有人这样评价说：“也许，我们可以说程红兵的文章还不够成熟，有些提法还可以商榷，但难能可贵的是他那种执著追求真理的精神，那种锐意创新、不人云亦云的虎虎生气，那种独立思考的气度和胆量。”这无疑给了我鼓舞。

20世纪80年代中期开始，中学语文界流行搞课堂教学评比，1988年我所在的上饶市举办优质课评比，学校让我参加，我作了比较充分的准备，上了一首艾青的诗歌《大堰河——我的保姆》，自我感觉是声情并茂，说到动情处，自己都哽咽了，而学生完全沉浸在我所创造的情感氛围之中，最后夺得高中组第一名。1989年参加上饶地区中学语文优质课评选，我上的是宗璞的《西湖漫笔》，上这堂课我是把这篇课文和峻青的《雄关赋》结合起来上的，通过学习《西湖漫笔》归纳出这一类散文的阅读方法，然后再由学生自读《雄关赋》，从个别到一般，然后再从一般回到个别，即用一般的方法来指导学生学习一篇新的课文。1990年我代表上饶地区参加全省中学语文青年教师“四特杯”优质课大赛。这次大赛为了检验参赛教师的真实水平，特意从课外选择了文章，提前一天抽签，用一天时间备课，没有任何参考书，全凭自己的理解。我抽到的是一篇议论文，题为《努力请从今日始》，教学对象是初中的学生。我从未教过初中，这一次是第一次执教初中，我的指导思想还是通过对这篇文章的学习重在教会学生掌握这一类文章的阅读方法，最后获得一等奖，当时获一等奖的有4名教师。参赛的10多位教师现在大多不知他们人在何处，只听说许多人已离开江西，有些已经改行。1991年代表江西省参加全国中青年教师教学大奖赛，陪同我前往兰州的是上饶市教研室的语文教研员万真海老师。万老师、上饶市一中的语文组长何伟慈老师、上饶地区教研室语文教研员田庞元老师，一直非常关心我，给我鼓励，给我指导，而万老师则更是关怀备至，从地区比赛，到江西省比赛，到全国比赛，他始终陪同。兰州比赛我上的是法国作家莫泊桑的小说《我的叔叔于勒》，这堂课我采用的办法依然是由个别到一般，再由一般到个别，集中就小说的情节和人物进行研读，教学的最后是提供一个故事让学生补出结尾，试图通过此使学生体会并掌握小说情节安排“意料之外情理之中”的妙处。这堂课上下来之后赢得了许许多多听课教师的好评，自以为也非常顺利，感觉不错。但最后评选的结果宣布出来是三等奖，这不但令我大吃一惊，也令许多听课的教师大吃一惊，很多人为我打抱不平，最后当一位评课的专家点评参赛教师的课，点评到我的时候，我现在已不记得这位专家说些什么，只记得没说几句话当时下面就嘘声四起，起哄不断。我自己愤愤不平，《甘肃教育》的高老师也很为我不平。最后十几位参赛选手的教案都登在《甘肃教育》上，高老师特意将我的教案摆在第一篇，然后再按一二三等奖的顺序依次下去，教案上高老师还附上点评，给予很高的评价，不知是有意还是无意，还把我的课错说成是二等奖。沈阳师范学院的滕英超教授也认为我的课独树一帜，别具一格，很有特色，完全应该得一等奖，后来在他编著的《中学语文教坛风格流派录》一书中，除了收录名家之外，另外还收了三个青年教师，其中一个就是我，书中辟专章万余字介绍了我的教学风格。随着时间的推移我渐渐地看淡了，从此对这种竞赛已不再有兴趣。现在想想其实当初不该那么激动，既要参赛，当然就会有输赢，课是你上的，分是别人打的，只要是按照自己的想法上课，听凭别人评去。

这里应该谈谈我和于漪老师的交往，于漪老师是我从心底尊敬的先生。记得1991年我在江西曾给于老师写了一封求教信，写的时候有几分忐忑不安，信发了，人也就释然了。谁曾想，没多久就接到于老师的回信，当时我激动不已，于老师的勉励至今依稀记得，这封信仍收藏身边。这一次算是初次交往，当然是未曾谋面的。

第一次见面是在1994年夏，在山东泰安，“全国青语会”成立，先生作为老一辈语文教育家的代表到会祝贺，并作报告。先生受青年教师景仰，会前会后大家将她团团围住，我没能走近先生，不无遗憾。

1994年，一个偶然的机会，我从上饶调到了上海，“乡下人”进入大都市，有些“水土不服”。先生不知怎么知道了，托人捎信给我，请我到她家坐坐。得知这一消息后，我又是高兴，又是担心，平生不善交际，不善言谈，见名人，生怕无话，难免尴尬，心生许多压力。恰逢先生在《语文学习》发表《弘扬人文，改革弊端》一文，于是以此为由准备了许多问题。

先生是个和蔼可亲的老人，精神矍铄。也不记得开始怎么说的，单知道没说几句话，我的拘束就无影无踪了。我就语文教育的人文性向她提出了一些问题，她不紧不慢作了耐心细致的回答，不时插几句：“你看呢？你怎么想？”总是把我作为平等的谈话对象。后来先生向我谈起她走过的路，她的感想，她的体会，听她娓娓动情的叙述，我悟出了先生的良苦用心：树立自信，勇敢地走出困境。末了，我提出就语文教育人文性整理一个《于漪答问》，她欣然同意，但标题执意要定为《关于语文教育人文性的对话》。“答问”与“对话”的区别，我当然知道，先生的长者风范令我非常感动。以后浦东新区教育学院和建平中学都聘请先生作为我的导师，我成了先生的关门弟子。这以后，凡是重要的教研活动，她都招呼我，并提供机会，让我登台亮相。

1996年学校和新区报我特级教师，先生很为我高兴，有人以我年纪轻、1995年刚破格评上高级教师不久、江西老区调来等诸多理由为据，提出异议。先生慷慨陈词，力排异议，颇为动情。我与先生非亲非故，何以如此提携我？于老师深情地告诉我，推你上去，绝不是为了你个人，这是事业的需要，我们已经老了，事业应该后继有人，新世纪需要你们一代人支撑。当时听了心里涌起一股热流：这是怎样的一种境界？怎样的一种胸怀啊？

先生文思敏捷，写文章不用打草稿。先生从不拒绝接受新的思想理念，以其博大的胸怀给青年教师以理解、宽容、指点和奖掖。在她身上，我领悟到了"身正为师，学高为范"的内涵，领悟到做一个语文教师的平凡和神圣。还记得《语文教学的人文思考与实践》校样出来的时候，我想请先生作序，其时她因积劳成疾，住院在床。当我在病房里看到她时，她消瘦的面容，打消了我的念头，她似乎看出了我的心思，笑着说："你把校样放在这，我抽空来为你作序。"好半天我说不出话。一次，我编《中国学生作文年鉴》碰到难题，想到求助于先生，谁知先生已生病住院，来到病床前和先生随意谈着，哪知先生主动问起书稿的情况，我据实相告："还差一个概述，不知从何下手。"先生看出了我的心思，笑了笑："我来写吧，明天你来取稿。"

几年过去了，现在我已不记得先生在《语文教学的人文思考与实践》"序言"中夸奖鼓励我的话，但这一幕幕情景我始终难以忘怀。我曾对自己说过，于漪老师长期超负荷工作，为事业鞠躬尽瘁，积劳成疾，重病住院仍悉心指点，使我永远不敢怠慢，为了事业，只有努力工作，别无选择。

作文著书，都是在课余时间里进行的，课堂里我在自己的自留地（自己任教的班级）播种、耕耘，日积月累也留下了不少东西，这些是按照自己的思想操作进行的，很有些个性色彩。

我是这样想的：观念思想固然重要，但如果一切仅仅停留在观念的层面上，显然也是不够的；再者批判固然重要，但如果一切仅仅停留在批判上也是不够的，很显然还必须建设。基于这样的认识，我开始从"批判现实主义者"走向"建设现实主义者"，当然这一切称号全部是自封的。追寻终极目的，我以为，语文教学要传授语文知识，培养语文能力，但更为重要的是应培养学生的健康人格。于是围绕着在语文教学中塑造学生的健康人格，我开始了系统建设。撰写并发表了系列论文《从人格培养看中学教育》《语文人格教育论纲》《培养语文能力同时塑造健康人格》《语文教育价值观管窥》《在阅读教学中培养学生健康人格》《在写作教学中培养学生健康人格》等，先后在《中国教育学刊》《山东师大学报》《沈阳师范学院学报》《上海师大学报》《教育论丛》《江西教育科研》《学科教育探索》《教育科学论坛》《江西高教研究》《中学语文教学》《语文学习》《语文教学通讯》《教育论丛》《中学语文教学参考》等30多家刊物发表90多篇论文，其中20多篇论文先后被《高等学校文科学报文摘》《教育文摘周报》《人大报刊复印资料》等刊物全文转载或转摘，有20多篇论文获省市、全国论文评比一、二等奖。我的课堂教学研究论文《试论语文课的教学幽默》报到上海市教委，被专家评定为最高级别——A级。出版了实用性很强的两本著作《创新思维与作文》《高中现代文阅读技术分析与训练》，试图给一线教师以切切实实的帮助。这两本书其实都是自己的教学积累，也是自己的思想主张在教学实践中的具体体现。我主持的课题“自主探究性语文学习模式研究”已获国家教育部有关部门批准，立为国家级课题。

我在自己的班级里开展很有意思的实验，让每个学生每个月读一本文化名著，我以为现在的学生文化积淀太少，文学感受力在下降，知识面越来越窄，无法和教师产生共鸣。文化积淀太少，不但学不好语文，而且妨碍学生个人的成长，文学素养的缺乏会造成人生与社会经验的缺乏。读文学作品，不仅是为了弄懂语词的含义和文法的规律，更重要的是青少年通过阅读文学，获得一种少男少女对善与美的把握和领悟，培养起对人类几千年来代代相传的美好心灵美好情操的特殊感受。这是靠心灵对心灵的呼唤，靠感情对感情的激发，靠智慧对智慧的启迪，绝不是课文分析所能替代的。青少年如果没有在文学海洋里遨游过，其智慧之泉是会干枯的，长大以后不管从事什么职业都难以弥补这个缺憾。语文是什么，我们常常把它复杂化，其实语文本来很朴实，爱读书，勤思考，会用语文表情达意，就这么简单。

我让学生们读书，海明威的《老人与海》、茨威格的《人类的群星闪耀时》、房龙的《人类的故事》、李辉的《风雨中的雕像》、余秋雨的《文化苦旅》、罗曼·罗兰的《约翰·克利思朵夫》、培根的《培根论人生》、卢梭的《爱弥尔》、朱自清的《经典常谈》、宗白华的《美学散步》，还有《歌德谈话录》《时间简史》《别闹了，费曼先生》……就这么一本一本地读下去，要求学生每周做书摘笔记，和大师对话，写眉批感想。每月写一篇书评或读后感，用一两节课时间来讨论，互相交流、碰撞，不时有思想的火花闪耀出来，这是文化的积淀，这是思想的熏陶，这是人格的升华。一次讨论《学习的革命》，有的同学充分肯定这本书，有的同学说这本书夸大其词，不切实际。争论不休之际，又有同学站起来说，应该吸收本书对我们有益的地方，至于什么一天读4本书并且把它记住，4~8周内掌握一门外语，那是广告，你把广告当真你就傻了。学生之间的交流有时比老师的教育效果好得多，要充分相信学生，特别是学生的群体。读书讨论关键在于引发学生思考，对社会对生活有自己的眼光，讨论李辉的《风雨中的雕像》时，有同学说："作者李辉认为老舍是风雨中的雕像，我以为不然，老舍抛弃了他爱的和爱他的人自己投水而死了，他在风雨中倒下了，所谓雕像应该是屹立不倒的，很多作家在文革的风雨中挺过来了，他们是雕像。"我当然知道这个孩子没有经过"文革"，不知道"文革"对人是如何摧残的，但是我又分明感到这个孩子是用自己的大脑在思考问题，是表达自己的真实想法，这不正是我们所希望的吗？

我要求每节语文课由一位同学（按学号轮流）介绍一首诗，然后全班同学用3分钟左右的时间把它背下来，其时我和同学一块儿口中念念有词，兴致上来，我会用浑厚的男中音（当然这完全是自我感觉）作一个诵读表演，摇头晃脑，作得意状，引来满堂喝彩（这当然是学生给我面子）。一个月一本书，一节课一首诗，这是什么？这是丰厚的养料，这是人生的文化基石，基础教育不就是为孩子们作人生的奠基吗？

我让孩子们收看中央电视台《焦点访谈》节目，看着看着，把家长也吸引到电视机前，一家三口围绕电视内容争论不休……学生在随笔中说道：阅读文化名著是点亮一盏心灯，收看《焦点访谈》是打开社会之窗。一闻此言，我有种心醉的感觉。开展研究性学习，我让孩子们走向社会，调查研究，写专题报告，为社会出金点子，孩子们有一种成就感。我常常想，作为一个老师，他的高尚师德应该体现在他对每一个学生的关怀上，体现在他帮助学生取得成功上。不论是对基础好的同学，还是对基础薄弱的同学，我都尽可能给学生以满腔的热情和关怀。

我的学生张树英同学，文化课成绩较弱，常常不及格，甚至语文考试也有不及格的现象，在我的思想里她一直是我应该多加关怀的对象，我从来没有想到她也会闪光。一次组织学生搞项目设计，张树英同学选择了一个很有价值的题目，她给上海市的城市建设出了一个金点子，建议在上海建一个地球村，她是从世界许多大城市大都有唐人街获得启发，设想在上海辟一个地方建一个地球村，以国家民族命名街道或村落，比如埃及村、巴黎大街、俄罗斯大街等，吸引外商来投资建设，按照他们本民族的建筑风格来建造，建成之后，经营他们本民族的特产，让外国人到了这里有一种回家的感觉，让中国人不出国门就能体会到异国他乡的味道。这篇文章交到我这里后，我眼前一亮，真是一个好主意！只是文章有许多病句、错别字，我指导张树英反复修改，一共改了5稿，方才成型，文章寄给了当时的上海市市长徐匡迪，徐匡迪市长嘱咐上海市城市建设规划局局长亲笔回信，给予充分肯定。文章还寄给了上海市副市长周禹鹏，周副市长亲笔批示，上海东方电视台、上海教育电视台、上海电视台纷纷采访报道张树英。令我意外的是，张树英面对镜头居然侃侃而谈，记者忍不住向我夸奖：建平中学的学生素质就是好。张树英感谢我对她的帮助，说她的成功凝聚了我的一分心血和汗水。而我则对她说，我也感谢你，是你改变了我的错误认识，我一直认为你需要我多加帮助，没有想到你也会闪光。几年来我所带的学生，无论是高考成绩，还是知识结构，或是综合素质，都取得了辉煌的成就。仅以2001届学生为例，一年来经我指导的学生在全国各种报刊发表了30多篇文章，并获得全国作文大赛一、二等奖，上海市高中作文大赛一、二等奖。我把学生的作品编成集子，共有几十万字。我所带的2001届建平高中毕业生参加高考平均分获上海市第一名，我自己任教的班级语文平均分又是整个年级第一名。

作为一个批判者固然不易，但毕竟有一份潇洒和痛快，自由地挥洒自己的思想。而作为一个建设者其实更为艰难，因为没有那份潇洒痛快，却有着背负行囊长途跋涉的感觉。为了不至于过于寂寞，我依然像先前一样，在旅途中不时地"呐喊"几声，以壮行色，张开大嘴向前奔跑。

我在我的课堂教学中也力求体现我的个性，因而我的课赢得了我所任教的每一届学生的好评。我多次为国家级省市级骨干教师上示范观摩课，人民教育音像出版社等多家出版社出版了我的教学光盘、教学录像，中央教育电视台几次播放我的课堂教学录像。

我不仅自己认真进行教学研究，而且非常热心帮助学校的老师、浦东新区的老师从事教学研究，帮助他们修改论文，热心推荐他们的论文到期刊上发表，经我推荐发表的论文有30多篇，有的论文参加上海市教委专家评定获得优良等第。

我还受聘指导国家级骨干教师，先后应邀到云南、浙江、江苏、海南、山东、安徽、江西、贵州、湖南、宁夏、内蒙、湖北、广西、广东等地作语文人格教育的专题报告，产生较大影响。我的《语文教学的人文思考与实践》《教师人格魅力》《创新思维与作文》《中学生怎样写科研小论文》《偶然苦丁》《高中现代文阅读技术分析与训练》《高考阅读试题分类精析》《走近澳大利亚教育》等八部专著先后由中国铁道出版社、上海三联书店、复旦大学出版社、上海社会科学院出版社出版，加上发表的论文约有300多万字，其中《创新思维与作文》被上海市科协认定为上海市科技成果，并先后获得浦东新区一等奖、上海市三等奖。主编《探索有生命力的教育》《走进生活品读文学》《智慧探索——与科学对话》《中国学生作文年鉴（高中卷）》1996卷、1997卷、1998卷、2000卷8部著作，约有400万字。全国有7家报刊刊发书评，评介推荐我的著作。《文汇报》以“太阳，每天都是新的”为题报道，上海东方电视台等8家媒体也报道过。《中学语文教学参考》《中学语文》《语文教学通讯》等刊物也把我作为封面人物刊登，《中学语文教学》《语文学习》在封二、封三刊登我的照片并刊发专题文章作介绍。

这些年似乎取得了一些成绩，一些学术组织对我产生了兴趣。1997年以来上海市东方教育中心聘我为特约研究员，全国青语会推选我为常务理事，上海教育出版社聘我为特约编审，陕西师范大学出版社聘我为特约编审，《语文学习》聘我为栏目特约主持人主持“青春书架”，《语文世界》聘我为栏目特约主持人主持“创新篇章”，《语文教学通讯》聘我为栏目特约主持人主持“红兵茶馆”，《中学语文教学参考》聘我为栏目特约主持人主持“语文研究性学习”，《中学语文教学参考（学生版）》聘请我为顾问，浦东新区聘我为中评委副主任，上海市教育评估院聘我为中学高级职称评定委员会语文学科组成员。2000年上海市教育考试院聘我为高考语文命题组成员参加高考命题，2002年上海市教育考试院聘我为高考语文试卷审题组成员，审查2002年高考语文试卷。浦东新区聘我为青年人才带教导师，中国教育学会中学语文专业委员会教学艺术研究中心推举我为常务理事。各级政府给了我一系列的荣誉称号，如上饶市、上饶地区优秀教师、优秀青年教师，1991年获国家教委、国家人事部授予的“全国优秀教师”荣誉称号，1993年获江西省教委、江西省委宣传部、共青团江西省委、江西省教育工会授予的“江西省中学十佳青年教师”荣誉称号，1996年获上海市人民政府授予的“特级教师”光荣称号，当时是上海市最年轻的特级教师。1998年被上海市教育委员会聘为上海市市级骨干教师带教导师，是目前上海市最年轻的导师，同年获全国中语会授予的“全国优秀语文教师”称号，1999年获浦东新区授予的“浦东新区十大杰出青年”称号，2001年获上海市人民政府授予的“2000年度上海市劳动模范称号”，同年获浦东新区人民政府颁发的“先进生产（工作）者”称号和中国教育工会全国委员会授予的“全国师德先进个人”荣誉称号。

在广州讲学

以上我都是说我作为语文教师的所作所为，其实我还有另外一个社会角色，1996年我被评上特级教师之后，冯校长提拔我为建平中学教科所副主任，1997年经过多方考察，又提拔我担任建平中学校长助理。记得当时宣布任命的时候冯校长现场采访我，我说了两句话，为文以真，待人以诚。写文章要真实地表露自己的看法，对待他人要真心诚意。这两句话也可以说是我的人生座右铭，几年来一直坚持，今后也不会轻易丢弃。1998年我又升任建平中学党总支副书记，当时组织上的意思是要我接总支的班，一年过后，情况又发生变化，1999年免去我党总支副书记的职务，改任命我为建平中学常务副校长，很显然是要我接校长的班。回顾这短短的几年，我似乎是“官运亨通”，究其原因，当然是多方面的，但有一条我以为很重要，那就是每一次任职，我都任劳任怨，努力把工作做好，但这样做实在太累，牺牲了太多的个人时间，有时我真的不想当这所谓的官，曾两次向冯校长提出辞职，但最终都未能如愿。人生的事情常常就是这样怪，你越不愿意做，越要找你做，而你如果越是想做，就越是不给你做，真的没办法。

2003年，我又一次面临人生的重大转折，建平中学校长冯恩洪义无返顾地要去搞民办教育，提交辞去校长职务的申请报告，终于打动了有关领导，于是启动了一系列新旧交替的工作流程。

这一年7月22日，我在桂林讲学，电话打来，关于我的任职问题浦东新区组织部要进行专题调查，和所有中层以上干部谈话，要求100位教师打分，中心议题就是：程红兵能否就任建平中学校长。朋友劝我：赶紧回去——这个年头人在与不在大不一样。关键时期总是与心态相关，我想，校长不是我要当的，而是方方面面要我当的。我不回去，不在跟前，更能看出学校教师的真实心态，学校教师真的愿意选择我作为建平中学的校长，那么我当这个校长才有意义；如果学校教师不愿选择我做校长，我当这个校长毫无意义。随它去，顺其自然——这是我一贯的选择方式。

8月4日，浦东新区区委副书记姜平、浦东新区区委组织部部长张华联合找我谈话，他们就为什么选择我作为建平中学校长向我作了说明，来自建平中学教师的反映非常好，有96%以上的建平教师推荐我做校长，上海市教委的领导非常看好我，那一次竞聘社会发展局副局长的过程中，市教委的领导就认为，如果我出任建平中学的校长更为合适，能够在原有的基础上做出更大的成绩，社会发展局的领导也认为我是理想的人选——无论人品、学术专长还是敬业精神、工作实绩都没问题。两位区委领导对我提出了希望，希望我将建平中学推向一个新的高度，把学校办成一流的学校，从他们的谈话中可以看出他们对建平中学的情况了如指掌。我也表示了我的感谢，感谢区里领导对我的信任，保证努力做好工作，不辜负领导对我的期望。接下来按照领导任职工作程序，出了一张关于我的《领导干部任职前公示》，公示之后，不久就宣布任命我为建平中学校长。我好像是一个正在行使过程中的轮船的大副，因为船长要去接收一架新的客轮，于是船长位置空缺，按照常规顶上船长位置的应该是大副，并不是大副比其他二副、三副强，实事求是地说能力水平超过我这个大副的，建平中学大有人在，只是按惯例，我顶替了空缺出来的船长职位。我的优点是有自知之明，以下三种情况有一种出现，我将自动提出辞职：第一，学校没有发展，或者工作中出现较大失误、错误，我辞职；第二，从整体上说教师职工工资待遇出现下降状况，我辞职；第三，有三分之一的老师认为我不称职，我辞职。有人说成功的校长应该具备三种素质：哲学家的睿智；经济学家的精明；军事家的灵活。我对照自己似乎全然不具备这三个条件，但我已经没有退路，必须把学校办好。我在想：学校交到我的手里，我应该把它办成什么样子？我理想中的学校是什么样的？理想的课堂是什么样子的？理想的校园是什么样子的？理想的学生是什么样子的？理想的教师是什么样子的？

8月29日，浦东新区区委副书记等领导来校宣布我的任命，我在会上作了一个表态，在我的任上一定要做好四件事：第一，创设并发展以提高师生校园生活质量为宗旨的建平学校文化。师生校园生活质量包括愉悦感、充实感、成就感。第二，构建一个体现时代精神并服务于学生个性化发展的现代课程系统，用人类文明财富营造建平学子成长的精神家园。第三，建立一种以提高学校管理效能为宗旨的现代校本管理发展机制。这是一个以教师、学生为主体的现代民本管理。第四，探索一条以问题为本的校本教师干部培训途径。出发点：基于学校问题，课程问题、管理问题、发展问题；归宿点：提高教师修养（人文修养、知识修养、意识修养）。

最后我表示：努力工作，鞠躬尽瘁，但决不死而后已，因为不会把校长的职务做到老。我说：冯校长58岁离开校长岗位，我肯定比他更早离开校长岗位。

这个表态其实是我就任校长之后对建平未来发展的初步考虑。

我不久又被安排到教育部校长培训中心学习，利用这次脱产学习的机会，我深入思考建平中学的未来发展。跳出教育来看，不妨看看企业，没有战略，企业将会怎样？目前中国大多数发展的企业同国际上成熟的企业相比较，竞争的优势只是价格优势，而不是核心竞争优势，而价格优势不能持久。格兰仕营销总裁以全球500强第一的沃尔玛集团为榜样，声称“沃尔玛不就是凭价格或低价获得了全球第一？”——低价策略只不过是沃尔玛成功的表象，它的背后是出色的后勤物流配送能力和吸引客户忠诚的经营能力，这是它的内在能力——核心竞争力。由此引发了我对学校发展的思考，没有战略，学校将会怎样？学校的核心竞争优势是学校文化，构成学校文化的主体是学校的师资队伍，锻造一支竞争力强劲的师资队伍是校长的首要职责。要打造学校的品牌，品牌是一种象征，一种归属感，一种安全感。品牌是一种文化，是一种纪律，是学校最重要的资产。品牌是能创造长期价值的无形资产。它不仅是一个商标，一种文字，更重要的是给学生、家长和社会一个承诺。品牌＝品质＋标志＋信誉。品牌学校需要准确的自身定位。任何品牌都必须发现和科学定位自己的核心价值。而后紧紧围绕这个主题，将这个核心价值向目标消费者和公众传播，在其中建立清晰、可感的核心价值形象。找准位置、鲜明个性、彰显特色，是一所学校成长为一流名校的三步曲。

品牌学校需要稳定的培养模式。模式是先进的教育理念的客观化。品牌之所以被信赖，是因为其受制于严格的过程约束和规范限定。品牌实质上是一种承诺，学校建立品牌的过程就是孜孜不倦实践其诺言的过程。

此时此刻在建平发展的关键时期，我们应该寻根，追寻建平办学的历史。赵本山说不能忘了文化身份，赵本山本来就是个东北农民，一个给大伙生产快乐的个体户。人啊，啥时候都不能忘了自己的文化身份。文化身份来自历史，来自经历，来自土地。忘了身份，等于没了“魂”，丢了“根”。聆听建平在其发展历程中留下声音，聆听历史是一种伟大的才智。历史不仅是一种知识，而且是一种智慧。历史虽然无口，但它却会说话，能够听见历史说话已经很了不起了，这就是伟大的智慧。听懂历史说话是一种巨大的才智，但是要想听历史，懂历史，首先就必须学历史、读历史，在历史的知识中聆听历史的教诲。

深入研究建平60年的历史，认真总结建平传统、建平精神、建平学风，我觉得应该大力发掘建平的文化内涵，培育建平的文化个性和特色，要把建平文化植根于浦东文化、海派文化的沃土，广泛吸收海派文化的精髓，继承和发扬海派文化海纳百川的精神，丰富建平文化的深厚底蕴；要积极培育和大力弘扬中华民族以爱国主义为核心的团结统一、爱好和平、勤劳勇敢、自强不息的伟大民族精神，继承和发扬建平教师以天下为己任，追求真理、忧国忧民的优良传统，凸显建平文化的民族特色和历史厚重感；要拓宽国际视野，敞开胸襟，放眼世界，大胆借鉴世界著名学校的成功经验，拓展建平文化的内涵，增强建平文化的包容性和开放性；要立足现在，面向未来，抢抓机遇，大胆创新；要敢于突破旧的习惯，探索新的思路；要有继承前人的态度，更要有超越前人的气魄，从而不断培育建平文化新的增长点，充分展示建平文化与时俱进的时代风采。

回顾建平中学20多年的历史，我们可以看出从1985年以来走过了两个阶段：一是“洋务运动”——学校环境建设与教学工具的革新；二是“维新运动”——教育理念的更新与管理制度建设。接下来应该进入第三个阶段，那就是建平“新文化运动”——现代学校文化建设。在历史与现代融合中完善办学特色，建设学校文化，学校文化建设必须继承学校传统，但不为传统所束缚，强调传统但不故步自封。学校文化本身就是一个发展的概念，学校必须思考的就是如何使传统有一种创新。学校之名在于文化传统的进步，在于不断开拓创新，在于校长、教师、学生活跃的思维品质和无限的潜能，在于不断把握历史未来的进程。精神形态或观念形态的学校文化，具有独特的感染力、凝聚力和震撼力，是学校整个精神风貌的体现，直接影响到学校的办学方向和教育教学的活动方式，是整个学校最基本的文化内涵和文化背景。

战略比策略重要，变革关键在变心。如果真的想要彻底改变传统的不适应现代发展需求的教学模式，就必须从人的价值观、哲学思想、信念着手，因为控制和操纵人的行为的根源是文化，变革的关键是要创建一种变革文化，塑造一种支持变革的价值观，变革关键在变心。

看看这些年的基础教育改革，特别是上海市的情况，我们不难发现有同质化现象，也就是校与校之间差异不大，基本类同，所谓千校一面，这与这些年所搞的各种达标工程、实验性示范性评审工程有直接关系。这些评审、检查、督导，检查标准统一，验收内容统一，甚至于检查评审的程序都是一样的。这个过程当然是必要的，这是一个规范化的过程，标准化的过程，学校由经验化办学走向科学化办学，没有规范的时候我们必须建立规范，当已经有了规范的时候我们必须超越规范，所谓超越规范，我以为就是学校应该个性化办学，学校个性不是竞赛成绩，不是高考成绩，不是标签口号，学校个性应该是学校的文化个性，也就是学校文化的内涵、学校办学特色、学校精神积淀，“学校文化”是学校生命所在，学校文化是一棵生命树。学校中具体的物质、行为、制度、精神的状态是生命之树的叶子；学校中大多数人对待物质、行为、制度、精神的态度和方式是生命之树的主干；学校所在地区的本土文化以及行政文化是学校文化的土壤。

基于上述思考，我把战略定位在现代学校文化建设上。往下思考我理想的学生，也就是学校的培养目标。前面提到学校个性化，个性化说起来容易做起来难。教育理论家们不断地“兴风作浪”，制造或贩卖新的思潮、新的概念，什么研究性学习，活动课程，校本课程，教师专业化发展，多元智能，多不胜数。校长们随风而动，刮东风，校长们朝东走，刮西风，校长们朝西走，追波逐澜，好不热闹，冷静回想一下，不过是很多人都只学了一点皮毛，有了几个新名词，贴贴标签而已，潮起潮落之际，往往是淹没了校长自己的个性，淹没了学校的个性。大浪淘沙，淘尽了校长们的个性，淘尽了他们的思想，淘尽了他们的原创性，现在的校长只会跟风逐流。我不知道50年后的校长们如果想看看现在校长的办学思想，他们将会发出如何惊奇的感叹：他们怎么说的是一样的话！

未来学校的竞争重点体现在学校培养的学生是否具有普适性与个性化，也就是说学校培养的人才具有普适性，即普遍适合社会各类人才的基本素质需求，同时具有个性化。普适性重在质量，质量越高，越适合社会的需求；个性化重在鲜明，人无我有，个性鲜明，越受社会的青睐。这就需要学校办学有个性。个性化办学应该从培养目标入手，我们拥有一个目标，这就是党的教育方针所规定的：德智体美全面发展，培养接班人和劳动者。这是政府从整个国家的宏观层面所确定的，这无疑是正确的，也是各所学校所应该遵守的，但这并不排斥每一所学校应该有它自己的个性化培养目标。每一所学校所招收的学生的素质是不一样的，学生今后进入社会的层面是不尽相同的，学校的教师和教学条件是不尽相同的，学校的文化也是不一样的。只有实事求是，从自己学校的实际情况出发，准确定位，才有可能实现个性化的办学。

定位的一个重要内涵就是确定学校个性化的培养目标。上个世纪90年代建平中学时任校长冯恩洪提出了“合格+特长”的培养目标，引领这个学校个性化的办学。这是一个生成性的、发展性的思想体系，与时俱进，追寻它的当代意义，我认为未来人才国际竞争力的核心素质是自立精神、共生意识、科学态度、人文情怀和领袖气质，这应该注入到“合格+特长”的培养目标体系之中。所谓自立精神是指学生在具备一定的知识结构、道德修养以及身心健康的前提下，所具有的自主自立的精神。所谓共生意识是指学生具有与他人合作共事的意识，有与自然、社会合作共生的意识，具有全球视野、历史视野，包括理解祖国的传统文化与历史、理解多元文化的素质态度和一定的外语能力。所谓科学态度是指具有热爱科学、追求真理的情感，具有实事求是的态度，看待事物的眼光是客观的，解决问题的方法是理性的，特别是具有批判精神。张者《文化自白书》一书中提到，张者问张中行：“您认为教育的最大的目的是什么？”张中行回答：“我想起了一个故事，德国的小学教科书说打败拿破仑完全是德国人的力量；英国的小学教科书说打败拿破仑是英国人的力量。罗素主张把两种小学教科书放到一块儿让孩子念。有人就担心，说你这样让孩子信什么呢？罗素说，你教的学生他不信了，你的教育就成功了。”不信是建立在有知识的基础上，现在许多年轻人没有判断力，过于轻信。在余英时笔下，“知识分子”最重要的特性有二：一为超越，二为批判。所超越者一己之利害得失，所批判者现实世界之不合理秩序。就批判而言，知识分子产生之初的内在涵义就是指社会上某一批最具批判和怀疑意识的人。所谓人文情怀是指在一定的人文积淀的基础上所形成的对人的深厚情感，积极向善，理解他人，同情弱者，既关爱身边的人，又关爱民族，关爱人类。所谓领袖气质不是狭义的，而是指具有创业的意识、组织的才能、领导的艺术，具有包容性和高度的团队责任感以及自我牺牲精神。

时代的发展提出新的人才标准，新的时代、新的人才标准需要我们确立新的培养目标，需要我们根据这样的人才要求和时代发展的背景提供新的教育服务。这充分体现出与时代发展、个体生命价值实现相协调的价值取向。围绕这一培养目标，继承建平优秀文化传统，探索未来学校发展方向，构建具有现代学校文化特质的建平学校文化是今后一段时期的核心任务。

明确了学校发展战略定位目标，确定了学校的培养目标，我的心基本定了。我想在我这一任上，我应该努力做到：求真务实，杜绝一切形式主义；诚实守信，杜绝一切弄虚作假；平和进取，杜绝一切急功近利；开放创造，杜绝一切故步自封。这可以作为我的基本工作准则。

当上校长后第一件大事就是迎接上海市实验性、示范性学校总结性评审，我在全校教职工动员大会上提出：振奋精神，精心准备，迎接检查，以饱满积极的热情、一丝不苟的态度、信心百倍的气度、豪情满怀的面貌，力争全优。我们在相关资料、校园环境、听课研究、网络技术、师生访谈等方面做了十分认真的准备。

经过两天的紧张工作，总结性评审结束，专家组对建平中学给予积极的肯定，他们认为：建平在国内很有影响，建平办学有特色，新旧规划的认同度很高。最近几年建平变化很大，软件变化大，建平发展势头很好，给人以日新月异之感。

原规划目标基本达到，形成了比较完整的校本课程，开发了特色课程，数量、质量都得到了提高，具有规范性，为学生选择创造了条件。分层次教学，学分制，课堂教学等取得了成功的经验。领导重视师资队伍的建设，有一定素质，结构合理。重视教研组建设，形成特色学科，语文、数学、外语实力强劲，特级教师分布更均匀。教师积极性高，建平教育沙龙调动教师，激励教师。班子很有活力，管理有特色，引进LSO9001，重视过程，更加规范，非常成功地保证了教育教学。民主管理很有特色，工会参与学校管理很实际。学生评价教师，管理食堂。家长委员会真正参与了学校管理，调动了各方面的积极性，主人翁的感觉被激发出来了。学校德育工作是强项，内容丰富，学生自主性强，以人为本，对学生人格尊重，提高德育实效性。

新规划比原来的规划又上了一个台阶，新的规划有思想，有操作层面，能够为建平发展打下很好的基础，希望建平未来三年的发展尽快形成学校特色，打造品牌，用成果去支撑学校的未来。建平以前提校园文化，现在又提学校文化，理论与实践并举，对学校文化进行梳理，重视实践操作层面，把工作做实，课题研究重视实证。建平有人气，队伍来自五湖四海；建平有朝气，从干部到教师，都对前景充满信心；建平有喜气，师生发展成绩显著。从面向未来的发展趋势看，建平很有希望。有好的教师班子，年纪轻，有活力，有扎实的理论功底，有较强的专业能力，能引领建平中学继续发展。新规划是深思熟虑的，是有深度的，“合格+特长”随时代发展而发展，这其中的内涵与时俱进。

评审最后结果出来，建平9项指标全部优秀。全体建平人都沉浸在欢欣鼓舞的喜庆气氛之中。

面对成绩我时时提醒自己，作为校长应该做到：少一点应酬，多一些服务；少一点高谈，多一些实干；少一点浮躁，多一些思考；少一点指责，多一些反省。

2004年我们迎来了建平中学建校60周年大庆。我的想法是，校庆与其燃放鞭炮，不如坐而论道。论什么，论学校文化，因为学校是文化的集散地。纵向看，要传承优秀文化；横向看，要传播先进文化。建平校庆系列活动第一项就是举办“学校发展与现代学校文化建设”全国校长论坛，这次活动非常成功。我们邀请了许多专家和校长到会，每个专家都是一部经典著作，每部经典著作都孕育了丰富的思想，今天阅读思想，分享思想。每个校长都是一颗打火石，相互碰撞，将激起思想的火花，辉映教育的天空。

我们的培养目标还有“领袖气质”，这是当下学生比较缺乏的品质。我们这一辈人兄弟姐妹有好几个，老大常常是天然的孩子王，是领袖。而现在的学生都是独生子女，是被许多长辈精心呵护的一代人，他们原本应该具有的领袖气质许多没有被开发出来，而现在社会又非常需要这样一种气质。我们从上到下各个层面都需要团队精神，而团队当中的核心人物就是领袖。建平中学通过学生自主管理、通过学生干部轮流“执政”，来培养领袖气质，还有一个重要渠道就是学生社团，学生自己组织社团，自己开展丰富多彩的活动。我们搞了一个学生社团节展示活动，同学们以精湛的技艺、出色的创意、出众的口才展示了他们的社团活动。论坛现场辩论让人目瞪口呆，学生们思维之敏捷、反映之迅速、口齿之流利，使人无不叹服，这样小的孩子，真是不简单。跆拳道表演也是令人眼前一亮，男女同学表现出来的那种气势，的确使人振奋，武艺高强，劈手踢腿之间木板顷刻断为两截，力量何其了得。主持人模仿秀，语气语调模仿逼真，很像回事。动漫社的《光》充满艺术想象，五光十色，似梦似幻，创设了一个非常好的氛围。

社团给孩子们创造了施展才华的空间，给孩子们打开了另一扇窗户，孩子们在社团活动中多种能力得到充分的锻炼和提高，社团的核心人物自然成为这个团队的领袖，其领袖气质也得以体现和锤炼。我们给孩子们一个机会，孩子们还我们一个奇迹，他们以他们的智慧和才情给我们上了生动的一课。平心而论，教师并不一定比学生高明多少，相反孩子们中间许多能人远远超过了我们。通过今天的表演，我们更加深刻地认识了我们的学生，我觉得应该让我们的学生给全体教师表演一次，让老师们补上这一课。

身为校长，我依然坚持任教一个班的语文课，通过任课能够亲近学生，亲近教师，亲近语文，使自己始终以教师自居。我在自己任教的班级继续我的实验，学生参加上海市作文比赛获一等奖和三等奖，参加浦东新区的作文竞赛也获得一、二、三等奖。同学们喜欢我的语文课。2006届高二（13）班学生张璠璐这样说："我们的语文老师讲过，'我们对语文的理解，既是语言文字的，又是语言文学的，更是语言文化的。'这是一门工具性和人文性同在的学科，也同时加大了教这门课的难度。工具性太强，显得枯燥无味；人文性太强，又显不出它应试的优势，不能满足最广大学生的最实际的要求，而我很庆幸自己有个博学明理的语文老师程红兵，他将这些因素拿捏得准确到位，他能吸引我们对语文的关注，用他浓重慷慨的朗读，用他强记博闻的连珠妙语，用他中西结合、轻松舒服的方式上课，他还有一种被称为'人格魅力'的气度。"

这期间学生采访我，称我为书生校长，我觉得这个说法挺好，很合乎我的性格，于是欣然接受，并引以为荣。《中国教育报》的记者专程从北京赶到上海采访我，2004年5月25日做了整整一个版面的报道，题目就是《书生校长的味道》，后来经报纸调查统计，这篇文章是最受读者欢迎的。

我写的《学校发展与现代学校文化建设》一文参加国家教育行政管理学院、《中学生》杂志联合举办的全国高中校长论文评选，获一等奖，当时获一等奖的只有2名，我们在人民大会堂接受颁奖，同时这篇文章还发表在《全球教育展望》上。南昌市教委、常州市教育局，还有四川、山东一些地方的教育局组织当地校长进行培训，特邀我为他们讲学，我的课受到听课校长的普遍好评。

后来在2003年、2004年我又先后出版了《程红兵与语文人格教育》《心听校园》两本书。

检讨这些年来的从教生涯，我有一个明显的体会，无论怎样，思想不能缺席，教育需要价值思想。

思想是一根香烟，是一杯浓茶，是一杯咖啡，是一支雪茄，是一个教学行为，是一本教科书，是黑板上的板书，是一次暑假作业，但一根香烟不是思想，一杯浓茶不是思想，一杯咖啡不是思想，一个教学行为不是思想，一本教科书不是思想，黑板上的板书不是思想，一次暑假作业不是思想。

思想是什么？思想是形而上的，思想关乎价值，思想是附着于外物、附着于行为的内在的关乎价值、形而上的东西。思想从终极上思考：外物为谁而存在？行为为谁做？为什么而存在？为什么而做？

教育也罢，语文教学也罢，都要有思想，教育就是文化的传承，语文教学就是语言的习得与文化的传承，文化的核心就是思想，抽去了思想，我们还有文化吗？但是我们有思想吗？我们似乎有思想，教育以学生发展为本，这是思想，但又不是思想，当这句话蕴涵在一个个具体的教育物当中，蕴涵在一个个具体的教育行为中，它就是教育思想。当这句话成为一种标语口号、成为一种标签，随处张贴、随时呼喊，那它就不是思想。

我们不断地进行教育改革，我们不断地进行技术操作层面的变化，一期课改我们说必修课、选修课、活动课；二期课改我们说基础型、拓展型、研究型，我们是否思考过，我们为谁而改，我们为什么改？必修课、选修课、活动课是否失去了存在的理由，而基础型、拓展型、研究型取而代之的理由何在？其生存的条件是什么？语文教科书原本是以体裁组元的，现在改为以题材组元，原本是课文与思考练习合在一起的，现在是拆分为二。对此，我们同样要问：首先，为谁而改？是为教师而改，还是为学生而改，是为知识而改，还是为改而改？其次，为什么而改？改的意义何在？价值何在？

课文有的有思想，有的未必有思想。茨威格《世间最美的坟墓》有思想，何为最美？朴素最美，为什么朴素最美？朴素的背后是托尔斯泰的伟大人格。这里蕴涵了作者的价值判断。

任何改革的背后都有理性，有的是工具理性，有的是价值理性。

任何教育行为背后都有理性，或者是工具理性，或者是价值理性。

湖北有个语文教师杨先武在网上和《中国教育报》上批评我，批评我在《中国教育报》一篇访谈文章中提到对《教师之友》刊发“那一代”三篇文章的看法，我觉得那三篇文章有点“损”，而且是组织进行的“集束”炸弹，有炒作的特征。杨老师对此颇有不同意见，其立意主要是批评有作用，组织的批评有作用，程红兵失去了批评的锐气，很让他失望等等。对此我不想与之争辩，因为与之争辩，一不小心，就会陷入与之在同一个层面绕圈子，毫无意义。其实杨老师基本上是站在工具的层面上谈问题，谈批评的作用，这当然是正确的。但是批评也是要讲究价值的，高层次的批评必然要进入价值理性的层面思考。其实我所说的“损”，就是基于价值理性的思考，批评应该尊重人，尊重被批评者的人格，批评不能有损于他人的人格。“那一代”系列文章，其中批评魏书生的那篇文章，似乎在揭他的底，说他学术修养太低，有点说他“欺世盗名”的意思；批评于漪老师的那篇文章，说于老师似乎总是永远正确，有那么一点讽刺的意思。这两篇文章非常典型地超越了学术批评的范畴，置被批评者的人格于不顾，从这个意义上说，我不赞成，我主张批评严格限制在学术的范畴内，严格限制在一定的范围之内。关于组织进行的炒作式批评，我也不赞同，我主张自然的常态的批评，这也是一种价值观的体现，自然为真（出乎真心的），常态为实（就事说事的）；组织的有可能失真（在某种要求下进行的），炒作的有可能失实（夹杂了别样的目的）。

思想的缺席，是最可怕的缺席，思想的缺席是灵魂的缺席。我们太多地沉浸在热潮中，一种热潮来了，往往就是思想的缺席，因为只有一个声音，只有一种话语，只有一种热情，从众固然不孤独，但是没有了自己，没有了思想。我们都在大家认同的、时尚的思潮中淹没了自我的个性。

我们不能自说自话，这是我们话语能力丧失的一个显现。我们习惯于跟风走，我们喜欢讲模式，讲网络技术，讲教学方法，讲研究性学习，讲课程。我们更多的是关注技术，关注的是操作。于是思想的缺席是自然而然的了。

我有一个直觉，语文教学以前是教学论的附庸，现在是课程论的附庸，以前的话语系统是教学论的话语系统，现在又是课程论的话语系统。语文教学这门学科始终没有独立性，也不知何时能够独立。

思想的缺席，使我们发育不良。缺乏醍醐灌顶的思想启蒙，使我们的群体发育不良。在语文的圈子里，我们很少听到充满哲学意味的思想话语。

写完之后，回头看看标题，有些犹豫。以“张开大嘴奔跑”为题，形象固然形象，但似乎不太文雅，或许可以改为“呐喊着奔跑”，但又显得有些自命不凡，毕竟“呐喊”是鲁迅他老人家专用的，随它去吧。

十一、教育，我的宗教

高万祥

（左一）

高万祥，男，生于1954年，特级教师，曾任江苏省张家港市梁丰中学、张家港高级中学、苏州大学附属中学校长和江苏省中学语文学会副会长。曾荣获苏州市首届名校长、全国优秀教师等称号，被《中国教育报》评为首届全国十大推动读书人物之一。

主要著作有《语文的诗意》《在日记中成长》《相约星期一》《我的教育苦旅》《高万祥与人文教育》《优秀教师的九堂必修课》等。

爱因斯坦说，科学殿堂里有三种人，一种人是把科学作为谋生的职业，一种人是把科学作为智力的游戏，还有一种人把科学作为自己的“宗教”，他们兢兢业业地废寝忘食地寻找科学现象背后的规律，发现自然的和谐，从中得到无穷的乐趣。我不信宗教，也不敢自诩如何优秀，但此生此日，对教育，对语文，对学生，我确实有一种解不开的宗教般的情结。

永远记着那没有书的日子

我生于1954年。那是一个充满芬芳香飘四野的年代，这是中国五千年文明发展史上最为美好的时代。尽管它如电光火花稍纵即逝，仍十分令人振奋和怀念。

是年，美国生物学家格雷戈里·平卡斯发明了世界上第一种有效的口服避孕药，并进行了首批临床试验。这种被后人认为是历史上最具有人口学意义的药品，幸亏没有及时在中国出现，否则我能否出生，这个世界上会不会有我还是一个问题。

是年，周恩来出席日内瓦会议。会议期间，周恩来用国酒茅台宴请国际戏剧电影大师卓别林。卓别林惊异于茅台酒的醇香甘甜，对周总理说：“在我喝过的许多世界名酒中，茅台酒是最难忘的，是真正男子汉的酒。酒难忘，您更难忘！”是的，在我看来，1954年前后的中国社会，是真正男子汉一般健康向上的社会，充满着活力和魅力。我幸运，我感谢我的父母，诞生于这样的岁月是可遇不可求的啊！

人生充满许许多多的偶然，人生由许许多多的偶然组成。然而，我相信，人的事业，生命的价值，却是可以由自己的主观努力去实现的。

我的主观努力表现为我从小就重视语文，因而得到了语文老师的特别青睐和帮助。我至今十分感念小学五六年级的语文老师程丽华、初中的语文老师赵延彬、高中的语文老师张菊生，是他们几位恩师培养了我对语文和文学的爱好，引领我走上了令我倾情不已的语文之路。而且，他们的教育艺术、爱心情怀和敬业精神给了我一辈子的雨露恩泽。参加工作以后，我同样得到了于漪、朱永新、洪宗礼、范守纲、秦兆基、成尚荣、杨九俊、陆志平、魏书生、任小艾等教坛前辈或专家学者的厚爱和关心。因为有了他们，我的语文之路才更加宽阔。

我的主观努力还表现为我争取拥有自己最早的一批“藏书”。这说起来是应该“斗私批修”的，因为这批书是我大哥在1966年“文革”开始后趁学校混乱拣回家的几十本学校图书，主要是文学作品和几本当代文学史著作，如《红日》《红岩》《林海雪原》《铁道游击队》《三家巷》《苦菜花》《创业史》《红旗谱》《艺海拾贝》等。这些书在一定程度上决定了我以后对文学和语文的喜爱甚至痴迷，而且这种对读书的爱好一直延续在我的生活和生命之中。

在我人生记忆的底片上，留下的第一幅画面是：六七岁的我，每天放了晚学，跨进门，扔掉书包便一屁股往门槛上一坐，挨倚着门框，抠着鼻子，眼呆呆地遥望那火红的夕阳慢慢西沉，带着饥饿乏力，我目送夕阳渐渐褪尽斑斓而消融在暮色之中。那是上世纪60年代初，共和国最困难的时期。对于我的人生来说，这种情景，不是战争年代落日城头无力回天的壮士之悲，而是和平时期暮色苍茫一息仅存的弱儿之苦。

于是，饿着肚子读完小学，在贫下中农讲师团和以“工农业基础知识”为教科书的初中里毕业，又在“‘文化大革命’就是好”的叫喊声中结束高中生活。时间是公元1973年1月。

因为父母是农民，更因为有所谓“复杂的社会关系”，我被打入了同龄人的另册。然而，在苦难的日子和艰苦的生活中，我朦胧而坚定地感到：社会不能没有知识分子！社会终究需要知识！直至今天，每每想起这一段思想经历，我总自鸣得意。于是，遥远的当一个作家的美梦促使我在高中毕业后又自学苦读了6年。

教材是《毛选》，是鲁迅作品，是批林批孔批《水浒》的材料。午间，四周一片寂静，我淌着汗水在读书、摘抄，写自认为是小说和散文的东西。知了那一声声凄凉的伴奏至今还在我耳边回响。田埂上，扁担是凳子，膝盖是桌子；是接受贫下中农再教育，还是接受本该属于我的基础文明的再教育，我自己也说不清。夏夜，我用棉花塞住耳朵，用长衣长裤和高筒雨靴，抵挡住母亲的嘀咕，抵挡住纳凉人的骚扰和该死的蚊虫的侵犯。读遍了能找到和买到的书，翻烂了《新华字典》，也写满了厚厚的几大本笔记本。自己认为是“创作”的稿件，更是写了撕，撕了写，寄出再退回，退回复寄出，心也苦闷，情也阑珊。然而，在“大学还是要办”的年代，最使我痛苦的还是：虽有强烈的读大学的愿望，却敢想而不敢言！人家有贫下中农推荐，有红色家庭和革命干部为背景，我却一无所有，唯一的力量就是我的坚持精神！

我永远记着那不能读书的痛苦的日子。

由于一个偶然的机会，我开始了做代课教师的“流浪”生活——3年间，我辗转于本乡（当时尚称“公社”）的十多所中小学校。从幼儿园到高中的讲台都站过。我无意下水，却学会了游泳，心本无期，却爱上了教书这一职业，爱上了许许多多和我一样渴求知识的孩童。我和他们在一起，觉得自己也和他们一样年轻，尽管许多学校都要把我长期留下，而我始终不能取得当一个民办教师的资格，不能固定在一校。我只能在各学校之间“打游击”，心也茫茫，意也茫茫，我自觉一无所有，我唯一拥有的只有我的坚持精神。

终于，盼来了历史性的转折，感谢邓小平同志，使我很自信地做完了高考试卷。1978年，我以全公社最高分的成绩跨进了江苏师范学院（苏州大学的前身）中文系的课堂，跨进了我心目中辉煌的殿堂。此前，我的高考志愿栏里，清一色全是填的师院中文系：我太爱文学了，我太想有一个正式的教书职业了！

犹如饥饿者扑在面包上，我全身心地扑在书籍上。东吴园四年，焚膏继晷，孜孜矻矻。虽然，也时有“臭教师”“烂教师”等不满之声乱耳，我却专心致志发愤努力读书。不敢说自己是最优秀的学生，但可以说我是一个最勤奋的学生，因为我渴望教书，渴望当一名作家，因为我永远记着那没有书的日子。4年，不敢稍有懈怠的4年，在宿舍—饭厅—教室（图书馆）的三点一线上转瞬即逝。眼看，作家当不成了——当一名教师也心满意足。因为这也是我曾经苦苦追求而不能得到的情有所钟的职业。大概因为我一向专业思想巩固，在全校的毕业典礼上，学校让我上台发言：服从国家分配，到祖国最需要的地方去，到最艰苦的地方去，一辈子忠诚党的教育事业——尽管当时我还不是共产党员。在我毕业离校以后，系总支书记在学生面前把我表扬了几年，这主要不是因为我作了表态性发言，而是我留下了这样一则佳话：离开母校那一天，怀着依依不舍的心情，我们几位同学把教室和宿舍的里里外外打扫得干干净净。我感谢给了我新的生命和新的生活的大学母校，我以这种特殊的“告别礼物”作为给母校的留念。

分配决定了，在离开大学的那一阵子，我满脑子只有一句话——梦里走了许多路，醒来还是在床上。

我永远记着那没有书的日子，也永远感谢母校给了我书的滋养。

用阅读拯救自己

2002年6月25日，在苏州市首届名教师名校长培训班结业典礼学员论坛上，我演讲的题目便是《自己拯救自己》。我表达和阐述的主要观点是：对于教师来说，读书学习可以充实自己完善自己，可以为现代中国培养读书人口，可以改变社会风尚。书生之见，也许会被讥为迂腐，也许会被误以为虚伪，然而，我的心迹是："知我者谓我心忧，不知我者谓我何求"。

实实在在地说，书报杂志是我生活中最亲密的朋友和伙伴。真不能想象，要是没有它们，我的生活会是什么情形。或者说，在这个世界上，要是没有了书报杂志会是怎样一个世界，怎样一种生活？

读报是每日的必修课。除公费订的十余种天天必作浏览的日报外，我还自费订了好几种报纸。通常的读法是如下三部曲——第一步是一张张报纸一个个版面翻一遍，看看标题，筛选出吸引我愿作精读的文章。第二步是细读这些挑选出来的文章，并作些圈划评点。第三步是将自认为有价值的文章作剪贴保留。比如我崇敬的余秋雨和我的朋友吴非两人的文章每见必收。读报的同时是读杂志。《人民教育》《中国教育报》《语文学习》《中学语文教学》《语文教学通讯》《中学语文教学参考》《教育研究》《教育参考》《书屋》《南风窗》《读者》《江苏教育》等是我最喜欢读的。每当新一期发来，我总爱不释手，摩挲再三，急急乎先走马观花般地作一披览。然后是确定重点，等稍微空闲后再静心详读。有价值的佳作资料还作复印以便剪贴归类收藏。

我读书的范围较广较杂。因为我相信知识不存在严格分类，凡艺术也总是相通的。教育的艺术、管理的艺术、领导的艺术往往相辅相成，触类旁通。因此，除文学和语文教学以外，教育学、心理学、管理科学、政治哲学、历史地理、经济文化等方面的书籍也广泛涉猎阅读。

面对学生，面对伟大的变革时代，面对知识信息的爆炸和社会价值观念的变化，我时时有将被掏空的感觉。因此，我努力充实自己，而读书正是充实自己丰富自己的最好办法。读得最多的是文学。当然，已不是学生时代为成绩为功利而读了。我觉得之所以喜爱钟情于文学，是因为她能丰富我的精神世界，提高我的审美能力。我爱文学，特别爱诗歌。从屈原李白到莎士比亚和普希金，从郭小川舒婷到裴多菲和雪莱，大学期间和毕业以后，不知读了写了抄了背了多少古诗今诗和洋诗。诗滋润了我的爱心，培育了我的正义之心和批判情怀。也感谢文学和诗歌给了我诗意般的人生和追求。2002年我把自己的语文教学专著定名为《语文的诗意》，在我看来，诗的本质是创造，“语文的诗意”便是语文的创造。语文要奏响学生心中诗的琴弦，使他们的求知欲、好奇心、活跃的智慧和鲜明的想象得到发展。鲜明的思想、生动的语言、丰富的创造这三根支柱是语文学科也是学生精神生活和智力发展的全部内容。语文教师应该是一个“种诗”的人。让学生在诗境栖息，是我语文教学的追求，也是我的人生和社会理想。

参加工作以来，读书购书的热情依然不减。且随着好书日多、公务心事日烦而爱书弥甚。所在地书店图书的品种少，档次低，于是近年先后和京、沪、浙等地建立了邮购联系。教育科学出版社、南京先锋书店、上海季风书店、张家港市琅环书店和报刊《文汇读书周报》《中华读书报》《东方书林》《万圣书目》以及一些报纸的读书专栏如《读书乐》《开卷》《书友》等都成了我的良师益友和读书购书的向导。凡我喜欢或感到应该读应该买的书能及时收罗，便乐不可支。每买回一本好书，便觉得自己给自己送了一份心爱的礼物。比如，1998年1月，《中国教育报·书友》第63期上，有一则新书推荐消息，介绍《联合国教科文组织教育丛书》。此文连同刊头剪报放在办公桌上好几天。我很想邮购获得，但报上没说明邮购办法。无奈之下，便“按图索骥”地打通了“书友热线电话”，找“本版编辑王珺”。顿时，传来一个年轻温柔的声音：“您好，我是王珺。”她很热情地告诉我，该丛书是教育科学出版社出版的，总编室主任叫所广一，并告诉了他的电话。于是我又拨通了所先生的电话，但他不在办公室。几经转折，在该社读者服务部张立老师处得到了邮购办法。放下电话，我马上从抽屉取出备用汇款单填好单子。谢谢王珺女士，能让我和教育科学出版社建立邮购联系，这是我心仪已久的事，谢谢她这次给做了“红娘”。王珺、所广一、张立等几位我至今无缘谋面相识的人，我已在心中把他们看做自己尊敬的书友。

教学、阅读、写作，三重境界，构成了我语文生涯的全部内容；三个轮子，载着我度过生命中神圣而又平凡的朝朝暮暮。读书能帮助思考，思考是读书的必然延伸和深化，是沟通理论和实践、理想和现实的桥梁。读书更能给人力量。通过大量阅读思考，我更坚定了生活化作文教改的实践方向。我的“作文餐厅”建设小有成效，自鸣得意的同时也深感不足。《我行，你也行》《作文大课堂：社会——学校——生活》《让作文成为培育智慧的生命活动》《作文教学要注重热爱生命的情感培养》等70多篇正式发表的文章正是我这方面的思考结晶。通过大量阅读、思考和实践，我更加洞悉了学校管理之道和改革发展的方向。《做一个真正的校长》《在向教师学习的过程中提高管理水平》《管理是细节文化》《教育市场：呼唤师资的流动优化》等40多篇发表在省级以上报刊的论文便是我有关的思考和呼吁。

巴尔扎克曾在拿破仑肖像下写过这样的话：他用剑没有完成的事，我将用笔来完成。我不敢有这种狂妄的奢望，我只求自己的文字或许可以将教育和语文中伤人最痛的地方减少和磨平一些，哪怕是局部的和暂时的。况且，由于工作原因，我已不是一个认真和专一的语文老师了，然而语文给了我生活的精神营养，读写成了我生命的组成部分。从某种程度上可以说，我把阅读给我的全部力量，我把自己对语文对生活对社会的全部热情都融合在自己的文字里了。我的文章产生了较大的反响，也使我有机会结识了许多全国各地的朋友。1999年暑假，我去黑龙江参加一个全国性的语文学术会议。当我刚刚站在黑龙江省委党校会议报到处的时候，突然旁边的一位中年男子冲着我说：“你姓高，叫高万祥吧？”惊讶之余听他介绍说，他是黑龙江省某地农村的一位语文老师，因为常在杂志上读我的文章且看到过我的照片，所以一下子把我认出来了。望着他那认真又有些虔诚的样子，我油然而生“高山流水遇知音”的感觉。2000年10月的一天，张家港市建委副主任兼市城市投资发展公司总经理邹福元先生打来电话说，他收到学校的《一中简报》，仔细阅读了我的《爱全人类，更要爱周围的每一个人》一文，很受感动，于是把文章印发给了单位的每一个员工，请大家认真阅读。他说，对于机关和企业人员来说，没有爱心怎能做好工作完成任务，闻此，我也深受感动。我为张家港有这样的高素质干部而骄傲，也为自己有这样的书友而高兴。

2004年12月，我被《中国教育报》评为2004年度全国“十大读书人物”。编者在“入选理由”的按语里说：“高万祥是以一篇特稿而获选的，他的伟大不在于那篇叫《培养中国的读书人口》的文章中所展现出来的文采，甚至也不在于他提出了多么高深的见解，而是在于通过那篇文章以及文章背后的生活我们了解了他是一个怎样的‘书香社会’的践行者。”是的，在自己读书的同时，我在学校大兴学习读书之风，努力把学校办成一个学习的团体，从根本上提高教师素养。我认为，教育就是帮助人养成良好的习惯，其中最重要的是读书的习惯。学校应该是读书的地方。有了书，并且师生都喜爱读书，这种地方才是真正的学校。近年来，我推荐并统一购买发放了《帕夫雷什中学》《走进心灵》《仁爱一生》《新教育之梦》等几十种教育名著给全校老师阅读。我要求老师都要养成阅读报刊的习惯。以2000年为例，全校教师自费订阅报刊人均3.5份，人均费用148元。40岁以内的青年教师125人，有120人订了报纸杂志，而且92%以上都订了一份以上学科专业的报刊。我觉得，以读书为标志的精神生活的消费指数和人的生存发展质量是成正比的。我的校长工作，追求旨在帮助每一位师生实现最大成功的文化型管理方向，而让每一位老师都成为我的“书友”，也许正是实现这种追求的最好的渠道和方法。因为我坚信，优秀教师的成功之路都是用书籍建筑起来的。

围绕读书和自我提升，近来我思考较多的是这样两个问题：一是教师的事业成就和社会地位问题。眼下，应试教学，使得教师不需要读书和无法读书。近闻“足球战士”一说后，我马上联想到，我们的中小学老师甚至包括学生，何尝不都是“高考战士”呢？“战士”的含义之一是文武双全，因为在汉语里，“战”为武，士为文，反义合成，其味无穷。含义之二，战士即军人，以杀人为职业也。以高考为标志的应试教学，摧残师生，危害国家民族，惨祸之烈，尽在“高考战士”这4字之中。眼看广大教师陷于应试苦海，行将沦为廉价劳力，我心之痛，痛如何哉。再想想自己，从教20年，特级教师、全国优秀教师、苏州市首届教育科研学术带头人、苏州市首批名校长、江苏省中语会副会长，帽子一顶顶，荣誉一项项，扪心自问，也许，我唯一的优势就是比一般老师勤于读书。换言之，从一定程度上说，是自己拯救了自己。

思考较多的另一个问题是知识分子的社会责任。我比较关注现代中国的两类知识群体，一是西南联大，二是《大公报》。蒋梦麟、梅贻琦、张伯苓、陈寅恪、李公朴、闻一多、胡适、费孝通、华罗庚、吴宓、梁思成、邓稼先、杨振宁、李政道、吴晗、吴大猷、周培源、罗隆基、张季鸾、胡政之、王芸生、范长江、金庸……闪烁在两座现代知识丰碑上的一个个闪光的名字，各有各的成就，各有各的优秀，但有一点是共同的，这就是都有强烈的社会责任。读《精神的雕像·西南联大纪实》和《百年沧桑·王芸生和大公报》等有关书籍，在受到极大震撼之余，也接受着一次次精神和良心的洗礼。我总认为，没有读书的氛围是应试教学的最大弊端。没有学习化社会，现代化社会又从何谈起。当前中国社会的许多问题，都源于不读书和人文教育的缺失。在一个不读书的社会，办着不让人真正读书的教育，社会责任心的群体流失，便在情理和必然之中。因此，我立誓以自己的社会责任和职业方式，帮助师生真正通过读书提高自己，把学校办成一个学习的团体，从而让师生在拯救自己的同时，拯救我们的教育，建设我们的社会。

让每一个师生都成为真正的“读者”，是我的教育共产主义理想。

工作22年，转眼已过不惑之年。有幸生当逢时有好书做伴，我不敢奢望自己成为“学者型”教师，但我能自豪地说我永远是一个“学习型”的教师和校长。无愧书生称号，生命的河流奔向了教改的大海，美丽的青春因为读书思考实践而更加辉煌。我常想，从“不读诗，无以言”的孔子时代，到“半部《论语》打天下，半部《论语》治天下”的宋朝天子，再到满腹经纶的毛泽东、江泽民和胡锦涛、温家宝，中国一直是世界上最有读书传统的国家，知书达理，聪明能干，一直是中华民族和炎黄子孙的传统美德。作为人类灵魂的工程师，作为人类文明的传播者，作为跨世纪的一代教育工作者，我们能有愧于这个文明的大国，有愧于这个伟大的时代，有愧于我们这个神圣的岗位和称号吗？

至少，我们不能让我们的下一代再品尝那没有书的痛苦了。

写在“特级教师”的扉页上

我是在1996年9月10日的《苏州日报》上见到了名字才相信自己真的评上了“特级教师”的。激动兴奋之余，在当天的日记里写下了这样一段话：

第一，感谢学校和老师，感谢各级领导和各位朋友的关心帮助。幸亏有大家的帮助，不然我不会有今天这样的成绩和荣誉。当然，也感谢自己的努力。

第二，要以此为新的起点，把学生教好，把教改搞好，把文章写好。要不断进取，不断攀登。我的目标是做一个卓有建树的教育家，起码也要做一名名副其实的教育专家。

第三，有责任把自己学校和张家港市的语文学科带动起来，有责任为当前的语文教改作出自己的探索和贡献。语文教学的现状从整体上来说太令人伤心了，作为一个幸运的成功者，如果能帮助更多的老师和学生成功，才是真正的幸运和成功。

我庆幸自己这辈子当了语文教师。感谢语文，感谢文学，它使我的人生倍感丰富充实。

2000年5月，我参加了母校苏州大学的百岁寿诞活动，望着捐赠纪念证书，我摩挲良久，依恋的眼睛里仿佛试图读出母校更多更多的日月经纬和青春年华。纪念碟片《百年辉煌》我更是再三欣赏浏览，从依恋的心扉，从遥远的记忆深处，同画面和声音一起享受母校的鹤发年华和青春靓丽。

仿佛赠我稀世珍品，回到母校的身边，嗅着母校的芳香，潮湿的眼中为什么充满着思念，因为我爱得深沉，因为我的心中装载着母校博大深沉的知识智慧和人格情怀。

大学的岁月不是像油漆和颜料那样附着在我的精神肌体上，而是溶于我的血中，调节脉搏，使生命中最深层、最隐私、最独特的东西彻底活动起来，这东西便是文学。钱仲联、范伯群、吴企明、潘树广、范培松、朱子南、应启后、徐永端、倪均强……一个个老师的名字，就像一座座精神的灯塔。母校有一种力量，那是一种让我常常怀念、常常激动，有时甚至让我泪流满面的信念的力量！

春华秋实，母校的日历一天天翻过，百年沧桑，百年跨越，百年辉煌，天若有情天不老，岁月让我深知母校的宝贵，真知真情真实真理，这些朴素而伟大的字眼，尽管有时令人难堪，但直面真理的母校哺育了直面真实的学子，那是一种怎样的文明传承的血缘和亲情啊。

阳光照射在脸上，温暖永留心间。漫步在母校的小路上，回忆老师的谆谆教诲，我时时感到，有一种力量，正从“正义、爱心、良知”的声音里一步一步地向我走来。

19世纪美国报业大王普利策说过：“我是一个严肃的批评家，一个爱挑毛病的人。我一心想改进报纸，甚至到了疯狂的地步，这是我唯一的想法，我的想法并非为了赚钱。”

在我看来，正是这种非同寻常的热情成就了普利策的事业，这是将新闻当做一种理想去实践的激情。同样，我的语文教育，我的校长工作，对于我来说，不仅仅是一种职业，一种事业，更重要的是，它是我的一种人生理想和社会追求。

对于语文的热爱，我虽然没有“到了疯狂的地步”，也算十分忠诚甚至痴迷。因此我由衷地希望更多的语文朋友能和我一起进行那神圣的“语文的批判”。

从1999年4月中旬全国的“三个面向和21世纪语文教学座谈会”到1999年身临全国中语会第七届年会，从北京香山“21世纪语文座谈会”上发言到江苏徐州“全国叶圣陶语文教育思想研讨会”上提交论文，从参与广州“新语文读本”编务会议到欣逢“于漪老师从教五十周年”庆祝大会，从创办并主编同人刊物《语文沙龙》到个人专著《语文的诗意》杀青出版，每日每时，语文和学生，语文和教师，语文和社会，成了我语文生命的全部内容。

1999年11月下旬，我有幸参加了在天津召开的全国中语会第七届年会。世纪之交，又刚刚经历了一场或者说正在经历着一场举国关注的语文教学大讨论。人们完全有理由期待这次会议对大讨论中涉及的许多是是非非有一个较为全面公正的结论或交代。会议报到时，我的感觉也是群英荟萃，百川归海。然而，开幕式上却蹦出了“一场动荡”“别有用心”等刺耳的声音，使我在十分惊讶气愤之余，放弃了原准备在大会上交流的作文话题，而作了一个也许是超越自己身份的发言——《把一个充满活力的全国中语会带入21世纪·参加全国中学语文教学专业委员会第七届年会有感》。

以大会发言为基础的文章，后来在《语文学习》1999年第12期刊出。作为全国影响最大的语文刊物之一，能刊登这篇观点如此尖锐、言辞如此犀利的文章，是需要一点真知灼见和无畏勇气的。我一直十分感念他们。文章发表后，在圈内引起了不小的反响。兹摘引两封素昧平生者的来信，以说明这一点。

广州增城中学的唐遇春老师来信说：

自看了你在去年《语文学习》上发表的“有感”一文，就一直有给你写信的冲动。理由很简单，在我为中语界深感悲哀绝望时，总算听到了异样的声音，总还有良知未泯者，有颇具现代眼光的仗义执言者，中语界并非漆黑一片，总算有一个闪电，有一丝亮光。

早就期盼社会各界能给自以为是、一片死寂的中语界点把火，真的该感谢这些人文学者凭他们的“底气和勇气”（我很佩服你用的这两个词，足以让中语界的权威无地自容）认认真真地做了。悲哀的是中语界的反响，尤令人激愤的则是中语界那些所谓的权威抡起极“左”大棒尽情挥舞的可笑表演，读了×××在《语通》上反驳×××先生的文章，我只有一个感觉：这是在给中语界丢脸！简直到了秀才遇到兵的地步。

这次又看了你的《教育观·师生观·课程观》一文（《语文教学与研究》2000年第2期），更为你较为系统地阐述你的教育理念而高兴，我当即给外省的许多朋友打电话，要他们注意该文。

作为一个精神自觉者，我向您表示由衷的敬意，还有深深的感谢。

浙江师范大学著名教授王尚文先生也随即给了我热情洋溢的鼓励：

读《语文学习》12期之大文，深契我心，欣慰异常。您说出了作为一个社会的良心、智慧的传播者、捍卫真理和神圣的人所应说的真话实话深刻的话，我从中看到了我国语文教育事业发展的希望，谨致敬意和谢意！

感谢这些溢美和鼓励。能与心仪已久的专家同气相求，同声相应，我感到了自己存在的价值。

2000年4月22日上午，在徐州花园酒店会议室，望着“叶圣陶语文教育思想研讨会”的会标，望着来自全国各地的专家学者和各方面领导，我突然想到，但愿这个会议不是“一些可有可无的人讲着一些可有可无的话”。

民进中央、中国叶圣陶研究会、徐州市政府、江苏省教委的几位领导先后在开幕式上讲话，然后合影，上午便早早地也有点儿草草地收场了。代表不过40余人，据说原定80人左右。下午，我数了一下，偌大的会场里，只稀疏散乱地坐着31个人。

递交的论文都唱着赞歌。如《叶圣陶语文创新教育思想初探》《教育家叶圣陶与语文教育》《叶圣陶语文教育理论的成功实践·简述苏教版小学语文教材》《在喧闹的语文批评声中读叶老》《确立"大阅读"教育观，努力塑造"不需要教的自育者"》等等。似乎只有一个不同的声音，这就是我提交的论文——《让学生在作文的天地放飞想象和创造·兼与叶圣陶先生商榷》。

春华秋实，岁月催人，在人们眼里，我也许是"一个爱挑毛病的人"，但我自信更是一个"一心想改进报纸"的人。但愿母校给我的大学精神，能为我的语文生涯提供不竭的精神动力，但愿我的学生将来也有一个永远不会忘怀的中学母校。

让学生因为语文而幸福，让语文成为学生终身的力量，我的追求是何等的沉重和艰难。因为，在当前基础教育的全部现实状况中，高考制度以及相应的应试教学是最不能回避也是最令人痛心的。应试教育摧残学生，摧残老师，受害的是国家和民族。高分的背后掩盖着严重的人文缺失。于漪老师说，再这样搞下去，我们怎么对得起孩子，对得起纳税的公民！再这样搞下去，一代又一代人的人文素质如此之差，没有人的现代化，社会的现代化从何谈起！

我一直有一种以素质教育对付高考教学的理想和行动。

我一直介绍这样一种情况：在长江三峡，原先暗礁没有炸灭时，船工有如此经验，即在激流险阻之中，你的船员应对准着暗礁开去，如此，在水力作用下，至礁石时正好能绕过它而行；相反，如果你一开始就盯着石之左右掌舵，结果到达时恰恰会撞上石去。而高考教学恰恰也是如此，即若一味以应试教学对付高考，则会撞得头破血流；若坚持以素质教育对付高考教育，则能永远立于不败之地。有这样的老师，这样的学校，才是教育的幸运和学生的幸福。

"您教了我一年半的语文，我对那段日子到现在还记忆犹新。进入大学，没有语文课了，使我更加想念高中时的语文课。如果有可能，我愿意再去听您的课。我是您学生中的一个，虽然我不是最出色的，但愿我们的师生情谊天长地久。"这是1998届高三（1）班仇迎春同学从南京医科大学寄来的贺卡赠言。从高一到高二第一学期，我任他们班的课，想不到他还深深地念着我。这种师生情谊，这种精神享受，是我生活和工作的最大动力。

2001年3月9日晚上9：30左右，刚开完校长办公会议，我打开手机，便接二连三地收到了七八个电话，都说，祝贺你，沈冰刚刚在中央电视台介绍你，说你是对她的人生道路影响最大的一位“朋友”。

事情我是知道的。3月8日，沈冰打电话给我，说明天晚上的节目里，我将介绍到你，我讲得不好，请高老师原谅。他还是一如既往地谦虚和诚恳。此前，我认真地看过沈冰参赛的节目录像，为她在预赛中的强劲势头高兴了好几天。

她在高一时，我只教了她们班一个学期，因为那年的春节以后学校安排我去顶一位高三老师的课了。当时，作为课外补充阅读，我为同学们推荐了较多的名人传记和关于名人的报道文章。还多次通过提供剪报、张贴照片等方式将当时在中国十分活跃红火的靳羽西介绍给大家。时间飞逝，师生情谊却日久弥新。中学里，作为校学生会主席、中共预备党员、校女篮队长，沈冰书写了德智体全面发展的辉煌一页。因为高二时曾在浙江大学参加夏令营活动而被该校相中，于是毕业时被浙江大学保送录取。读大学刚一个月，又被国家教委选送到新加坡留学，被“联合培养”去了。在新加坡读经济财会类专业，学业依然不错，而且“特长”也颇为显眼风光，打进了就读的新加坡南洋理工大学校女子篮球队，且是主力。住宿便因此有了保障和优惠——新加坡大学的课外活动加分能直接派上种种用场。更令人骄傲的是，校园选举一年一度的最优学生，第一年，她一人就独揽了全部4个奖项中的3项——皇后奖、形体奖和综合水平奖。每年回国度假，她便隔三差五地来我办公室看书聊天。她说：“我虽然学了经济，但其实对文学和新闻很着迷，对影视文化也特感兴趣。在新加坡我见到过靳羽西，并且和她攀谈了好长时间，好羡慕她哦！”我说：“将来你能赶上或超过她，赶上或超过倪萍、杨澜！”她笑笑，不作什么回答。沉吟一会儿以后，她说：“高老师，小学毕业时你建议我不要留在体校而就读普通中学。高中时你鼓励我考一流名牌大学。不知怎的，我的生活和思想受你的影响太大了。我总感到，我这辈子会自觉不自觉地按着你替我设计的模式发展。”当我讲到自己做中学老师比较清苦时，想不到她又冒出这样的话：“高老师，等将来我和陶杨、孙丽萍（也都是我的得意门生）她们做了老板，一定高薪聘你……”讲到了“钱”字，我心头倒跳出“君子之交淡如水”这句话来。我想，师生之交才是真正的君子之交：如水清甜，如水清纯，更如水一样永远滋润着生活和生命。人世间恐怕再没有比师生交往更纯洁美好的了。2000年11月，当得知她在“荣事达”杯电视主持人大赛预赛中以总分第二的骄人成绩脱颖而出，我向她打电话祝贺说：“现在，你离杨澜、倪萍只有一步之遥了。”她说：“高老师，我永远不会忘记你给我的鼓励和帮助……”她说得很真挚很恳切。作为教师，能得沈冰这等英才而教之，是人生的一大幸事。

有这种情感滋润的人是幸福的，有这种情感收获的人就永远有事业的追求。

原先已有耳闻，省教委对“特级教师”的评选和把关极为严格。我一直以为自己的这次评选肯定是凶多吉少的。确实，事后知道，苏州市上报省里的语文人选有7个，最后只剩下了我和苏州中学的李淦华老师2人。其余5人中有几个我也有些了解，他们确实都不错呀。也许是我有一些理论观点散见于正式发表的长篇大论，也许是我有作文餐厅教学的教改实验课题，也许是我刚过40，年龄上占了优势。或者，也许下面的这种情况起了决定性作用——学校和张家港教委的座谈意见和书面鉴定把我写得比较好。因为评选结束后厚厚一大本评选材料归还了我本人，我有幸读到这些“群众意见”和“组织鉴定”的原始面目。请允许我摘录部分话语如下。

校级领导说——

高校长是一位难得的好校长。他事业心强，几乎是夜以继日，一心扑在工作上。身为校长既要抓校办厂，抓基建，又要抓学校全面工作，不分寒暑假，从不讲报酬。语文教学抓严抓实，效果显著。因此他在学校的威信高，在社会上影响好。他教科研能力强，写了不少文章，有深度，在张家港知名度很高。（支部书记章炳文）

高校长处处以身作则，在招生等重大问题上坚持集体商量，对他的亲戚一视同仁，也不收礼。这种作风真是很感动人的。他以校为家，确实全身心倾注在工作上。他来校后， 学校各方面都有起色，教师对学校很有感情。（副校长祁美英）

教导处的主任们说——

他的敬业精神是我们全校教师的模范。他刻苦钻研业务，学校的教研空气浓，教师发表的文章多。（任夏明）

他之所以能在教育教学方面取得如此突出的成绩，主要取决于他的敬业精神。他热爱教育，刻苦钻研，工作勤奋，确实是我们学习的榜

样。他在工作中除了自己具有丰富的经验外，十分注重领导班子的团结，调动教师的积极性和主动性。（陈建靖）

语文组的老师说——

高校长是我师傅（学校导师制活动的师徒关系），他对我要求严格，帮助具体，他几乎每星期听我一节课。他要求我在激发学生兴趣上下功夫。（张善余）

高校长提出教师无小节，处处楷模。他提出“有学生在校就要有老师在校，有老师在校就要有领导在校”。他这样说也这样做，处处以身作则。（郭静娟）

高校长十分强调全面贯彻方针，不加班加点，始终抓课堂教学效率的提高，这在全张家港市都知道。他强调要留住每个学生，在教学上他注重思维训练，在管理上他确实有一套。（何伟达）

我曾与高校长在一个备课组，他十分重视习惯的养成。在语文教学上钻研很深，特别在指导学生作文方面有一套系统经验。（唐金华）

他是市语文教学研究会会长。他能虚心向同行和专家学习，在张家港有较大影响。（王振国）

也许就是如此这般的溢美之词给我挂上了特级教师的桂冠。当时，苏州专家组来校考核开座谈会采取的是逐一谈话的方式。所以这些同事的发言评价就是真正的背后之言，由衷之言。事后听说，率专家组来校考核的苏州市教委人事处的龚荣芳副处长感慨地说：这个校长真了不起，学校里人人都说他好啊！

还是这位龚处长，2003年春天在读了我的《相约星期一》一书以后，给我写来热情洋溢的信：“昨天回家后，即爱不释手地拜读《相约星期一》。一次次地感慨，一次次地流泪，一篇篇都蕴藏着丰富的内涵，深刻的哲理，值得学习，使人回味无穷。在您的著作中，您总称别人为大师，‘与大师对话、拜专家为师、以学者为友’，您是那么谦和。其实，您就是不可多得的教育专家。您的人品、才学，应该去影响更多的天下人……此书我要传给儿孙们，永远珍藏。她，会使小辈们学会做真人，由中知晓成才之道。最后，衷心地祝愿您：为了幸福的家庭，火红的事业，永葆青春！”

感谢你，龚荣芳女士，感谢你，各位相知相助的朋友，你们是我精神上的导师！

最神圣的行为

1975年，在长江边一个偏僻的农村初中，我开始了教师生涯。“文革”回潮，学校复课，而且该校有一位“老古董”式的校长。他原本是全县最好的一所初中的校长，因为体制下放，回到了自己家门口的这所初中。但是，“套中人”式的老校长常被人讥讽，说他是只听广播里的，只相信报纸上的，再加上他确实老实迂腐竟至不合时宜不通人情，所以纵有满腹经纶却也缺少吸引力量。于是学校召开教师或学生会议，他在台上讲，下面总是闹哄哄如一锅沸腾的粥。无可奈何的时候，他便从口袋里摸出个哨子，“哔哔哔——哔哔哔——”吹了几下，稍微安静一会儿，他便接着讲话，接着下面又吵闹了起来，气得他常常眼珠睁得滚圆，讷讷地说：“这，这……像什么样子……”说着说着，口水和泪水禁不住都快要流出来了。每当此时，我总充满着同情又钦佩的复杂感情，同情他的境遇，钦佩他的执著。现在想想，这是我步入教坛接受的最重要的启蒙教育。我一直怀念着这位不合时宜的老校长。

他告诉了我一条真理：人生最神圣的行为，就是我们每天在做着的事情。

于是，我每天在做着生活中那些琐碎平凡杂乱的事情，我珍惜这些“人生最神圣的行为”。甚至连当年妻子生女儿时我也没脱一节课。记得那是1984年2月19日上午，得知妻已临产住进了医院，我在课堂上满怀激情地讲完《念奴娇·赤壁怀古》以后，匆匆地对我的学生们说：“我得马上去医院，也许，一个小伟人即将诞生！”

有人说，“人生就像初雪过后的田野，你所选择的路，都将清晰地留下每一个脚印”。回顾自己50年的人生之路，读书、教书、著书，不可一日无书；书迷、书痴、书友，一切皆因书缘；做学生，做老师，做校长，一切缘于教育。

20多年来，我既有繁重的语文教学工作，又有教导处或现在主持学校全面工作的重担，但是“学然后知不足，教然后知困。知不足，然后能自反也。知困，然后能自强也。”因此，我从未放松进修学习，我在不断充实自己、丰富自己、提高自己。我和自己约法三章：节假日不休息，每晚坚持读书办公不落空，社交应酬控制时间不浪费。我平时每天工作时间总在12小时以上，星期天、节假日基本上都用在工作和读书上，春节期间有时大年三十也用来读书或写作。前几年春节，我都把爱人和孩子安排去父母或岳丈家过年，自己则躲在家里写作。整整好几天，足不出户，以方便面充饥，效率特高。我数十年如一日，坚持不断购书读书，不断积累资料。如今，个人藏书近万册，剪报20本，资料卡片3抽屉，这些都成了我语文教学的源头活水，成了我搞好学校管理的动力源和信息库。

我的努力得到了学生和家长的认可，也得到了领导和同事的欣赏。在我校工作过一年的金春欣老师，离开一年多以来，一直关注着张家港高级中学的发展。读到《相约星期一》以后，给我写信说："高校长，你好。今天我的年级为配合中科院《学习策略》课题出了第一期板报。我定的刊头是——经营人生，横幅写的是——人生的紧要处只有几步，意在指导学生确立正确的学习目标。知道吗，在与您交谈之后我就在想这个问题了，您走之后我迫不及待地看完了《相约星期一》，更明确了自己的教育思想，那就是既要教学问，更要教做人。在设计这个板报的过程中，我复制了您的《明天就要考试了》《你拥有最大的财富》《走在钟表上的德国人》三篇文章，专门开辟了一块版面介绍您的教育理念，我想今后陆续推出您的教育思想介绍给我的学生们。在陆续的构思、选集、剪辑的过程中，我不由自主地更深刻地感受到您理想学校的办学模式，您发自内心的箴箴良言，您作为教育家的睿智和感悟'书香'感悟人生的伟岸，我在异地他乡再一次成为了您的部下，真正的部下，一个思想上的追随者。人生是多么的多姿离奇，有了距离才能客观地审视它的美丽和魅力。好在一切还不晚，这对于我是最幸运的。感谢上帝。祝您健康、快乐！"

江苏《莫愁》杂志家教版主编马建强先生在寄给我的贺年卡上写道："我梦中的天堂，就是张高中的模样；我梦中的教师，就是高万祥的模样。"寥寥数语，夸奖有加。我既受之有愧，也心存感念。在我心中，学校同事和这位领导的话比任何奖状证书的含金量都高。

如今，人到中年，为人之夫，为人之父，上有老下有小，在学校里又领导着2800名师生，我时时感到一种前所未有的压力。特别是2000年9月，易地新建的张家港高级中学落成开办以后，拥有全国一流的校舍建筑和校园环境，拥有国内领先的高科技教育设施装备，拥有全国招聘、海纳百川一般强大的师资队伍，拥有政府控股的股份制学校这样一种得天独厚的办学体制，作为董事长兼校长书记，我深感责任重于泰山。年轻时无法想象和体验到的责任意识时时提醒自己：懈怠不得啊！

一位外国学者在他的《教育目的》一书里说：“理想的消失是人类努力失败的可悲证明。在古代学校里，哲学家们渴望传授的是智慧，而在现代学校，我们降低了目标，教授的是学科。从神圣的智慧——这是古人向往的目标，沦落到学校教材知识——这是现代人追求的目标，标志着多少世纪以来教育上的一种失败。”作为教师和校长，我常常扪心自问：我的人生理想消失了没有？如何才能实现自己的教育追求？

关于张家港高级中学和我的校长工作情况，读者可以通过阅读我的著作去了解。这里全文引录我在新校开办前夕撰写的《张家港高级中学碑记》——

碑者，传也。千秋中华有口皆碑而令沙洲自豪者，首推何事？鉴真东渡文化交流也！

当代港城口碑载道而为国人钦羡者，首推何事？东渡后人重教兴邦也！世纪之交千禧龙年，张家港高级中学落成开办，乃党政领导全市人民莘莘学子共同企盼之盛事也，当大书特书刻石勒碑传之后人。

伟哉！倡议始于教育，决策归功政府。一旦拍板，两次选址，三省考察，四方论证，乃有今日之成。占地十万平方，建筑三万七千，绿化几近其半，投资八千万元之巨。校园布局严谨而有序，分区流线层次以分明；建筑群体雄伟振奋，绿化小品和谐统一。楼榭亭台，既参差错落自成一体，复廊连檐接融会贯通；有曲径通幽之妙，生曾经沧海之情。千禧城流光溢彩，三友厅满壁生辉；北大楼回荡琅琅书声，奥运馆沸腾拼搏人生；剑桥路留下多少铭心往事，行知楼连接万千美好心灵。桐间露落，景似明镜照人；柳下风来，情生桃李芬芳。

天数盈虚，造物乘除。岁逢胜日，时值初秋。全校师生虽创业艰难而逸兴遄飞，倡人文关怀，冀名师兴校。理想点燃生命之火，爱心塑造无悔青春；热情托举初生太阳，智慧洋溢日月晨昏。爱心至上，民主社会从校园做起；人格为宗，现代新人得风气之先。教育特区，一流现代装备，培育一流现代中国人；革故鼎新，现代科学管理，建设现代学校新制度。吾辈幸甚，躬逢其盛。心潮浩荡，有如江海。

昔史迁尊孔，有高山仰止景行行止之叹；今对此胜景，宁不遐思迩想感喟丛生？因思筚路蓝缕，厥功甚伟，乃记今日之始末而为后人所取鉴焉。

时惟二零零年九月一日，张家港高级中学谨识。

有形的碑记写在石上，无形的情感永远镌刻在我心中。随着新校的落成和这么多年岁月风雨的冲刷洗礼，我感到自己成熟多了。对家庭对单位对人生和事业的责任意识的日益强烈，“热烈而宁静，执著而淡泊”这种认真和接受的生活态度的形成与稳定，做事要认真而做人要随和宽容大度的严格自律，使我感到了人生的厚实和生活的美好。有人说，一个人生命中最美好的时光是三十上下到四十几岁的这一二十年。然而，我要把这最美好的时光延续到四十几、五十几乃至六十、七十。生命的退化不是从生理开始而是从心理和精神开始的。我是一直记着刘墉讲的两个故事。如果在冰天雪地历险，凡中途说“我撑不下去了，让我躺下来喘口气”的人，必然很快就会死亡，因为他不再走动时体温迅速降低跟着就是被冻死。如果徒步穿越沙漠，唯一可行的办法是等待夜晚，以最快的速度走到有荫庇的下一站，中途不论多么疲劳，也不能倒下，否则第二天烈日升起，加上沙土炙人的辐射，只有死路一条。我一直把自己目前的工作事业和生活处境看成是穿越沙漠和冰天历险：我不能停！

给你一所学校。给你一份宗教般的教育情怀。

十二、把真诚与智慧奉献给学生

王运遂

王运遂，男，生于1948年，特级教师，曾任南昌市十九中学语文教师、教研组长。曾荣获全国教育系统劳动模范、人民教师奖章、全国五一劳动奖章、全国十杰中小学中青年教师等称号。

从教30年来，勇于探索，潜心教改，确立了中学语文“读写改”整体教学模式。教研成果收入中央教科所编辑的《中国当代教育研究成果大典》等书中，理论经验被江西、陕西、辽宁等地大专院校编写的《教学法》教科书等收集。

当我走上领奖台的时候，当我的讲学博得一片赞扬声的时候，当我的论文发表了并领取一笔笔稿酬的时候，我虽然感到快慰，然而，更使我由衷喜悦的是亲眼看到了我的学生在语文学习上有了非同一般的进步。

有一次，我要到外省去学习，时间是半个月。按常规，学校要安排教师来代我的课，可是，我却向学校意外地提出了与众不同的要求：不请老师代课，语文课由学生按预定的计划自学。语文课由学生自己上，这确实是一个大胆的尝试。结果会怎么样呢？怀着几分担心，我外出学习去了。半个月后，我回到学校，一走进校长室，校长便递给我一张学生自学测试成绩表，几行黑字立即映入了我的眼帘：及格率96%；优秀率14%；不及格率4%。此刻，我那颗悬着的心总算踏实下来了。只听见校长高兴地说："我们观察了学生学习的全过程，并用了多种形式进行考查，事实证明，学生具有较强的自学能力。"

培养学生的自学能力，达到"教是为了不教"的目的，这是我多年来的教学追求。我清楚地意识到：必须把学习的主动权还给学生，把本来属于学生的学习时间还给学生，让他们在老师的指导下，独立自主，有所作为，有所创造。

为此，20多年来，我倾注了满腔的热情，付出了艰辛的汗水。一方面，我阅读了2000多册语文教学刊物，将别人的先进经验摘录下来，做成读书卡片或笔记。另一方面，我又结合自己的教学实践写了300多篇共计30多万字的教学随笔。同时，我还系统地学习了《教育学》《心理学》《系统科学》《思维科学》等著作，撰写了90多篇教研论文。就这样，"学习——实践——总结"成了我生活的基本规律。

工夫不负有心人，我的教改一步步趋于科学，一步步走向成熟，形成了语文教学的整体教学体系。它的主旨是突出学生的主体地位，培养学生的自学能力。努力铸成一把把神奇的金钥匙，引导学生开启智慧宝库的大门。

然而，世上任何事情的成功，都不会是一帆风顺的。一天，我高高兴兴地走进教室，却发现一个座位空着。这是怎么回事呢？原来，这位学生的家长怕我的教学改革影响学生的成绩，便把孩子转到别的班去了。接着，要求转班之风蔓延开了，风言风语也不胫而走。眼前如此惨状，使我心如刀割，焦急万分。每每走进课堂，我简直不敢看那空着的座位。然而，这却是现实。就在这时候，我们的校长来到了我的课堂，他听了我的课后，紧紧地握着我的手激动地说："你是在向传统的教学观念挑战，要勇敢地坚持下去！"校长的话，使我的脑海里翻腾起思维的浪花。传统的习惯势力是顽固的、可怕的，它像一块巨大的石头，压抑着新芽的萌生。只有冲破它的压力，教学改革才能顺利地进行下去。

有一个故事，更使我难以忘怀：1998年9月，金秋时节。南昌机场，我手捧"全国十杰中小学中青年教师"的荣誉奖杯，走下飞机，情绪高昂，精神振奋。

这时，机场上人潮涌动，洋溢着节日的喜庆。摄像机、照相机、鲜花一起向我扑来，我简直成了凯旋的英雄。

一位记者凑到跟前，朝我看了又看，摇了摇头，似乎说："不像。"

当然他不会说我是"假冒伪劣"。他的意思我懂：老师嘛，工作非常辛苦，加上又是老师中的"优秀"，奉献得更多，自然是营养不良，健康不佳。影视剧中不都是这样表现的吗？中山装，深度近视眼镜，弯腰驼背，老态龙钟。可眼下这位优秀教师，西装革履，颇有几分"帅气"。

一阵疑惑之后，记者终于还是认定了我。我饶有兴致地与他聊了起来。先给他描述了这么一个镜头：

教室里。

教师倚着讲台，强打精神地站着讲课，慢慢地他脸色苍白，声音颤抖，但仍然咬着牙顽强地挺着，一字一句地讲呀，讲呀……

老师的声音越来越微弱，嘴唇青紫，虚汗淋漓，终于支持不住，"咚"地一声倒在了讲台上……

"呀，老师倒下了！"学生们惊呼着，啜泣着拥向老师，几位动情的女生，还流下了串串眼泪。

多么壮烈！这也许带有些艺术渲染的色彩吧，但学校里这样的老师却大有人在。拖着病体走上讲台的老师们，不是为了别的，只是因为心里放不下几十名学生，放不下教学进度，放不下那即将面临的升学考试，因此，他们决不忍心因为生病而躺下来。

诚然，这种精神很值得赞美。然而，这又是何其悲哀啊！老师为什么一定要倒在讲台上呢？离开了老师，学生就不能学习了吗？优秀教师只能充当这种悲壮的角色吗？

“我没有这样的优秀事迹。”我坦率地对记者说。

接着，我又给记者描述了另外一个镜头：

家中。

我感冒发烧了，几次挣扎着要从床上爬起来，可是头晕目眩，就是立不起身来，只好不安地连连叹息。

我心里惦记着语文课，惦记着学生，躺在床上却期待着能有一两个学生到家里来，把我搀扶进教室，然后……

“嗒、嗒、嗒”，床头台历钟的指针有节奏地行进着，一节课、两节课、三节课的行程终于走完了。我几乎是在分分秒秒的煎熬中听到下课的铃声，歉疚之情在心头弥漫开来。

此刻，出人意料的事情发生了。班长和语文课代表等几位学生轻轻地推开了我家的门，他们来了！从我惨白的脸上，学生们断定我生病了。

“这堂课怎么啦？”我急切地问。

班长脱口而出：“王老师，今天的课按您教我们的方法，我们自己上了。”

眩晕中的我如释重负，脸上不由漾起了幸福的笑意。在学生们的帮助下，我坐起了身子。他们你一言我一语地述说着这节课是怎么自学的，这使我感到无比欣慰，心田里油然而生一种成功的快感。

在这里，师生们都是迥异于过去的新姿态、新角色。作为教师，他不再是学生的“保姆”“主心骨”，而是为学生造就主心骨的人；学生们呢，他们不再是目睹老师拼命硬干、昏厥讲台的看客，不再是接受知识的“容器”，而是能够自主完成学习任务的“主体”角色。

说到这里，一种全新的感觉在我心里升起。记者好像理解了这些道理，若有所思，紧紧握住了我的手。我激动地像是对自己，又像是对他人，坚定有力地说：“愿天下所有的学生都成为学习的主人、能人、新人！”

以学生为主体，培养学生的自学能力，并不是什么新鲜课题，早在1972年联合国教科文组织就提出“教会学生学会生存”，1993年又提出“发展人的个性”，其基本点就在于此。

然而，大量的事实证明：我们的观念并没有完全转过来，有的甚至还停留在上个世纪50年代初苏联凯洛夫的教学模式上。教学应当是一种对话，一种沟通，是一种合作的过程。但我们周围到处都是“你回答”，“你回答”司空见惯，还是“满堂灌”，还是“胸中有书，目中无人”。

我们的学生就应该有做人的权利，就应该得到应有的尊重。所以我们只有从每一节课做起，增强主体意识，发挥主体作用，展示主体人格，才能达到全面提高学生素质的目的。

教育是人学，它的本质功能是促进人的发展。因此，学生是认知的主体，他们的第一要素是生命。这些学生，将是我们炎黄子孙真正屹立于世界民族之林的希望，是中华民族新素质的鲜明体现者。作为一名中学教师，为了培养这一代全新人才，必须付出我们的真诚与智慧。

在教学实践中，我深深地感到，唯有真诚，才能心有学生，目中有人；只有智慧，才能在教学工作中有所作为，有所建树。

为了一切学生，为了学生一切，一切为了学生，让我们把真诚与智慧奉献给学生！

我们怎样阅读“名家”

赖配根

课程改革要取得成功，最终取决于教师的素质。那么，教师需要哪些素质呢？换句话说，在新课程背景下，什么样的教师是一个好教师呢？有人归纳为4点：教育思想、教育智慧、专业精神和专业人格。但在笔者看来，最核心的乃是教育智慧。一个有教育智慧的教师，必然对教育有独到的洞察，必然对教育怀有崇高的情感，必然对创造教育实践有独特的方法。

最紧要的是，如何获得教育智慧？这是千百万教师苦苦追寻的问题，也是《中国当代著名教学流派》丛书希望解答的问题。教育智慧说到底是一个实践问题，又因为这个问题是在中国语境里提出的，所以我们首先应该到那些已经成名成家的中国教师那里寻找启示。张新洲先生主编的《中国当代著名教学流派》丛书，正是带领我们去体悟最早举起“人文”大旗的于漪、亲近首创“情境教育”的李吉林、剖析以“六步教学法”独步杏坛的魏书生、解读创造了“尝试教育”的邱学华、直面提倡“新语文教育”的韩军、激赏为“语文民主教育”摇旗呐喊的李镇西、敢于用“三个超越”造就激情与思想交融课堂的窦桂梅……正是这些人，扎根于教育实践的大地，把教育的触角伸进现实的内核。他们的教育理念、教学方式和叙述话语，都带着浓厚的本土色彩，充满田野气息，与广大教师的精神、情感最为切近。他们的经验和道路，为我们寻找教育智慧树起了坚实的标杆。

但是，要“阅读”他们，要“对话”他们，我们首先要进行阅读变革。在中小学教育界，无论是专家还是教师，许多人都患上了一种流行病——极其功利的庸俗实用主义阅读方式。研究语文和教语文的，不阅读文学作品，不关心文学理论，甚至不碰课程标准，而对关于每篇课文的教学技巧和课例的书籍趋之若鹜；研究数学和教数学的，可以不懂数学史，可以对数学学科的本质弃之不顾，但却一定要搜罗各种教学课例，尤其对据说是由名师挂帅主编的教案大全，不但可以拿来应付日常教学，还可照搬到各种公开课上。结果，搞研究的，最重要的本事就是贩卖国外同行的理论和术语，而对学科教育的建设和本土经验的总结却逐渐疏远起来。荒唐的是，这样的人竟然常常被捧为权威。一味教学实践的，既失去了真正意义上的专家引领，又有意无意地为技巧而技巧，因而，不进行教改时，学科教育是死水一潭，进行教改时，学科教育又往往堕入热闹的表演深渊。但许多人需要的就是这些一戳就破的东西。如果用这样的阅读主义来“对话”这些名家、大师们，我可以毫不客气地说，那就是对名家、大师思想精神再卑劣不过的“阉割”。

不是说不要学习名家、大师的方法和技巧——任何教育教学实践都离不开方法和技巧，甚至需要高超的技巧，但是，教育智慧是思想精神的传递和累积，任何高超的方法和技巧，都与个人的教育思想甚至人生信念血肉相联，方法和技巧可以模仿，教育智慧却无法简单复制。

是到了以新的阅读主义来“对话”名家、大师的时候了，至少这套丛书是这么提示我们的。《中国当代著名教学流派》丛书（已出版22本，国际文化出版公司出版）中的每本书，都是由3大块组成：人物小传、教育思想概述和具体教育教学实践。细细琢磨，这样的框架，其实意味深长。限于篇幅，我暂且以“人物小传”为例（实际上，书中的教育思想概述和课例，也同样精彩、耐读），揭示一下这套丛书蕴含的新阅读主义主张。

如果说新阅读主义倡导的与名家、大师“对话”，主要不是一般意义上的技巧模仿，而是思想的对话和精神的沟通，是理性的解剖和心灵的意会，那么，我们首先要洞察和玩味的是名家、大师的教育信念。经验告诉我们，一个人的教育信念主要不是从书本直接获得的，而多是源自生活经历和职业实践，是对自己经历进行“反刍”的结果，可以说，个人的教育信念形成史，就是个人的生活史。要体味名家、大师心中的教育信条，首先要考察的就是名家、大师的生活和职业生涯。“丛书”一上来不是叙述名家、大师的教育思想，也不是一般教师翘首以盼的技巧介绍，而是呈现名家、大师的成长史——“小传”。有了这一部分，名家、大师的心灵得以重现，名家、大师的思想得以丰满，随后的教育思想、教学实践和技巧也有了坚实的支撑。

比如，对于被一些年轻语文教师称为“圣母”的于漪，我们只是知道她的教学艺术出神入化，知道她当年的公开课曾让上海万人空巷，知道她那篇横空而出的《弘扬人文，改革弊端》。这些都只是关于于漪的抽象的知识，这些抽象的知识对于教育智慧的启迪，作用有限，但你读一读她的“小传”，读一读关于她的具体的知识，她立刻就鲜活起来了：原来于漪是半路出家（大学教育系毕业教语文），原来她也被指责连语文教学的大门在哪儿都不知道，原来她为了不以自己的“昏昏”使学生“昭昭”而“有系统地学习一门又一门学科……把中学语文教师该具备的语法、修辞、逻辑知识，该具备的文、史、哲，该了解的中外名家名著摸了一遍”，原来为了进入语文教育的殿堂，她还“用仔细回忆的方法，向过去教她的老师请教……声情并茂地朗读、讲解，旁征博引地议论、评析，眼神、手势、神往的表情，一幕幕在脑海里浮现，我常顿然有所悟：这就是语文了”……没有任何东西可以代替这些于漪自己“感性的回忆”。对于这些文字，是不能只用眼睛读的，而是要用整个身心，蘸着自己的生活积累品味、反思。因为，只有这样，你才会读完后说：“这就是教育智慧了！”有了这样的顿悟，再读后面的“人文说”等理论和精彩的课堂实录，你看到的就再也不是可供模仿的机械知识，而是富有灵性的、脱离具体情境就会丧失生命的活的知识。有了这样的顿悟，于漪之于你，就不再是急功近利的模仿或者仅供借鉴的材料，而可能是思想精神层面的导引者——如此，你感知到的就是名家、大师有血有肉的整体形象，你触摸到的就是智慧的技术和技术的智慧。

——与“丛书”的其他名家、大师的“对话”，都应当作如是观。

思想成就人的伟大。马克思说：“能给人以尊严的只有这样的职业，在从事这种职业时，我们不是作为奴隶般的工具，而是在自己的领域内独立地进行创造。”一个努力寻求教育智慧、追求卓越的教师，需要在职业的实践中创造性地形成自己独立的思想。与名家、大师的作品“遭遇”，最忌讳的就是心生崇拜。新阅读主义认为，我们抛弃庸俗的实用主义，也拒绝偶像崇拜，与名家、大师“对话”，是为了扩大精神的疆域，是为了更好地独立思想，是为了形成自己的教育智慧。

（本文原刊发于2005年3月17日《中国教育报》）